JN298332

明解！スクールカウンセリング

読んですっきり 理解編

著
黒沢幸子
森　俊夫
元永拓郎

金子書房

プロローグ

　"希望"は，この本を手にとって読んでいただいている皆さんであり，皆さんの中にあります。皆さんは，スクールカウンセラーなどの相談職関係者，あるいは学校関係者，小・中・高等学校，保健室，通級学級，特別支援学校の教職員の方々であり，校長，副校長といった管理職の方々，教育委員会その他の方々でもあるでしょう。またこれから現場に出ようと考えている心理学を学ぶ大学院生や教職をめざす大学生，および保護者の方々も含まれていることでしょう。

　本書のテーマでもありますが，学校はコミュニティです。読者の皆さんはそれぞれ学校コミュニティの構成員にあたる方々です。その構成員のコラボレーション（協働）によって，学校は援助され，その力をよりよく発揮していきます。読者の皆さんが本書を媒介にして学んだり確認されたりしたことが，また皆さんのコミュニティに還元され影響を及ぼしていく。そうなれば，**いろいろな立場の方々が本書の読者であることが，それだけでとても大きな助け**になり，"希望"となるわけです。子どもたちの育ちと学びの場である学校コミュニティへの援助を，それぞれの立場の方々がよりよく進めていくために，本書がその明解な指針となることを強く願っています。

　本書は今までのさまざまなスクールカウンセリングに関する書物とは大きく異なる個性を持っています。ひとつは執筆スタイルであり，もうひとつは内容構成です。

　まず，本書は３人の執筆者による共著となっていますが，いわゆる分担執筆ではありません。本書は，約10年にわたり，３人がほぼ数か月ごとに定期的に集まり，おびただしい回数のディスカッションを重ね，

それぞれ自分の得意分野を活かしつつ，何度も各章に上書きを重ね，調整を図っては議論をして書き進められました。そのため，本書の刊行までには予想以上の時間がかかってしまいましたが，本書こそが個性の異なる3人の執筆者がチームとなり，コラボレーション（協働）した結果そのものなのです。そして，そのほうが，それぞれが**一人でやるよりも，対話が発展し，ずっと効果的な**著作になると思ってやってきました。このような執筆経緯の類書は他にほとんど例を見ないと思っています。また，「チーム」や「コラボレーション」は，本書の中で重要なキーワードとなって展開します。

本書『**明解！スクールカウンセリング――読んですっきり理解編**』（第1巻／以下，〈理解編〉）は，追って刊行される『**熟達！スクールカウンセリング――学んでしっかり活用編**』（第2巻／以下，〈活用編〉）（執筆中）と，相補的な2巻構成となっています。

第1巻である本書は，「読んで**明解に**スクールカウンセリングが理解できること」をねらいとし，第Ⅰ部と第Ⅱ部によって構成されています。第Ⅰ部では，スクールカウンセリングにおける重要な**11のキーワード**について，軽妙な語り口で明解に説明します。まるでワークショップに参加しているような気持ちで読み進めていただければと思います。この11のキー概念は，スクールカウンセリングを実践するうえで，本当に必要，かつ役立つものとして，われわれが厳選したものです。

第Ⅱ部では，第Ⅰ部で紹介したキー概念を踏まえて，**スクールカウンセリング活動の五本柱**，「① **個別相談**」「② **コンサルテーション**」「③ **心理教育プログラム**」「④ **危機介入**」「⑤ **システム構築**」を，章ごとにひとつずつ扱います。第Ⅱ部は，第Ⅰ部よりも専門的な内容が加味されます。第Ⅱ部では，各柱について実践例等をあげながら詳説することを通して，狭義の教育相談にとどまらないスクールカウンセリングのダイナミックな活動展開を学んでいただけると思います。この五本柱による明解なコンセプトの提示が本書の真髄です。一方，現在鋭意執筆中の第2巻〈活用編〉では，第1巻である本書〈理解編〉を踏まえ，さらに「スクールカウンセリングの実践が**熟達**するための活用」をねらいとして，資料やワークシート，Q＆Aを盛り込んだ具体的な内容を用意して

おります。

　ここで，執筆チームである3人について簡単に自己紹介をさせていただきます。

　私は**黒沢幸子**と申します。今は大学や大学院で，学校カウンセリング／学校臨床心理学領域に関して，学生や大学院生を教える職に就いておりますが，それまではずっと現場でやってきたたたき上げ（？）臨床心理士です。スクールカウンセリングに関しては，当時は希少だった**スクールカウンセラー**制度のある私立学校で1980年代前半から延べ十数年間仕事をする機会に恵まれ，その経験もあって，文部省（当時）「スクールカウンセラー活用調査研究委託事業」の初年度（1995年度）から公立学校にも関わることになりました。そのような経緯からも，**学校心理臨床**が，私のライフワークのひとつとなり，その領域での実践・モデル構築・研究・後進の育成等に携わっております。
　私がお伝えすることは，**現場で実際やっていく中でくみ取ってきた感覚**を背景にしています。どうすることが学校現場等のコミュニティにおいて役に立つのか，どうすればそこの構成要員であるかけがえのない一人ひとりを大切にし，援助することができるのか，できれば効果的に効率的に（なぜなら，それら私の実践現場には心理臨床家に対する評価の目が常に存在し，結果を出さなくては次に続かない状況がいつもありましたから）……ということにずっと取り組んできたわけです（しいていえば，理屈はその後でついてくる，ということでしょうか）。

　続きまして，**森俊夫**です。所属は東京大学大学院医学系研究科精神保健学分野です。大学院生時代から今まで，この所属は一度も変わったことがなく，つまり30年以上ずっとここにおります（おかげさまで履歴書を書く際にとっても楽です）。私が今まで行ってきた講演や研修，および私の著作物の多くのテーマが「ブリーフセラピー」であったので，私のことを「**ブリーフセラピスト（短期療法家）**」だと認知されている方も多かろうと思います。しかし，この経歴からもおわかりのように，実は私の本来の専門は**コミュニティ・メンタルヘルス**（地域精神保

健）なのです。私にとってブリーフセラピー（中でも解決志向ブリーフセラピー）というのは，実はコミュニティ・メンタルヘルス活動を推進していくときに使える有効なモデルのひとつというぐらいの位置づけにすぎないのであって，あくまで私の主眼はコミュニティ・メンタルヘルスにあるのです。本書は出版までに長い歳月をかけており，そういう意味でも，私の本来の仕事のひとつの集大成であるといっても過言ではありません。

　本書はコミュニティ・メンタルヘルスの中でも「学校メンタルヘルス」に関するものですが，この仕事は，このあと登場する元永先生とともに，1980年代終わりごろから取り組んできたテーマであります。黒沢先生は，1980年代初めから私立学校でスクールカウンセラーとしてやってこられた方ですが，私も元永先生も同時期にまずコミュニティ・メンタルヘルスを学び，そしてそれを学校コミュニティに応用展開していったのです。これら3人の実践活動および理論展開は，1995年度から始まった文部省（当時）の「スクールカウンセラー活用調査研究委託事業」の10年以上も前の話であって，われわれが先駆けであるという強い自負があるのです。

　では，元永先生にバトンタッチしましょう。

　こんにちは，**元永拓郎**と申します。現在は大学院の臨床心理学専攻で，やはり学生教育に携わっています。私も**コミュニティ・メンタルヘルス**（地域精神保健）を専門としています。私は学校や大学病院それぞれで常勤心理職として働いていた経験もあって，コミュニティにどっぷりつかっていました。もっとも，今も大学院組織の独特なコミュニティにひたっているといえるかもしれません。コミュニティの中でどう動くのが重要かとの話が先ほどありましたが，一歩進めて**コミュニティがメンタルヘルスの向上に貢献するよう変化するにはどうすればよいか**，という点に私は最も関心があります。極論するならば専門家が動かずゆったりしていてもコミュニティがこころを癒し解決してくれるような**システムづくり（システム構築）**，それが目標です。

　本当は温泉に入ってボーッとして子どもと遊んでいたい。でも残念ながら世の中はますます忙しくなっています。私は忙しさに依存して

しまう性分なので自分を見失いがちです。世の中は**グローバリゼーション**などといって，ますます競争や効率性重視の社会になろうとしている。個人の自己責任が強調され，力のある一部の人を除いて多くはますます生きることが苦しくなってきているでしょう。**コミュニティ**はそのような大きなうねりの中にあって，**生きやすい環境を再生するための重要なキーワード**にもなると思います。

　お二人の先生との違いを述べるならば，私はやや理屈にこだわるということです。もともとの出身が理学部だったせいでしょうか，論理性にこだわってしまうのです。黒沢先生が述べているとおり，実践の感覚は理論を大きく超えて展開するのですが，たとえば「実践が理論を超える」ことを理論化できないかとこだわってしまう。つまり無駄なことやよけいなことが結構好きなのです。本音をいうと，そこにこそ科学の醍醐味があるとさえ感じています。実践第一主義ではあるのですが，根が面倒くさがり屋なものだから，理論に背中を押されないと怠けてしまうということでしょうか。あれっ，森先生も同じかな！

　要するに，われわれ3人は**コミュニティスト**であり，**プラグマティスト**（実践主義者）であるという点で，一致しています。しかしその他の点では，**違うことのほうが多い**のです。思考や感覚の方向性もそれぞれまったく違って，三者三様といっていいでしょう。クライエントと接するときのアプローチ方法も随分と違います。

　しかし，この違いがあるからこそ，**チームとして一緒にやっていくことに意味があり，コラボレーション（協働）の価値が生まれる**と思っています。

　本書が，皆さんが日々実践していることの理論的整理とスキル・アップのために役立つことができれば本当にうれしく思います。3人とも，今までの経験や学びのエッセンスを余すことなくお伝えしたいと思い，本書に取り組みました。

　最後に，本書を学ぶ際，まず2つのことをこころにとめてください。ひとつは，可能なら読んで**楽しんでください**。もうひとつ，できるだけ**リラックスして内容に接してください。人は，そのようなときに最高の学習をします**。

さて，それでは幕開けといたしましょう。

平成 25 年　五月晴れの日に

黒沢幸子・森 俊夫・元永拓郎

CONTENTS

プロローグ — i

第Ⅰ部
スクールカウンセリングにおける キーワード

1. スクールカウンセリング ——— 2
2. スクールカウンセリング活動の五本柱 ——— 4
3. コミュニティとコミュニティ・アプローチ ——— 12
4. 連携と協働（コラボレーション） ——— 17
5. チームとチーム内守秘 ——— 21
6. サービスとニーズ ——— 32
7. リソース ——— 45
8. ブリーフ ——— 54
9. ジョイニング ——— 61
10. エンパワメント ——— 71
11. 評価 ——— 76

第Ⅱ部
スクールカウンセリング活動の五本柱

第1章　個別相談 ——— 90
1. 「個別相談」は児童生徒への広範な直接援助 ——— 90
2. 「見立て」の重要性 ——— 93
3. スクールカウンセリングに有用なアセスメントの軸 ——— 98
4. 個別相談の柔軟な形態と五本柱への連動 ——— 117
5. 学校種（小学校・中学校・高等学校）による個別相談の相違点 ——— 119

第2章　コンサルテーション ── 124
1. 「コンサルテーション」とは何か ── 124
2. カウンセリングやスーパービジョンとはどう違うのか ── 132
3. なぜ教育相談担当教員による担任コンサルテーションが難しいか ── 138
4. コンサルテーションの手順 ── 142
5. 学校コンサルテーションの実際感覚 ── 149

第3章　心理教育プログラム ── 152
1. 「心理教育プログラム」とは何か ── 152
2. 心理教育プログラムの4要素 ── 155
3. 心理教育プログラムの実際の展開 ── 165
4. スクールカウンセラーに向けて ── 167

≫ 心理教育プログラムあれこれ ── 171
エンカウンターグループ／ピア・サポート／ストレスマネジメント／
ソーシャルスキル・トレーニング（SST）／アンガーマネジメント／
アサーション・トレーニング

第4章　危機介入 ── 174
1. 「危機介入」とは何か ── 176
2. 「危機」とは何か ── 177
3. 危機介入と緊急対応 ── 183
4. 状況的危機について ── 192

第5章　システム構築 ── 202
1. 「システム」とは何か ── 202
2. どんな種類のシステムをつくる必要があるか ── 204
3. システム構築におけるスクールカウンセラーの役割 ── 241

文献 ── 243
エピローグ ── 248
索引 ── 251
著者紹介 ── 256

第Ⅰ部
スクールカウンセリングにおける
キーワード

第Ⅰ部では，スクールカウンセリングにとって重要な概念を，11のキーワードを用いて，明解にご紹介します。本当に役立つスクールカウンセリングの基本的な考え方や取り組み，その全体像を把握することができるでしょう。

1 スクールカウンセリング

　当然，本書の第一のキーワードは「スクールカウンセリング」です。われわれ（著者ら）は，この言葉に，きわめてたくさんのことを盛り込んでいるのです。

　われわれの考える「スクールカウンセリング」においては，子どもたちのこころの健康と発達に関連する多種多様な課題が扱われます。それはたとえば，情緒や感情のこと，行動のこと，対人関係のこと，社会性のこと，心理（精神）発達のこと，学習のこと，進路を含めた将来設計のことであったりするでしょう。また，特別支援教育との関連で最近とくに注目されている発達障害のほか，不安障害，うつなどの気分障害，薬物と関連する障害，拒食や過食などの摂食障害，睡眠障害，さらには統合失調症などの精神疾患など，学校現場においては，さまざまな精神障害が認められますので，これらも当然扱われるでしょう。さらに，「こころ」と「からだ」は密接につながっていますから，「からだ」のことも扱われるでしょう。

　また，ここでいう「スクールカウンセリング」は，「起こった問題」に対応するだけのものではありませんし，「問題を抱えた子どもたち」だけを対象とするものでもありません。「こころの発達」は，現在問題が表面化している，していないにかかわらず，すべての子どもたちにとって重要な課題です。したがってスクールカウンセリング活動の対象は，当然，その学校に在籍するすべての児童生徒となります。さらには，子どもたちだけでなく，子どもたちの生活やその発達を日々支えている大人たちもまた，この支援活動の対象の中に入ってくるでしょう。

　学校現場では，しばしば，教科指導・生徒指導・教育相談・特別支援教育・進路指導・保健活動などが別個に論じられます。しかし，（われわれのいう）スクールカウンセリングはそのどこかに特化した活動ではありません。逆に，そのどこにでも顔を出してくるものです。こういういい方さえできるかもしれません。「学校場面で私たちが出会うさま

ざまなことがらの中で，スクールカウンセリングにおいて扱われないものはない」と。こころに関することは，人々が織りなすすべてのことがらに関連してくるのですから。

　いかがでしょう，おわかりいただけたでしょうか。いわゆる「カウンセリング」という言葉が一般的に含んでいるものをはるかに超えた多くのことを，われわれは「スクールカウンセリング」という言葉の中に込めています。すなわち「包括的」であることを伝えたいのです。

　このように本当に多種多彩な活動を包括する「スクールカウンセリング」となると，これはもう，たとえばスクールカウンセラー一人で担えるものでは，到底なくなります。公立中学校を中心に，小学校や高等学校にも配置されているスクールカウンセラーは，現時点では基本的に週1日程度の活動をしています。地方自治体独自の取り組みにおいて，あるいは一部の私立学校においては，スクールカウンセラーやそれに準じる心理相談員が，週に数日活動していることもありますが，常勤の心理職を置いている学校は，全国でもわずかな数に限られるでしょう。また，仮に常勤のスクールカウンセラーが学校にいたとして，それでもスクールカウンセラー一人にできることなど限られています。もしこのようなスクールカウンセリング活動をしっかりやろうとするならば，学校教職員全員がその担い手とならなければなりませんし，場合によっては，保護者の一部もそこに加わってくるかもしれません。このように多くのメンバーがそこに加わる活動となると，人も内容も組織化されないと，すなわちシステマティックに運営されないと，機能しなくなります。

　これらのことをふまえて，ここでは「スクールカウンセリング」を次のように定義したいと思います：**「学校」という「場」あるいは「コミュニティ」を中心に展開される，子どもたちのこころの発達を支援する活動のことであり，子どもたちに関わるすべての人がその担い手となる包括的でシステマティックな援助サービスのこと。**

　ここで「学校」というのは，幼稚園から高等学校までをさします。しかし，本書で述べていることの多くは，保育園，予備校，専門学校，大学などに対しても適用可能なものでしょう。「コミュニティ」と「サービス」に関する詳しいことは，あとに述べます。

2 スクールカウンセリング活動の五本柱

「1 スクールカウンセリング」で述べたように，多岐にわたるスクールカウンセリング活動の内容を，いったいどのように集約させていくことがわかりやすく，そして有用なのかについて，われわれは実践を通じてずっと考え続けてきました。それを考える際，コミュニティ・メンタルヘルス（地域精神保健）（たとえば，Caplan, 1964；佐々木，2002；元永，2010）およびコミュニティ心理学（たとえば，山本，1986；Orford, 1992）で提唱されているいくつかの活動や概念を参考にしてきました。そして結局，それを5つの主要な活動要素に集約させることが可能なのではないか，それがわかりやすく，また役に立つのではないかと，1980年代後半ぐらいから考えるようになったのです。それが「スクールカウンセリング活動の五本柱」（図1）です。

これは文字どおり，スクールカウンセリング活動を構成する5つの主要な活動のことであり，これが「柱」となってスクールカウンセリング活動全体が支えられていくものです。

その「五本柱」の中身とは：

① **個別相談** counseling
② **コンサルテーション** consultation
③ **心理教育プログラム** psycho-educational programs
④ **危機介入** crisis intervention
⑤ **システム構築** system organization

それぞれの柱の詳細については，第Ⅱ部で解説しますが，ここではそのあらましを紹介しておきましょう。

まず，「① 個別相談」ですが，これは**児童生徒に対する個別の相談活動**のことで，一般的にいう「カウンセリング」あるいは「教育相談」は，ここに含まれます。ただわれわれは，ここにいわゆる狭義の「カウンセ

図1　スクールカウンセリング活動の五本柱

リング」や「教育相談」だけを含めているのではなく，個別に行われる「学習指導」「生活指導」「進路指導」「保健指導」「オリエンテーション」，より臨床的には「心理療法」「心理アセスメント」をも含めています。また「個別」といっても，一対一面接だけのことをいっているのではなく，数人の児童生徒グループとの面接も含めています。さらには，児童生徒と保護者が同席する面接（たとえば「三者面談」）も含めます。相談活動が行われる場所に関しても，相談室内での面接はもちろんのこと，たとえば廊下でちょっと立ち話ふうに相談活動を展開する場合も，ここに含めます。「個別相談」の担い手もさまざまで，スクールカウンセラーや相談員，教育相談担当教員，養護教諭はもとより，担任，学年主任，生徒指導担当教員，部活動顧問，そして管理職が行う活動も含まれるでしょう。

要するに，ある児童生徒事例（ケース）に対して何らかの形で個別に直接的な援助を行ったならば，それは「個別相談」だということです。これは当然，スクールカウンセリング活動の根幹の柱であり，あえてその重要性を強調するまでもないでしょう。
　「② コンサルテーション」とは，①のように個別に直接子どもたちと関わる活動ではなく，**あるケースに関わる大人たちどうしのケース援助に関する話し合い**のことです。その「大人たち」とは，教職員，スクールカウンセラー，外部機関の専門家，そして保護者などのことです。
　コンサルテーションは，スクールカウンセリングにおいて，きわめて重要な活動であり，ときには①の「個別相談」よりも重要であることがあります。外部機関の専門家が，ある学校のスクールカウンセリング活動に参加しようとする場合，ときにはコンサルテーションが唯一の支援方法となることすらあります。学校内にいるスクールカウンセラーにとっても重要です。スクールカウンセラーは，学校に在籍するすべての児童生徒と直接接触できる／しているわけではありません。だから，もしすべての児童生徒にその支援の手を伸ばそうとするならば，そこには間接的な支援，たとえば担任教諭にコンサルテーションすることによって，間接的に児童生徒を支援していくといった形となります。もしかすると，活動数でいえば，コンサルテーションのほうが個別相談よりも多くなるかもしれません。その重要性は，管理職，教育相談主任，学年主任，養護教諭にとっても同じです。担任教諭にとっても，たとえばその子どもが家に閉じこもっており直接本人と接触ができない場合などは，「保護者コンサルテーション」が重要かつ唯一の支援方法となるでしょう。
　専門的知見が必要とされる場合，また①の活動ができない場合などにおいてコンサルテーション・ニーズは発生します。これは非常にしばしば発生するものであり，このニーズにいかに対応できるかが，スクールカウンセリング活動の成否の鍵を握っていると言っても過言ではありません。
　「③ 心理教育プログラム」は，①と違って，**より集団的な関わりを通して，子どもたちのこころの発達および健康を支援していく，通常プログラム化された活動**のことをいいます。先に述べたように，ここでいう

「スクールカウンセリング」とは、学校に在籍するすべての児童生徒を対象とした支援活動のことですが、それが極小規模校であればまだしも、ある程度の規模を持つ学校であるならば、すべての児童生徒に直接サービスを提供するのに、全部①でやっていたのではとても追いつきません。集団的な関わりは絶対に必要となってくるでしょう。学校教職員にとって、これはいつもやっていることですが、スクールカウンセリングで取り上げられるテーマはいつもの教科指導とは内容が異なってくるかもしれません。養護教諭が授業をする場合は、この「心理教育プログラム」を行っているといってよいでしょう。心理臨床家の中には、この活動を苦手としている人がいるかもしれません。しかし、スクールカウンセラーとして活動する以上は、心理教育プログラムに関する知識と、最低限のスキルは蓄えておく必要があります。外部講師を招いてこれを行うこともあるでしょう。その場合のスクールカウンセラーや担当教員の役割は、その学校のニーズに合ったテーマを設定すること、そのテーマにふさわしい講師を紹介すること、すなわち心理教育プログラムの企画・運営がその仕事となります。

児童生徒対象の心理教育プログラムは、その内容によって、「**問題解決的**」なもの（たとえば、学級内でいじめが発生した場合に、それについて皆で考えるようなもの）、「**予防的**」なもの（たとえば、摂食障害予防のため、ダイエットについての基礎知識を伝えるようなもの）、「**開発的**」なもの（たとえば、エゴグラムを使って自己理解を深める、エンカウンターグループを含む対人関係発達プログラム、キャリア・ガイダンスなど）の3つに大きく分けることができます。

心理教育プログラムの対象は、児童生徒に限られるわけではありません。保護者がその対象となることもあるでしょう（たとえば、子どもに対する理解と関わり方に関する保護者講演会）。教職員対象の研修会も、この心理教育プログラムの中のひとつです。

「④ **危機介入**」は、頻度的にそれほどたくさんあるものではありませんが（それでも比較的小さなものも含めると、年に数回程度は必ずあります）、その準備やシステム（体制）づくりのことを考えると、常日頃から真剣に取り組んでおかなければならない重要な活動の柱です。危機は常に突然発生し、そのときになってから対応を考えるのでは遅いこと

が多いからです。

　一般的に「危機介入」というと，何か災害や事件が起こったときの対応と考えられていると思います。しかし，われわれがここでいっていることは，もちろんそういうものも含むのですが，それがメインであるというよりも，より日常的に起こる可能性の高い危機や緊急事態（だから年に数回程度は必ずあるであろうもの）への対応のことをさしています。それはたとえば，放っておくと自傷他害の事態に発展しそうな場合や，実際そのような出来事が起こってしまったとき，あるいは放っておくと精神疾患の本格的な発症につながりかねない場合や，その初期症状がすでに出ている場合などへの対応のことです。

　このような④の活動は，学校の中にいる人にしかできません。たとえば，自殺を真剣に考えている児童生徒がいると仮定してみてください。そうした**危機状況にいる児童生徒と速やかに接触し（あるいは発見し），そうした児童生徒と周囲の大人たち両方の状態をアセスメントし，その状況に応じた支援チームを早急に形成し，児童生徒を保護し，必要に応じて外部機関につないでいく**。こうした危機介入をすることは，学校の中にいなくてはできないでしょう。危機状態をアセスメントすることも，誰が援助資源となりうるのかを判断することも，学校の日頃の様子を知らなければできないことですし，迅速な対応も，日頃から援助資源となりうる人たちとよく関係が築かれていなければできないことだからです。

　危機介入は，必ずチーム対応になります（そもそも，一人でなんとかやれる程度の状況なのであれば，それは「危機」とは呼びません）。まずは速やかにチームが編成され，次にそのチームメンバーがそれぞれの役割分担に従って，そして一貫した方針に基づいて，どんどん行動を起こしていくことです。そのためのマニュアルがつくられているとよいですし（ここにスクールカウンセラーが加われればよいでしょう），さらには事態を想定したシミュレーション訓練が行われていると理想的です。防災訓練を思い出してもらえれば，よくわかります。このように，危機が起こる前に，危機を意識して準備しておくことが重要なのです。

　第Ⅱ部第4章においては，こうした「（狭義の）危機介入」のことだけでなく，「事後介入 postvention」や「予防的介入 prevention」（ここに「介入 intervention」を加えて「3つの vention」と呼びます）に

ついても触れられるでしょう。

　「⑤ システム構築」は，独立した1本の柱というよりも，他の柱の上位に位置するものといったほうがよいかもしれません。①から④のどの活動をする場合にも，必ずそのシステム（体制）をつくっておかなければならないからです。さらに，**スクールカウンセリング・システムを運営・管理するためのシステム**，すなわち**システムのためのシステム**も必要となってくるでしょう。われわれがここで「システム構築」をひとつの「柱」として提示している理由は，その重要性を皆さんに認識してほしいからです。ややもすると，現場の教職員やスクールカウンセラーは，目の前のケース対応にばかり目がいき，全体システムについては頭が回らなくなるものです。眼前の問題を処理することはもちろん重要なことですが，それだけでは学校全体はよくなりません。また，眼前の問題を処理するためにも，全体システムを整えておく必要があります。

　全体システムが整っていなくても，担当スタッフ（スクールカウンセラーも含む）の力量が高ければ，ケース対応はうまくいくでしょう。しかし，システムが整っていないと，おそらく，力量のあるスタッフが行ったことが学校の他のスタッフと共有されず，般化，継承されていきません。学校全体を考えた場合，それではだめなのです。（スクールカウンセラーを含めた）学校スタッフ個々の力量によってスクールカウンセリングが支えられているだけでなく，誰がやっても十分な支援ができるようなシステムをつくっておくことが重要です。力量のあるそのスタッフがずっとその学校にいてくれるのならよいですが，現実，スタッフはどんどん異動していくのです（私立学校の場合，あまり異動はありませんが，それでも皮肉なことに，その力量あるスタッフがいない場面で問題は発生するものです）。スタッフの顔ぶれが変わっても，その活動水準が維持されていくためには，何らかの文書，および組織構造が必要となります。それをつくっていくための活動が「**システム構築**」であり，これは「**よいマニュアルづくり**」および「**よい組織体制づくり**」とほぼ同義です。

　これが「五本柱」の概略ですが，ここでひとつ強調しておきたいことがあります。

「スクールカウンセリング」＝「密室相談」ではない

　一般に「スクールカウンセリング」という言葉を聞いてイメージされる光景とは何でしょうか。おそらく、「スクールカウンセラーや相談員、または教育相談担当教員が、相談室の中で児童生徒の話をじっくりと聴いている」という光景なのではないでしょうか。これは「五本柱」でいう①の活動のことですが、これこそが、あるいはこれだけがスクールカウンセリングだ、と考えていらっしゃる方が、現実にはまだまだ多いように見受けられます。もちろんこれもスクールカウンセリングです。しかしこれは、「五本柱」のうちの単に1本の柱の活動にすぎないのです。

　最近になって、他の4本の柱の重要性についても、さまざまなところで指摘されるようになってきましたが、以前はまったくこれが理解されていない状態でした。黒沢は、15年以上前、文部省（当時）の「スクールカウンセラー活用調査研究委託事業」の初年度（平成7年度）に、スクールカウンセラーとしてある公立学校（以下、A校とする）に派遣されたときのことを振り返って、次のように語っています。

　　　学校に行って、教頭先生からいきなり、「教育相談所の分室を学校の中につくっても役に立たないと思う」と言われて、私は驚きました。いえ、教頭先生のおっしゃったことはもっともなのです。確かに教育相談所の分室を学校の中につくっても役に立たないでしょう。私が驚いたのは、「カウンセラー室」＝「教育相談所の分室」というとらえられ方に対してです。私は、それまで私立学校のスクールカウンセラーを経験してきていましたが、学校内のカウンセラー室のことを「教育相談所の分室」と考えたことは一度もありませんでした。そんな発想が一般的にはあるんだ、ということを、そのとき初めて知らされたのです。

　　　他にもいろいろと、A校の先生方から、スクールカウンセラー導入に対する懸念の声が出されました。たとえば、

　　「守秘義務ということで、援助に必要なことは何も自分たちには知らされないのではないか？」

　　「相談室の中でスクールカウンセラーが何をしているのか、自分たちにはわからないのではないか？」

　　「生徒や保護者の意見に同調してしまって、彼らと教職員との溝をより深

め，広げてしまうのではないか？」

「1週間に数時間の勤務で，数人の生徒たちだけと会うとしたら，学校全体として利益はあるのか？」

「養護教諭が行ってきた相談業務を奪うようなことにならないのか？」等々。

確かに，そのとおりのことをしたら，それはうまくいかないでしょう。でも，これが当時のスクールカウンセラーに対する学校側のイメージだったのです。こうしたイメージそのものに対して，私はとても違和感を覚え，そして驚いたのです。

このエピソードは，当時いかに「スクールカウンセリング」＝「密室相談」という図式でとらえられていたかを，如実に示すものです（もちろんこのイメージは，黒沢が派遣されていた2年間の活動の中で変わっていったのですが）。スクールカウンセリング活動というのは，スクールカウンセラーや相談員，あるいは教育相談担当教員が，相談室にこもって，児童生徒を相手にして，○○療法だけをしているものではありません。しかしながら，今なおこうしたイメージをスクールカウンセリングに対していだいている人は，学校側にも，行政側にも，そしてスクールカウンセラー側にもいるかもしれません。もしそうなら，どうかその理解を改めてほしいと思います。

「クリニカルサービス・モデル」と「包括的プログラム・モデル」

Gysbers & Henderson（1994）は，米国のスクールカウンセラーが児童生徒への個別カウンセリングを含む「即応的対応」（問題への事後対応）に費やしている時間は，全体の25～35％であると報告しています。この「即応的対応」は「クリニカル（治療的）サービス」と呼ばれるものですが，ここにはコンサルテーション活動や関係諸機関への紹介活動も含まれています。したがって，いわゆる「個別カウンセリング」に費やしている時間はもっと少ないということになります。米国のスクールカウンセリングは，1970年代からすでに，「クリニカルサービス・モデル」から心理教育プログラムに比重を置いた「包括的プログラム・モデル」へと変貌しています。

わが国の臨床心理士によるスクールカウンセラー事業は，いまだこ

の「クリニカルサービス・モデル」の域を出ない場合が多いようです。もちろんそうしたサービスも必要ではありますが，子どもたちのこころの発達や成長を促進したり，その健康を支援したりしていくためには，これだけでは不十分です。また，これだけを行うのであれば，先ほど述べたように，外部機関でもそれなりに代替できるのであって，わざわざスクールカウンセラーを学校の中に置く必要はありません。少なくともそれは経済効率に合わないといえるでしょう。

　まずは「包括的プログラム」という概念，そしてその内容としての「五本柱」というものを理解していただきたいと思います。「包括的プログラム」を機能的に展開させるためには，多くの人々がそこに参加する必要があり，さまざまな活動が組織的に展開されていかなければなりません。それがなされるためには，何らかのガイドラインあるいはスタンダードが必要となってくるでしょう。米国とわが国とでは教育システムそのものが大きく異なります。ここでいう「五本柱」は，わが国のスクールカウンセリングとしてのガイドラインあるいはスタンダードとして機能することをねらって，提案しているものです。それぞれの柱の中身は，今後もっともっと詰めていかなければなりませんが，スクールカウンセリング活動の大枠として，この「五本柱」は便利な整理棚であると思っています。

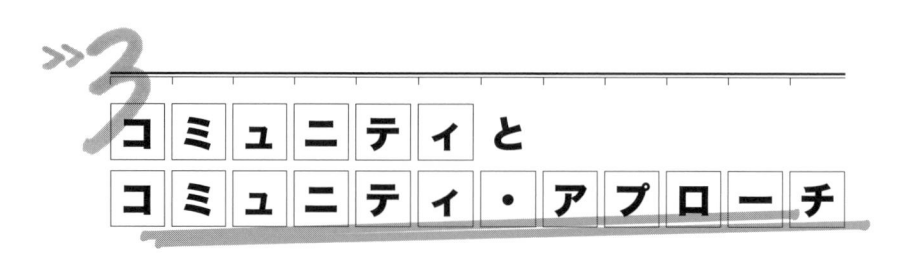

3 コミュニティとコミュニティ・アプローチ

　ここまで読み進めてこられて，皆さんはすでに，われわれが，個人臨床モデルをベースとしているのではなく，**コミュニティ全体を視野に入れてコミュニティ全体に働きかけていくようなモデル**をベースにして「スクールカウンセリング」というものを考えていることにお気づきだと思います。3番目のキーワードは「**コミュニティ**」，そして「**コミュ**

ニティ・アプローチ」です。

　「個人臨床」あるいは「病院／相談所臨床」の感覚と，「コミュニティ・アプローチ」の感覚とは，かなり違います（もちろん，どちらも「臨床」ですから共通する部分もありますが）。われわれのいう「スクールカウンセリング」は，はっきりと「学校コミュニティ」に対する「コミュニティ・アプローチ」のことをさしています。先ほどの黒沢のA校におけるエピソードに出てきたような「教育相談所の分室」活動のことではありません。

　「コミュニティ community」は，「共同体」と訳されることが多いですが，これは本来の意味をあまり正しく反映している訳語とはいえません。「community」は，「ともに同じ集団」ではなく，**communi（相互に関わる）-ty（全体）** という意味であり，**そのメンバーが相互に関わりながら活動している一定規模の集団**のことです。「**生活の場**」「**日常の場**」といってもよいでしょう。そして，その場の中に入って，**その場全体にアプローチしていくのが「コミュニティ・アプローチ」**です。「日常の場」から離れたところ（非日常）で，基本的に個々人を対象にして臨床活動を行うのが「個人臨床」であり「病院／相談所臨床」です。

　日常の中で集団全体を意識しつつ行う活動と，日常から離れた場で個を中心に働きかける活動とでは，その性質や方法論が多くの部分で異なります。これらを混同したり，誤用したりすると，それは機能しないばかりか，弊害や副作用をもたらすことにもなりかねません。A校の教頭先生の「教育相談室の分室を学校の中につくっても役に立たないと思う」という言葉は，正鵠を射た発言なのです。

　公立学校に勤務するスクールカウンセラーは現在，臨床心理士が主になっています。しかし臨床心理士は，その養成課程や経歴の中で，「個人心理臨床」（一部では「家族心理臨床を学べるところもありますが）を中心に学んできています。ですから，どうしても個人臨床モデルを使ってコミュニティの中で動こうとしてしまいます。そうすると，いろいろな問題や摩擦が起こってくるのです。「コミュニティ・アプローチ」というものが，どういうものであるのかについては，これから本書全体を通して具体的に解説していくことになるわけですが，ここではまず，「**個人臨床モデルとコミュニティ・アプローチとは，ものの見方も**

方法論も多くの部分で異なるものである」ということを，頭に入れておいていただきたいと思います。

　ただし，誤解が生じないように言い添えると，今述べたことは，2つのアプローチは多くの面で「違う」ということであって，どちらが「正しい」とか「誤っている」などといった話ではありません。「必要」という意味では，どちらのアプローチも必要です。また，よりミクロに局面局面をのぞいてみれば，スクールカウンセリングにおいても個人臨床モデルでクライエントと接している瞬間というのは当然あるでしょう。それは病院／相談所臨床においてコミュニティ・アプローチ的に動いている瞬間があるのと同じです。ここで述べていることは，よりマクロな話であり，その活動の場に応じての重点の置き方の話です。そして，この2つは局面によって使い分けられなければならないということです。使い分けるためにはまず，「コミュニティ・アプローチ」と「個人臨床モデル」の違いを確認しておきましょうということです。

コミュニティ感覚とは,「みんなでみんなを」

　個人臨床とコミュニティ・アプローチとの感覚的な違いを，スローガンとして表現するとしたら，個人臨床感覚が「私があなたを」であるのに対して，コミュニティ・アプローチ感覚は「みんなでみんなを」であるといえるでしょう。

　とくに臨床心理学を学び，そしてその経験を積んできた人は，「私があなたを」の感覚が非常に強くなっているかもしれません。これはもちろん相談室臨床や病院心理臨床では非常に重要な感覚となりますが，コミュニティ・アプローチをこの感覚でやりすぎると，少なくともそのコミュニティの中では「浮き」ます。それでも，担当ケースへの関わりがうまくいっているのであれば，少々その臨床家が「浮いて」いてもさほど問題にはならないかもしれません。しかし，もしうまくいっていないとしたら，それは大問題となることでしょう（なんだあの人は！と）。そして，周りの誰も手を貸してくれないことでしょう。結局困るのは，ケースの方々です。

　今，心理臨床家を例にあげましたが，これは学校教職員の場合でも

同じです。教師は，その立場と責任感から，ともすれば「私がこの子をなんとかする」，あるいはとくに小学校教諭においては「私がこの学級をなんとかする」という感覚に陥りやすいものです。教師が責任感を持っているのはたいへんすばらしいことであり，実際それで「なんとかうまくいっている」のであれば何も問題はないわけですが，もし仮に「なんともならない」事態になってきたならば，速やかに「みんなでみんなを」の感覚に切り替える必要があります。その切り替えが遅くなればなるほど，事態はさらに厳しいものになってしまうでしょう。この場合も，不利益をこうむるのは子どもたちです。

学校コミュニティはキーステーション

　心理臨床家は，本来「個人臨床」感覚の強い人が多いでしょうから，「コミュニティ」や「コミュニティ・アプローチ」をよりいっそう強く意識しておく必要があります。学校教職員は，それに比べると，もともとコミュニティ感覚を持っている方が多いと思いますが，それでもここでもう一度，「学校はコミュニティであり，コミュニティ全体に対して働きかけていかなければならない」ということを確認しておくことは，意味あることと考えます。

　「コミュニティ・メンタルヘルス」あるいは「コミュニティ心理学」の領域では，「コミュニティ」をしばしば3つに分けて考えます。ひとつは「地域」，ひとつは「職域（産業）」，そしてもうひとつが「学校」です。プラスαが「家庭」です。どのコミュニティもメンタルヘルス（精神保健）活動を考えるうえで重要となってくるものですが，現代日本社会においては一般的に，「地域」というものの持つ「コミュニティ性」が失われてきています。先ほどの「コミュニティ」の定義の中にある，「相互に関わりながらの活動」というものが，「地域」の中でどんどん少なくなってきているからです。地域で何か活動していくという以前に，そもそも，地域住民相互の関わり自体が，とくに都会の場合は乏しくなってきています。そういう意味では，まだ「職域」のほうが「コミュニティ性」が高いといえます。ただ，「職域」コミュニティにおいては，「家族」という重要なユニットが抜け落ちてしまうことが多く，そ

う考えると，現代日本社会においては，「学校」が，最もその「コミュニティ性」を保持しているコミュニティだといってよいかと思います。そしてまた「学校」コミュニティは，（とくに幼稚園と公立小・中学校においては）「地域」コミュニティと密接なつながりを持つコミュニティとなっています。

　子どもたち一人ひとりの背景には「家庭」があります。「学校」は子どもたちだけでなく，保護者とも頻繁な関わりを持ちます。そして「学校」は，最も日常的な「家庭訪問権」を持っています。警察や児童相談所なども家庭訪問権を持っていますが，これは問題が起こったときに発動される，より強制的な，そして「非日常的な」家庭訪問権です。保健所も家庭訪問権を持っていて，警察や児童相談所に比べればより「日常的」ですが，しかしそれは頻度においても「日常度」においても，「学校」の持つそれに到底かなうものではありません。「学校」は最も日常的に，自然に「家庭」の中に入っていくことができるのです。

　また各家庭も，子どもたちや学校を通して，他の家庭や地域とつながっていきます。すなわち，**学校コミュニティは地域コミュニティの中のサブコミュニティ（あるいはサブシステム subsystem）**であり，また，**学校コミュニティは地域コミュニティへの「窓口」**，あるいは「**キーステーション**」でもあるのです。実際，何らかの地域災害が起こったとき，学校はしばしば援助ステーションとなっています。

　ひとつの「学校」をコミュニティとしてとらえるだけでなく，その背景にある「地域」コミュニティまでをも視野に入れ，その全体に働きかけていく——こうした視点を持つ必要があります。少なくとも，われわれのいう「スクールカウンセリング」とは，そういうものです。

　コミュニティを支えていくのに，少数の専門家ができることには限界があります。コミュニティを支えるためには，コミュニティ・メンバーが相互に支え合っていかなければなりません。ですから，「**みんなでみんなを**」なのです。

　「みんなでみんなを」を実践していく際には，一つひとつの「個人プレー」ももちろん磨いていかなければなりませんが，同時に「個のつながり」というものが非常に重要となってきて，そのつながりをもとに形成される「チーム」が重要なものとなり，その「チーム」をうまく機能

させる「組織」や「ルール」が重要となってくるわけです。

4 連携と協働（コラボレーション）

　「みんなでみんなを」を実践するためには，「連携」そして「協働（コラボレーション）」が必要となってきます。

　「**連携**」とは，『広辞苑（第六版）』によると，「**同じ目的を持つ者が互いに連絡をとり，協力し合って物事を行うこと**」となっていますが，これはなかなか的を射た定義だと思います。この定義の中には3つのことが含まれています。ひとつは「同じ目的を持つ」，2つ目が「互いに連絡をとる」，最後が「協力し合って物事を行う」です。この最後のことが「**協働（コラボレーション）**」であるわけで，すなわち「連携」の中に「協働（コラボレーション）」は含まれているということになります。

　ここで重要な点は，今あげた「連携」を構成する3つの要素を行為する主体は何かという点です。それは「同じ目的を持つ」者です。つまり「連携」とは**個と個のつながり**の中で行われるある目的に向けた協働（コラボレーション）活動のことだということです。「連携」を，機関や組織どうしのつながりのことだと思っていたり，実際その意味で「連携」という言葉を使っていたりすることがあります。しかし，「○○機関と○○機関は連携を図る」という文書や取り決めの存在と，現場で本当に「連携」が行われているかどうかは，まったく別の話です。「連携」は，もっと生（なま）の個と個のつながりの中から生まれてくるものです。

　「**連携**」とは face to face のつながりの中から生まれる協働作業のことだといってもよいでしょう。人と人のつながりは，やはり互いが顔を合わせるところから始まります。学校と保護者の連携，スクールカウンセラーと学校管理職・教職員の連携，学校と外部機関の連携，すべてがそうです。メールやファックスもよいのですが，最低でも一度は直接顔

を合わせておきたいものです。

　今述べたことは当たり前のことのようですが，しかし現実にはどうでしょうか。私たちは連携機関のスタッフの顔を必ず知っているでしょうか？　相談機関や医療機関など，どこかの外部機関にケースを紹介するとき，その紹介先のスタッフの顔が必ず頭に浮かんでいるでしょうか？　それ以前に，その相談機関なり医療機関に実際行ってみたことがあるでしょうか？　また，スクールカウンセラーはすべての学校教職員と顔を合わせてコミュニケーションをとっているでしょうか？

　「必ず」とか「すべて」というのは現実としては無理なことだと思いますが，少なくともその方向に向かって取り組もうという姿勢は，しっかりと持っておきたいものです。われわれは，何年間も同じ学校に派遣されていて，その間一度も養護教諭と話したことがないというスクールカウンセラーの存在を知って，愕然(がくぜん)としたことがあります。また，朝は校門から相談室に直行し，一日中相談室にこもって来談するケース以外とは誰とも顔を合わさず，定時になるとまっすぐに帰宅するスクールカウンセラーがいたことも知っています。これではうまく「連携」できなくて当然でしょう。もちろんこれは特殊な例でしょうが，「連携はface to faceで」とお題目のように頭の中で唱えるほどでないと，こんなことも起こりかねません。

　そして連携を実行するためには，とにかく歩き回らなくてはなりません。教職員の場合は，職員室がありますから，お互いに顔を合わせること自体はそれほど難しくないでしょう。しかしスクールカウンセラーの場合は，相談室に閉じこもっていたのではこれはできなくなります。ですから，来談ケースがない時間帯は，事務作業をする以外は基本的に相談室外にいるべきです。それは保健室かもしれませんし，職員室かもしれませんし，校長室かもしれませんし，教室かもしれません。また，参加させていただける会議には積極的に参加することが重要でしょうし，先生方の親睦会などにも参加できるのであれば参加したほうがよいでしょう。

「営業」が命

「校内連携」ならば、歩き回る範囲は学校内でよいわけですが、これが外部機関との連携となると、その範囲が一気に広がりますから、かなりのフットワークのよさが求められることとなるでしょう。とにかく機会あるごとに（あるいは機会をつくって）外へ出ていき、人とふれ合い、よさそうな（力になってくれそうな）人を見つけたらすかさず近づいて、自己紹介をし、できれば名刺を差し出して関係づくりをする。研修会や学会というのは、その格好の機会ですので、積極的に活用しましょう。また、ケースが受診・来談するときもチャンスです。可能であれば病院や相談所などに一緒に出かけることです（可能であることはそう多くはないでしょう。だからこそ、可能なときは絶対に逃してはいけません）。そしてもし、面接の場に一緒に入れてもらえるのであれば入りましょう。入れてもらえないのであれば、面接後に担当者と少しでも話をしましょう。あるいは待っている間に、少々厚かましくても入れそうなスタッフ・ルームに入っていって、（できれば）そこの長らしき人（できなければ誰でも）に挨拶し、名刺交換して面識を得るとともに、その機関や担当者の雰囲気や特徴をつかんでおきましょう。

研修会にしろ、外部機関訪問にしろ、face to face のつながりをつくるには、こうした地道な活動に勝るものはありません。とにかく、「営業」（面識づくり）が命です。

紹介の原則は指名制

ここで、医療機関を例にとって、外部機関紹介の際の原則（理想）を示しておきましょう。

まずは下準備として、紹介先医療機関リストの作成です。どんなときに（When）、どこにあるものを（Where）、誰が／誰を（Who/Whom）、どれを（Which）、どのように（How）使うのか、4W1H を明確にしつつ、紹介先医療機関リストをつくっておきます。診療科目は最低でも「小児科」「心療内科」「神経科・精神科」程度はそろえておきたいところですし、施設形態も、クリニック、総合病院、単科精神科病

院，入院できる病院，救急患者を受け付けてくれる病院などを押さえておきたいものです。リストに載っている機関には，学校スタッフの誰かは事前に訪問しておくべきですし，その機関の誰かとは面識を得ておくことが重要であることは，先に述べたとおりです。

医療機関を事前に訪問しておくことの重要性を，なぜこれほど強調するのかというと，それがクリニックならまだしも，精神科病院となると，残念ながら，そのアメニティ（環境の快適さ）のよくない所が日本ではまだまだ多いからです。そこを訪れた人たちが，いったいそこにどんな印象をいだくのか，それを一度自分も体験して知っておくべきでしょう。そのうえで，紹介するならする。どういう所なのか知らないのに紹介するのでは，無責任のそしりは免れません。

ケースを医療機関に紹介する場合は，自分が作成したリストの中から紹介するのであって，**単に「病院に行かれたほうがいいですよ」と言うのでは，紹介したことにはなりません**。これでは「あなた，結婚されたほうがいいですよ」と言っているのと変わりありません。そう言うのであれば，最低でもどこかひとつ（誰か一人）は紹介してあげてください。もちろん，これはあくまで「紹介」ですから，こちらが指定する所に行きなさいと言っているわけではありません（お見合いでも同じです）。また，すでにケースはどこかよい医療機関を知っているかもしれませんから，まず「どこか適当な病院をご存知ですか？」と尋ねることも大切でしょう（お見合いでも同じです）。

さて，紹介する医療機関が決定したならば，次は「そこには○○先生というよい先生がいらっしゃいますよ。○○先生は△曜日が初診担当日ですから，その日に直接行かれるか（通常，病院では，各医師の初診担当曜日は決まっています），○○先生で予約をされてから行かれるといいでしょう」と伝えることになります。

このように**紹介は指名制が原則**です。クリニックや医院ならばまだしも，病院となると，そこには何人もの医師がいます。たとえ同じ診療科であっても各々の医師は専門性がかなり異なり，また，はっきりいって「腕前」も違います。学校と連携を図ってくれるかどうかも，医師によって異なるでしょう。さらに，ケースとの相性も重要です。こうした点を考慮しつつ，適切な「人」を紹介します（お見合いと同じです）。

「機関」を紹介しただけでは，十分な紹介とはいえないのです。

そして，もしケースがその医師の所に行ってみたいという話になれば，まず紹介する側からその医師に，「これこれこういうケースが，いついつうかがいますのでよろしくお願いします」と連絡を入れておきましょう。ここまでできれば完璧な紹介でしょう。こんな感じで紹介できれば，そのケースが実際に受診したあとも，担当医師と連絡をとり合いながら，援助チームとして協働していくことが可能となるはずです。

もちろん，こうしたことは，まだ医師との個人的ネットワークができていないうちは不可能なことです。ですから，まずはとにかく1人でも2人でも，よい医師を見つけて，お近づきになることです。そのための一番簡単な方法は，ケースでも知り合いでも，病院やクリニックにかかっている人を見つけたら，その主治医がどんな人なのかを詳しく聞いておくことです。そして信頼できそうな医師だと思ったならば，どんな方法でもよいですから（たとえば一緒に受診する，手紙や報告書を書いて，受診する本人から主治医に渡してもらう等）コンタクトをとる。こうした地道な活動，すなわち日頃の「営業」活動が命だということです。

医療機関を例にして，その紹介の仕方や連携のあり方について述べてきましたが，これらは相手が相談機関や警察であったとしても，基本的には同じです。「個」と「個」のつながりをベースにして，連携・協働を図っていく。そして援助チームを形成していくわけです。

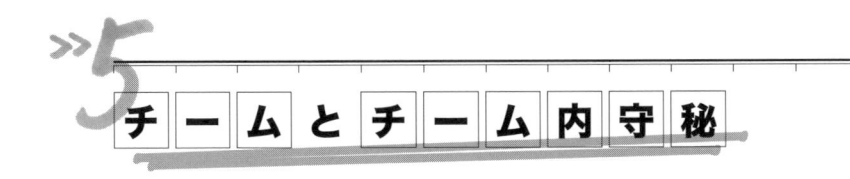

»5 チームとチーム内守秘

「みんなでみんなを」を効果的に実践するために，援助者側は「チーム」を組むことになります。たとえ複数の人間によってあるケースへの対応が行われたとしても，個々がバラバラに，情報交換も，意思疎通も，一貫した方針もなく動いているのであれば，けっしてよい結果は生まれないでしょう。数が多ければそれでよいという問題ではありません。も

し複数の人間があるケースに関わるのであれば，それらの人々は，**支援の過程で常に相互に連絡をとり合い，情報交換し，役割分担し，対応の基本方針を共有しておく（すなわち連携・協働する）**必要があり，これが「チームを組む」ということです。

ここでいう「チーム」には2つのレベルがあります。ひとつが「組織レベル」，もうひとつが「事例レベル」です。「**組織レベル**」のチームとは，教職員全体（職員会議）・学年団・教科団・校務分掌・委員会などのように，**原則としてチームの境界（そのチームに誰が所属しているのか）が明確で，そのチームメンバーは一定期間固定されているもの**のことです。それに対して「**事例レベル**」のチームとは，ケース個々にその都度編成される援助関係者の集まりのことです。したがって，**チームの境界が比較的あいまいで，またチームメンバーの顔ぶれも，ケースごとに違ってきます**。さらにそれは**臨機応変に編成され，事態が収まれば自然と解散する**ものです。「チーム」について考えるうえで，この2つのレベル間で共通する点もありますし，異なる点もあります。五本柱でいえば，「組織レベル」チームは，主に「③心理教育プログラム」と「⑤システム構築」に強く関連してくるでしょうし，「事例レベル」チームは，主に「①個別相談」「②コンサルテーション」「④危機介入」と関連してくるでしょう。

チームに対する不慣れ

ところで，スクールカウンセラーとして学校に参入する心理臨床家の中には，組織レベルにせよ事例レベルにせよ，自分がチームの一員として動くという感覚それ自体に慣れていない人もいるかもしれません。心理臨床家はその仕事柄，どうしても単独でケースにあたることが多いですし，職場自体も他の職場に比べると，組織化されている度合が少ないものです。また「チームで動く」という教育自体もあまり十分には受けてきていないかもしれません（この辺が看護師とはずいぶん違うところです）。基本的に，心理職の人たちの感覚は，お客さんを一人ずつ相手にする個人商店主のようなものといってよいでしょう。

狭い意味での心理臨床だけでなく，教育相談の領域においても，似

たような感覚があります。教育相談所などではよく「母子並行面接」（親担当と子担当の相談員が別々に面接していく形式）を行っていますが，この場合，この2人の相談員は本来まさしくチームメンバーであるはずです。それなのに，2人の間での連携・協働が十分に図られず，自分の担当の相手（子や親）だけに集中してしまっていることがあります。これでは，母子並行面接ならぬ母子平行面接（交点なし！）でしょう。これほど心理臨床家や相談員というのは，個別化する傾向を持っているようです。

　学校教職員は，心理臨床家に比べると，少なくとも「組織レベル」においては「チーム感覚」に慣れていることでしょう。それでも，いざケースを前にすると，途端に「私が」の世界に入り込んでいってしまう傾向がやはりあるようです。また，学校というのは基本的に一職種職場なので，異業種の人たちとチームを組むことには，（これはもしかしたら心理臨床家以上に）慣れていないかもしれません。

　このように，スクールカウンセラーはもとより，教職員もまた，けっしてチームに慣れているとはいえません。スクールカウンセリングの実践においては，「個」というよりも「チーム」が基本単位となり事が動いていきます。ですから，常に（とくに「事例レベル」において），チームというものを強く意識しておく必要があります。「絶対に一人では動かない」「誰と一緒に動こうか」と常に考えをめぐらしているくらいでちょうどよいのかもしれません。

チームの構成

　チームで行うのはよいとして，ではそのチームを誰が，何人で構成するのかとなると，これはなかなか悩ましい問題です。それこそ「ケースバイケース」「臨機応変」「当意即妙」というしかないでしょうし，とくに「事例レベル」においては，その傾向は強くなるでしょう。しかしそれでも，チームを構成するにあたっての一般的な留意点はあります。

■違う「種類」のメンバーでチームをつくる

　チームメンバーの構成は，本当に「適宜」ですが，ひとつだけ頭に

入れておいたほうがよいと思われることは，**違う「種類」のメンバーを集める**ことです。「種類」とは，職種や専門性のこと，そしてその人の「持ち味」（われわれは，ふだんこれを「芸風」と呼んでいます）のことをさしています。同じ「種類」の人間を何人集めたところで，集めた分だけの力はけっして発揮されませんし，チームとしては機能しないこともあります（チームスポーツを見ればわかります。野球でホームランバッターばかりを集めても，サッカーでフォワードばかりを集めても，チームとしては機能しないでしょう）。また，もしみんなが同じ「種類」の人なのであれば，一人でやったほうが早いということもあります。いろいろな「種類」のチームメンバーが集まり，それぞれ違う役割を担い，**その相乗効果で人数分以上の効果を発揮するから「チーム」**なのです。

しかし人は往々にして，同じ「種類」の人たちとチームを組みたがるものです。学校内でよく見られる光景でいえば，いわゆる「生徒指導系」は「生徒指導系」で集まり，いわゆる「教育相談系」は「教育相談系」で集まるという具合にです。しかしチームにするのなら，「生徒指導系」と「教育相談系」の教員が組んでこそ，より強力なものとなりうるでしょう（そもそも「組めた」ということ自体がすばらしいことです）。

学校内にもさまざまな「種類」の人がいます。一般教諭，養護教諭，専科の教諭，管理職，主任，主事，スクールカウンセラー，特別支援教育コーディネーター，そして児童生徒等々。あるいは父親的な人，母親的な人，子どものような人，きちっとした人，自由な人，エネルギッシュな人，のんびりした人等々。学校外にも保護者，外部機関の専門家，地域の人々等々がいます。これら多様な人たちが組んでこそ，チームなのです。

もっと発想を自由にして，動物たちをチームの一員にしてもよいでしょう。実際，ウサギやハムスターがいわば援助チームの一員となり，不登校，いじめ，リストカットなどのケースの改善に貢献したという経験を，われわれは数多く持っています。これくらい柔軟な発想で，チームを組むことを考えられれば，援助の方略はさらに広がることでしょう。

■保護者はチームメンバーである

　先ほど「学校外にも保護者等々がいます」と述べましたが，もちろん，保護者はチームメンバーとなる可能性の非常に高い人物です。通常，子どもの年齢が下がるほど，その重要性は高くなります。

　これは当たり前の話のように聞こえますが，では実際，保護者がきちんとチームメンバーとして扱われているかというと，かなり疑わしい場合が多いものです。しばしば，**保護者は，教職員にとっては指導の対象，心理臨床家にとっては治療の対象**ととらえられがちです。あるいは，**保護者を学校や心理臨床家の考える（行う）指導／支援に「協力」する役割を担う者として位置づけ**ていたりします（その証拠に，「非協力的な保護者」という言葉が，よく学校の中で飛び交っています）。そのどちらであれ，これでは保護者を真にチームメンバーとして扱っていることにはなりません。

　チームメンバーどうしは，もっと対等な関係です。対等に互いの持っている情報を出し合い，ゴールについてのコンセンサスを構築し，そこに向かって有効そうな対応を役割分担しながら行っていく，これがチームメンバーであり，チームとしての動きです。誰かが誰かの指揮監督者になるのではありません。もちろんメンバー数が多くなれば，チームをまとめる人は必要になってはきますが，それでもやはりメンバーどうしが対等であることに変わりはありません。

　現実問題として，指導や治療の必要な保護者もいることは確かです。が，そういう場合でも（そういう場合ならなおさらかもしれません），**最初は，学校関係者は保護者と，「チームメンバー」どうしとして出会わなければなりません**。この認識なく，いきなり保護者に対して指導／治療を行おうとすると，しばしば保護者は学校関係者と関係を持つこと自体を拒否することでしょう。また，子どもや家庭に関する正確かつ十分な情報を学校関係者に提供してくれなくなることでしょう。学校関係者が提供する情報も受け取ってくれなくなることでしょう。結局こうなると，双方が異なる見立て，方針のもと，バラバラな動きをすることになってしまい，そこには対立だけが残ることになります。

　ただ，われわれは，すべてのケースにおいて，保護者をチームの一メンバーと位置づけ，相互の密な情報交換をもとに支援を行っていか

なければならないといっているのではありません。ここもやはりケースバイケースです。先ほど「通常，子どもの年齢が下がるほど，その重要性は高くなります」と述べました。保育園・幼稚園や小学校においては，ほとんどすべてのケースにおいて，保護者はチームに入ってくるでしょう。しかし，中学校以降，学年が上がるに従って，その割合は徐々に下がっていくのが通常です。高校3年ぐらいになれば，どうでしょうか。全ケース中，保護者がチームに入ってくるのは3割ぐらいではないでしょうか。いずれにせよ，学年がひとつ上がるに従って，親の役割はしだいに減っていき，学校の役割は増えていくととらえておくのがよいでしょう。

　なぜならば，私たちは子どもたちの発達を支援しているのです。子どもは，年齢が上がるに従って，親から離れていきます。それが普通の，自然な発達です。その自然な流れに従って，支援も構成されていくべきだからです。

■ボランティアをチームメンバーとする場合の留意点

　最近，特別支援教育との関連もあって，大学生等のさまざまなボランティアの人たちが学校に入ってくるようになりました。また，たとえば荒れた学級や学校を落ち着かせるために，保護者の方々が学級や学校に入ってくることもあるかもしれません。荒れた学級や学校を落ち着かせるために入ってくる方々というのは，何かの催し物の際に，たとえば地元の職人さんにボランティア的に来てもらうのとは，わけが違います。関わりがより濃密ですし，そこには責任が発生してきます。つまり，学校に入ってもらった時点で，はっきりとチームメンバーとして位置づけられているのです。

　ボランティアが導入される場合というのは，人手は必要，でも専門家を雇う予算はないという場合でしょう。しかし実際，**ボランティア導入というのは，結構コストのかかるものなのです**。そこでのコストというのは，準備とメンテナンスに対するコストです。簡単にいうと，研修コストです。ボランティアは，当然素人です。職務内容についての知識もスキルも経験も十分でない人が大半でしょう。そもそも職務の範囲が何であるのかさえ，ボランティアの方ははっきり把握していないかも

しれません。したがって，人選から始まり，職務に就いてもらう前の入念な打ち合わせ，そして研修が必要となります。活動が始まって以降も，日々の活動の振り返り作業が必要となります。これらには多大な労力（コスト）がかかるのです。このコストをいったい誰が負担するのでしょうか。もし学校がその全部を負担するのであれば，まずはその覚悟が必要です。もしボランティアの派遣元がそれを負担するのであれば，派遣元がしっかりとそれらを行ってくれる所であるのかどうかを見極めることが，重要となるでしょう（そういう意味では，指導体制のしっかりしている大学の学生ボランティアを導入するのは，よいアイデアです）。また，スクールカウンセラーは，自分がボランティアに対するマネジメントの一翼を担う存在であることを自覚しておかなければなりません。

ボランティアもチームメンバーであることに変わりはありません。けっして「下働き」の人ではありません。先ほど保護者のところで述べたように，**対等な関係**であることに留意しておいてください。

チーム内コミュニケーション

違う「種類」の人たちがチームを組んだほうが効果的であると先ほど述べましたが，かといって，それぞれ何から何まで違ったままで，個々人勝手に動き回ったとしたら，チームとして機能するはずがありません。違う「種類」の人たちが集まれば集まるほど，チーム内のコミュニケーションを頻繁に行い，それを通して意思統一や役割分担，状況確認をしていくことが重要となります。

「チームで動く」ことと「連携・協働」とは，まったく同じことです。したがって，そこでの原則も同じです。すなわち「**チーム内コミュニケーションは face to face で**」です。顔を合わせられなければ，せめて電話で話すことです。「事例レベル」チームにおける1回のコミュニケーションは，けっして長い時間は必要ではなく，また定期的でなくともよいです（ただし，3人以上が緊密に連携をとる場合は，定期的な会合をセッティングするほうが望ましいでしょう）。ちょっとすれ違ったときに「どうなってる，最近？」「ああ，あの子ね。わりといいよ」といったやりとりでも十分です。最近はインターネット環境が整い，メーリ

ングリストで情報をやりとりすることも一般化してきています。デジタルな方法は便利で有益ですが，内容によってはケースのプライバシー漏洩の危険もあります。そうした危険性の問題だけではなく，やはりコミュニケーションはアナログで，face to faceで相手の様子を理解しつつ行うほうがよいでしょう。デジタルな方法は，face to faceの方法をあくまで補うものだと考えてください。

　チーム内コミュニケーションの内容は，支援の方向性や方針，あるいは**ゴール（目標）についてのコンセンサスづくり**に関すること，誰が・どこで・何を・いつ行うのかに関する**役割分担**の確認，ケースの背景や状態に関するさまざまな情報を交換したり，チームメンバーが行ったことを報告し合ったりしつつ，**状況を確認し，情報を共有する**ことでしょう。具体的にはたとえば，「こうなればいいよね」「とりあえずこうしていこう」（ゴールについてのコンセンサスづくり），「これはこっちでやるから，これをお願いね」「こういうときは，私が出るわ」（役割分担），「ご家庭はこんな感じなんだって」「どうなってる，最近？」「こんなふうに声かけをしておいたよ」（状況確認・情報共有）などかもしれません。

チーム内守秘主義

　このように，ケースに関する情報は，日々のチーム内コミュニケーションによって，チームメンバー間で共有されることになります。しかし，（とりわけ詳しく細かい情報は）チーム外には安易に出さない。これが「チーム内守秘主義」です。

　相談活動において，「守秘」は常に非常に重要な要素です。相談の場で語られたことが，いつの間にか万人の知るところとなっていたなどというのでは，誰も相談になど行かなくなるでしょう。また，世の中には他人の個人情報を悪用する人もいますので，その取り扱いには十分すぎるほどの注意が必要となるでしょう。

　ただ，いわゆる「個人臨床」と，スクールカウンセリングのような「コミュニティ・アプローチ」との間では，この守秘に対する感覚がかなり異なります。その違いを如実に示すあるエピソードを紹介しましょ

う。

　以前，森はある小学校の養護教諭からこんな話を聞きました。ある日の放課後，その養護教諭は，保健室によく来るある女子児童の相手をひとしきりしました。その児童が保健室を出ていって1時間ほどしたとき，その児童のお母さんから電話がかかってきました。「まだうちの子が帰ってこないのですが，学校で何かやってるんでしょうか？」「え!?　もう1時間も前に，さよならって保健室を出られましたよ。まだ学校に残っているのかな？　ちょっと探してみますね」「ありがとうございます。私も家の周りを探してみます」。養護教諭は，学校の中をあちこち見て回りましたが，どこにもその児童の姿は見えません。保健室にもどってきたときに，また電話が鳴りました。「ご心配おかけしました。今帰ってきました！」「ああ，よかったですねぇ！どこに行ってらしたんですか？」「スクールカウンセラーの先生と話していたようです」「え!?」。その学校には，週1回，個人臨床経験の豊かなベテラン臨床心理士がスクールカウンセラーとして来ていて，そういえばその日はスクールカウンセラーの勤務日でした。電話を切った養護教諭は，すぐさま相談室に駆け込みました。「さっきまで，○○ちゃんが来ていたんですか？」。スクールカウンセラーはけげんな顔で，しかしきっぱりとこう言いました。「私には守秘義務がございますので，相談室に誰が来たかは，申し上げられません」。

　これが「個人臨床」の感覚です。確かに，病院スタッフは「今日，誰が受診しましたか？」などという外部からの問い合わせに対して，おいそれと答えるわけがありません。そんなことをしたら，守秘義務違反です。しかし，この感覚でスクールカウンセラーをされたら，学校はたまったものではありません。

　そもそも，このスクールカウンセラーには，「チーム」という感覚がまったく欠如しているようです。このスクールカウンセラーにとって，養護教諭は「外部」の人間なんですね。カウンセラーとケースの2人だけが「内部」で，他の人は，場合によっては家族も含めて，全部「外部」。情報はカウンセラーとケースの2人の間だけの秘密として守られる。これが「個人臨床」感覚の守秘です。

　一方，「コミュニティ・アプローチ」は，「みんなでみんなを」であり，対応は基本的に「チーム」で行いますので，ケースに関する重要な情報

は，チーム内で共有され，その秘密はチーム内で守られ，チーム外には出さない。これが「コミュニティ・アプローチ」感覚の守秘です。

「内部」「外部」の境目の広がりが，「個人臨床」と「コミュニティ・アプローチ」とではずいぶん違うんですね。「コミュニティ・アプローチ」では，「内部」として見なされる人の数が多い。チームメンバーは，みんな「内部」です。そういうふうに考えていかないと，「コミュニティ・アプローチ」は成立しません。しかし，ここでひとつ，では「いったい誰がチームメンバーなのか？」という問題が起こってきます。

■「事例レベル」におけるチームメンバー

本節の冒頭で，「チーム」には「組織レベル」と「事例レベル」とがあると述べました。そして，「組織レベル」ではチームの境界が明確であり，チームメンバーが一定期間固定されているが，「事例レベル」ではチームの境界があいまいであり，ケースごとに違ったチームが，自然と，そして臨機応変に組まれると述べました。

したがって，「いったい誰がチームメンバーなのか？」という問いは，「事例レベル」のほうで，より多く問われることになるでしょう。

この問いに対する答えは，本当にさまざまなのですが，もし一言でいうとすれば，「ふだん，その子によく関わっている大人は全員チームメンバーである」ということになるでしょう。先ほどの事例では，その児童は保健室をよく利用しているのですから養護教諭，そしてスクールカウンセラーのところにも行っているのですからスクールカウンセラー，もちろん担任は毎日その児童と関わっているわけですから担任，そして保護者，この四者はチームメンバーとなるでしょう。

もし，他にもよくその児童に関わっている人たちがいたとしたら，その人たちもチームメンバーです。その児童が外部の相談機関にも通っているのだとすれば，そこの担当者もチームメンバーとなるでしょう。

ただ，一口に「チームメンバー」といっても，当然それぞれに関係上の「濃淡」は出てきます。その「濃淡」は，関わりの頻度とケースに対する責任性から生じてくるものです。そしてその濃淡によって，共有される情報の量／質が違ってきます。当然，より核になっているチームメンバー間では，たくさんの，そして詳細な情報の交換がなされるでし

ょうし，より辺縁にいるチームメンバーには，それほど多くの情報は与えられないことでしょう。

■どんな情報を，どのように共有するのか

　どんな情報を共有するのか。情報の質によって，守秘しなければならない度合や必要性は変わります。その情報が，ケースの抱えるネガティブな要因，たとえば，精神病理，家庭環境上の問題，心的外傷体験（トラウマ）といったものであったり，それを他人に知られることがケース本人にとって不名誉なこと，不利益なことにつながる可能性があったりするのであれば（クリティカルな情報），それは必要と考えられる最低限のチームメンバーの中でのみ開示され，共有されるべきでしょう。

　しかし，それがケースの能力，できている力，うまくいった体験，内外のリソース（資源）など，ポジティブな情報であるのであれば，ケースを援助したいと考えている，より多くの人たちの間で共有されるべきでしょうし，情報が広がっても安全でしょう。

　どのように情報を共有するのか。「**クリティカルな情報は，口頭でやりとりする**」が，基本です。文書としては残さないほうがよいです。どこで漏れるかわからないからです。「口頭でやりとりする」ためには，互いに会って話をしなければなりません。ですから「連携やチーム内コミュニケーションは face to face で」なのです。

　逆に，「組織レベル」チームにおいて情報を開示する場合は，文書できちんと示さなくてはなりません。しかし「組織レベル」チームメンバーの中には，当該ケースに対して，ふだん関わりをそれほど多く持っていない人も混じっていることでしょう。そうした人に対して，あまりに多くのクリティカルな情報を提供することは避けなくてはいけませんし，仮に提供するとしても，会議の中で口頭で行うのがよく，配布資料に盛り込むべきではありません。基本的に「組織レベル」チーム会議における配布資料には，個人情報を盛り込んではいけませんし，個人情報が入っている資料を配布した場合は，会議終了後に回収しなければなりません。

■何のための守秘なのか

　守秘の問題は，なかなか厄介な問題ですが，これを考えるうえで重要なことを一言でいうと，「いったい何のための守秘なのか」を考えることです。

　結論をいってしまえば，**秘密を守るのは，ケースを守るため，ケースの利益のため**です。もし，秘密を守る（情報を開示しない）ことが逆にケースを守ることにならず，むしろケースの不利益になるとしたら，守秘義務を通すことは，本末転倒，守秘義務のための守秘義務となることでしょう。

　秘密を守る（情報を開示しない）ことが，ケースの利益にならないどころか，むしろ問題を助長し，悪化させる要因となる場合がいくつかあります。たとえば，虐待，いじめなどはその典型的な例でしょう。薬物乱用もそうです。学級崩壊もしかりです。自傷他害の危険性をはらんだ，あるいはすでにそれを起こしてしまった場合，すなわち「危機介入」が必要となる場合も，これに当てはまることが多くなります。この「危機介入」に関しては，第Ⅱ部第4章で扱います。

　いずれにせよ，秘密を守る／明かすは，すべてケースを守る，ケースを利するために行うわけです。どちらにすれば，よりケースを守れるのか，ケースの利益になるのかで，判断していくことなのです。

　一般的に，教職員は，守秘を尊重しないために子どもたちを傷つけることが多く，心理臨床家は，守秘を尊重しすぎて，逆に問題を助長したり，遷延化させたりすることが多いといえるでしょう。この辺のバランスについて，教職員と心理臨床家がともに考えていけるようになればよいと，われわれは考えています。

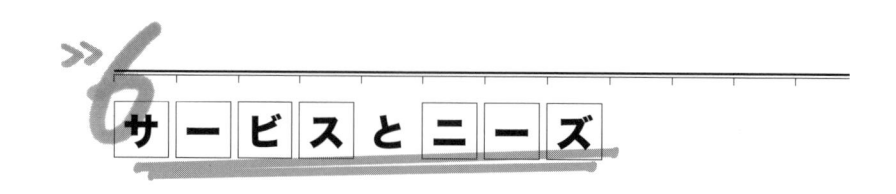

6　サービスとニーズ

　スクールカウンセリングは，「サービス」の一形態です。「**サービス**

service」とはserveすること，すなわち**人々に対し何かを提供する作業**のことです。何を提供するのでしょうか。それはもちろん，**人々が必要としているもの，もらえるとうれしいもの**です。**必要とされていること**，これが「**ニーズ needs**」です。つまり，**サービスはニーズに対応して行われる**わけです。では，なぜニーズが発生するのでしょうか。それはもちろん，それが足りないからです。ということは，「サービス」を**不足しているものを補う作業**と定義することもできるでしょう。

> 黒沢がスクールカウンセラーを経験したある中学校（B校）は，やんちゃな生徒の多い中学校でした。そうした学校事情を反映して，生徒の反社会的問題行動に対応できる生活指導の力量の高い男性教員が多くB校には集められていて，主だった女性教員は，定年を控えた肝っ玉母さん的教員と，40代の養護教諭，そして20代の「マドンナ」と呼ばれていた女性教員などでした。黒沢が入った年に，40代の女性教員が赴任しましたが，やはり30代の女性教職員はいません。「30代の女性教職員」がいないこと，これがつまり「ニーズ」です。偶然，当時の黒沢は30代でした。したがって，黒沢がB校に入ったことだけで，「ニーズ」に対する「サービス」となったといえるのかもしれません。

さらに黒沢がB校に赴任したての頃の思い出話は続きます（内容は森が脚色しています）。

> 実際黒沢は，「この学校には30代の女性スタッフがいない」ということに気づいて，「これだけで私がこの学校に入っていくそれなりの意味はあるな」と感じました。また，B校において自分がどんな動きをし，どんな役割を担えばよいのかが，少なからず明確になりました。男っぽく，こわもての雰囲気の中に，ちょっと爽やかで，明るい，それでいてどこかくつろいだ雰囲気を持った風を入れられればよい。20代の女性教員に対しては，自分が少しお姉さん役を引き受けて，先生を元気づけられればよいだろう。また若手2人で「歌って踊れる」ユニットでも結成して，学校全体を元気づけられればよいかもしれない。40代以上の女性の先生たちに対しては，妹役を引き受けて，先生たちの経験や活きた意見，ちょっとした愚痴を聞いたり，軽い用事を引き受けたりするのもよいだろう。男性の先生たちとは，楽しい話題で一緒に盛り上がることができればいいな。生徒たちには，お姉さんとお母さんの中

6 サービスとニーズ

間ぐらいの役割（近所のおばさん？）をとればよいのかな，等々。

　こうした黒沢の役割は，当時B校の校長先生が，最初に言われた言葉の中にも示唆されていました。「スクールカウンセラーが学校で何をしたか，何ができたかということよりも，このような雰囲気の方がこの学校にいるということがまず意味を持つと思います」「この学校の雰囲気が，新たな存在が入ってくることによっていろいろな意味で影響を受け，少しずつ変わってくれればよいと考えています。たとえばそれは，朝の生徒たちへの教職員の声かけや生徒らからの挨拶が，今までのものと違ってくる，活発になってくるといったようなことです」。ここから黒沢の「サービス」は始まったのです。

　スクールカウンセリングは「サービス」ですが，そもそも「教育」それ自体が「サービス」です。しかし，もしかすると，「教育」を「サービス」ととらえることに，抵抗感や違和感を持つ教職員も，中にはいるかもしれません。でも，「サービス」を「不足しているものを補い提供する作業」と定義するならば，「教育」はまさしく「サービス」です。子どもたちはすべて発達途上にあって，まだ持っていないもの，知らないこと，体験したことのないことをたくさん抱えているわけです。だからそれらいろいろなものを提供する。その場が「学校」であり，「教育」であると考えられます。

　さて，ここまで「サービス」と「ニーズ」について，きわめて基本的なことを述べてきたわけですが，ここで，もう一度確認しておきたい重要な2点を指摘しておきたいと思います。

■「押し売り」は，サービスではない

　普通，押し売りのことをサービスマンとはいいません。押し売りというのは，押し売り側に売りたい商品（商品の中身というより，要はお金）があって，お客の都合（ニーズ）がどうであれ，必要のないものまで売りにくるわけです。お客を脅してでも，売る。つまり，ニーズはお客側にあるのではなく，押し売りの側にあるわけです。これを普通，「サービス」とはいいません。「serve」とは「仕える」という意味です。日本語でも，「仕事」とは「お仕えする事」です。誰にお仕えするのでしょうか。もちろんお客さんにです（スクールカウンセリング・サービ

スの場合の「お客さん」とは，児童生徒であり，保護者ということになるでしょう。スクールカウンセラーから見ると，教職員も「お客さん」です）。常に，「お客さん」が中心となるのが「サービス」であって，サービスマンのほうが中心となるのは「サービス」ではありません。コミュニティ心理学では，サービスマンのほうが中心となってしまうやり方を「専門家中心主義」（山本，1986）と呼び，これを戒めています。

　しかし，現実の「教育サービス」や「心理臨床サービス」においては，この辺がかなり怪しいことになっていて，実際売りたい「商品」のほうが先であることも多いようです。ただし，あとにも述べますが，お客さんは常に自分に必要なものを自覚しているとは限りませんから，援助者から先に商品を提供するのが絶対いけないことなのかというと，そうでもありません。何でもかんでも，お客さんから言われてからやる，言われないとしないというのでは，これもまた良質のサービスとはいえないでしょう。また「商品開発」というものは，常に先々行われていかなくてはならないものです。ただ，サービス活動も商品開発も，常にお客さんのニーズが中心となって行われていくのだということは，何度確認しておいてもよい重要なポイントです。

■サービスは，「問題」というよりも，「ニーズ」に対応するものである

　「サービス」は「ニーズ」に対応するものであって，「問題」に対応するというのとはちょっと違うというのが，確認しておくべき2点目です。

　「ニーズ」と「問題」は，微妙に異なります。もしある人が，何か不足している状況（ニーズのある状況）を問題だと感じているならば，「ニーズ」と「問題」は同じことになります。しかしそうでない場合は，異なるものとなるでしょう。たとえば，家にパソコンがない。そのことを不便だ，つまらない，問題だと感じている，あるいはパソコンがないことによって，実際何らかの現実的問題が発生している（たとえば，情報が検索できない，人と話が合わない）とすれば，「ニーズ」と「問題」は同じです。しかし，別に家にパソコンがなくても何も困ったことは起こっていないし，だから別にパソコンを欲しいとも思っていないとすれば，その人にとってパソコンは「ニーズ」ではありません。しかし，「パソコンがない」ことを「問題だ」と言うことはできます（「え

えっ！ 今どきパソコンがないなんて信じられない！ 時代についていけないぞ！」)。このとき，パソコンがないことを「問題」としているのは，本人ではなく他者あるいは社会です（とくにIT業界の人たちなら，これを「問題」として取り上げたくなるでしょう)。このように，「問題」というのは，ときに，本人ではなく他者や社会のほうが設定するわけです。社会（あるいは，誰か）が「問題」を設定し，それに対して何かが行われるとなると，それは先ほどあげた「押し売り」になる可能性・危険性（リスク）が高まります。

　「ニーズ」は常に，サービスの受益者あるいは利用者側に立って把握されなくてはならず，けっしてサービスの提供者側が勝手に決めてよいものではありません。仮に，そのサービスの内容や質がよさそうなものであったとしてもです。ここに高性能・最新のDVDプレーヤーがあったとします。その製品自体の質は，確かにすばらしい。しかし，そんなものを難民キャンプに送ったとしたら，どうでしょう？　それは難民キャンプに暮らす人々の「ニーズ」に合っているのでしょうか？　そもそも，そんなものを送って，難民キャンプで使えるのでしょうか？

　われわれは以前，被災地の学校に臨床心理士が派遣されたとき，学校側からの第一声が**不安の御用聞きはいらない**」だった，という話を聞いたことがあります。学校と派遣側との間に，「ニーズ」の把握において齟齬があったということでしょう。

　こうした食い違いは，**問題**」に対して「**支援**」は提供される，と考えると起こりやすくなります。先ほど述べたように，「問題」はしばしば，他者あるいは社会の側から設定されるからです。

　だから，「問題」という言葉をなるべく使わないようにしましょう。「ニーズ」という言葉をもっと使いましょう。言葉の使い方を変えることは，ものを見る視点を変えることにつながります。サービスの受益者の視点に立ちたいなら，「ニーズ」が重要なのです。

顕在的ニーズと潜在的ニーズ

　「サービス」は「ニーズ」に対応するものであって，「ニーズ」はお客さんの側にあると述べました。

「ニーズ」がお客さん側にあるのは，それはもう確かなことなのですが，ここで厄介なことは，お客さんは自分の「ニーズ」に常に気づいているとは限らないという点です。気づいていないのだから，当然そのニーズが本人から表明されることはないでしょう。**表明されているニーズ**のことを「**顕在的ニーズ**」といい，気づかれていない，したがって**表明されていないニーズ**のことを「**潜在的ニーズ**」といいます。

　　昔，江戸の街は，脚気（かっけ）の大流行に見舞われていて，多数の死者を出していました。当時江戸は繁栄し，公家など高貴な人々の食文化にならって，白米を食べる習慣が広がっていました。
　　現代人は，脚気はビタミン B_1 の欠乏症の一種であることを知っています。しかし，科学史をひもとくと，この発見は興味深い観察からもたらされました。当時は，コッホやパスツールが活躍し，病気の原因は病原菌によるという考え方の全盛期でした。しかし，脚気は，玄米を食べているニワトリには起こらないのに，白米を食べているニワトリに発症しているという観察から，病原菌ではなく，米ぬかから摂取できる成分（ビタミン B_1）の欠乏によることがオランダ人研究者エイクマンによって発見されたのです。
　　江戸には，エイクマンの時代よりも前に，同じようにニワトリのエサと脚気との関連を観察し，米ぬかをとることを人々に推奨した識者がいたという伝承があるようです。

したがって，この江戸の人々の場合の「ニーズ」は「ビタミン B_1」だったわけですが，そんなことは，江戸時代の人は誰も知りません。だから，誰も「ビタミン B_1 が欲しい！」とは求めませんでした。脚気を患っていた当時の江戸の人々はもちろんのこと，米ぬかを与えるというよい「サービス」を提供した江戸の識者本人でさえ，ビタミン B_1 という物質のことは何も知らなかったのです。このように，ビタミン B_1 という真の「ニーズ」は，当時，完全に「潜在」していたわけです。

デマンドとウォント

ここでちょっと話を横道にそらしつつ，「ニーズ」の概念をより明確にしておきましょう。「ニーズ」，とりわけ「顕在的ニーズ」と類似する概念に，「**デマンド demand**」と「**ウォント want**」というのがあります。

文字どおり,「デマンド」というのは「要求」で,「ウォント」は「欲求」です。どちらも「顕在的ニーズ」と似ています。また,実際には同じであることもあります。

　しかし,概念上,この3つは異なるものです。「**デマンド**」というのは,「これが欲しい」「こうして欲しい」という要求「**行動**」のことをさすものですが,「ウォント」というのは「欲しい」という「**情動**」のことです。この2つはここで異なります。しかし「デマンド」も「ウォント」も,基本的に本人の「**主観**」に基づいているという点では,同じです。

　「ニーズ」というのは,そうではなく,「**状態**」のことです。「〇〇が不足している状態」。これは「**客観的**」に,そうなのです（先の例で,江戸の人々が気づいていようが,いまいが,ビタミンB_1は実際に欠乏していたのです）。「客観的な不足状態」が「ニーズ」であり,これは本人の「意識」とは別物です。だから,「ニーズ」に,顕在的なものと潜在的なものが生じてくるのです。

　このように,「ニーズ」「デマンド」「ウォント」の三者は概念上異なるものであるため,ときには,「ニーズ」があっても気づかれず,だから「デマンド」という要求行動はとられない,あるいは「ウォント」という情動が起こらないというケースも出てくるでしょう。逆に,「デマンド」や「ウォント」があっても,客観的な「ニーズ」は存在しない場合もあります（生活保護を受けつつ高級外車に乗り,高価な宝飾品を身につけている人がいるように,あるいは,近年話題になっている「モンスターペアレント」の理不尽な要求のように）。

ニーズの把握

　ここでもう一度確認です。「サービス」は「ニーズ」に対応するものです（「デマンド」や「ウォント」というよりも）。

　そして「サービス」は,「**顕在的**」「**潜在的**」どちらの「ニーズ」にも対応するものです。

　「顕在的ニーズ」は,きちんと人々の声を聞いていれば,とらえられるはずです。だから,きちんと聞きましょう。ただ,日本の人々は,基

本的に慎み深いですから，何か気づいている自分のニーズがあっても，なかなか人に伝えず，内に秘めていることが多いものです。だからまずは，きちんとニーズを表明してもらえるような関係をつくることです。

「聞く」という言葉には，相手の話をよく「聴く」（いわゆる「傾聴」）という意味だけではなく，「尋ねる」という意味も含まれています。今までわが国のいわゆる「カウンセリング」においては，「聴く（傾聴）」はよく強調されてきましたが，「尋ねる」ことはあまり強調されてきませんでした。しかし「尋ねる」ことは，「聴く」ことと同じぐらい重要なことです。

先ほども述べましたが，「ニーズ」は援助者側で勝手に決めてよいものではありません。したがって，きちんと「尋ねる」ことが大事です。日本の人々の多くは，尋ねないと言ってくれません。また，相手の気持ちを直接聞かずに斟酌することのほうが美徳という文化があるためか，「どうしてほしいの？」ということをあえて聞かずに事を進めようとする傾向があります。この斟酌が当たっていれば何も問題はないのですが，残念ながら，はずれていることのほうが多いのが現実です。だから，きちんと尋ねましょう。

もし，「**コミュニティ・ニーズ**」を引き出したいなら，さまざまなコミュニティ・メンバーに対して，「ここにもう少し何があったら助かりますか？」などと尋ねましょう。「**個人ニーズ**」を引き出したいなら，面接場面で，「ここでどんなことが話し合われればいいですか？」とか「私はどんなことをお手伝いすればいいでしょうか？」などと尋ねましょう。とにかく May I help you ? です。ここからサービスは始まる，というか，これがないと始まらないわけです。

そうやって，まず「ニーズ」を「**顕在化**」させていきます。しかし，もし「ニーズ」が真に「**潜在的**」なものであるとしたら，人々から話を聞くだけでは，とらえきれないでしょう。その場合は，まずは「**観察**」です。あるいは「**調査**」です。観察や調査をして情報収集です。次に，集まった情報の「**分析**」です。これら一連の手続きは，すなわち「**研究**」するということです。「研究」して，何かヒントが得られたならば，すぐに「**実践**」です。それで成功したならば，それでよし。うまくいかなかったならば，「研究」のし直しです。そしてまた「観察」や「調査」

にもどる。これの繰り返しです。

　こうしたさまざまな手続きによって，「顕在的」および「潜在的」ニーズを把握する作業のことを「**ニーズ・アセスメント needs assessment**」と呼びます。

ニーズ・アセスメント

　ニーズ・アセスメントは，「個人」に対しても「コミュニティ」に対しても行われますが，ここではコミュニティが全体として持っているニーズ，すなわち「コミュニティ・ニーズ」のアセスメントについて，主にスクールカウンセラーの立場から見ていきましょう。

　コミュニティ・ニーズを正確に把握するためには，本当ならコミュニティを構成するメンバー全員と会って，そのニーズを聴取していけばよいのでしょうが，それは実行可能性（フィージビリティ feasibility）に乏しいでしょう。とくに，これから学校に入っていこう（ジョイニング joining：参入，第Ⅰ部「9 ジョイニング」参照）としているスクールカウンセラーが，これをするのはまず無理でしょう。だからとりあえず，そのコミュニティのニーズについてよく知っていると思われる人から話を聞くことになります。これを「**キーパーソン・サーベイ key person survey**」（ロッシら，2005）といいます。スクールカウンセリングにおけるキーパーソンとは，通常，管理職・養護教諭・教育相談（あるいは生徒指導）主任・特別支援教育コーディネーターなどでしょうか。もし前任のスクールカウンセラーがいるなら，そのスクールカウンセラーも含まれるでしょう。とにかく，できれば立場の違う複数のキーパーソンから話を聞いたほうがよいです。たとえキーパーソンとはいえ，特定の人からは，特定のニーズ情報しか収集できないことが多いからです。集めたい情報としては，この学校の特徴（学校風土，児童生徒，保護者，教職員，地域の特徴）は何か，この学校でよく扱われる問題は何か，スクールカウンセリング活動として主に何が期待されているのか，等々があります。

　参入前のスクールカウンセラーが会えるのは，キーパーソンの中でも「**表キーパーソン**」（重要な役職に就いている人）でしょうが，いろ

いろな表キーパーソンと会って話を聞いているうちに，その学校の「**裏キーパーソン**」（とくに表舞台に出ているわけではないが，コミュニティ・メンバーの多くに影響力を持っている人）の存在が見えてくることもあります。これも重要情報のひとつです。

　キーパーソンと会って話を聞く中で，その学校に関するデータを見せてもらうこともあるでしょう。当該コミュニティに関するデータや指標からニーズを把握する作業のことを「**社会指標サーベイ social index survey**」といいます。その資料・データとは，たとえば児童生徒数や教職員数といったごく基本的なものから，不登校児童生徒数（率），保健室利用者・保健室登校者数，暴力等の問題行動発生件数，進学率や進路内訳，高校なら中退者数（率），あるいは校務分掌一覧などです。学校便覧はもちろん一読しておかなければなりませんが，私立学校の場合，学校紹介パンフレットも見ておきたいものです。そこにその学校の教育理念が書かれていることが多いからです。

　このように学校独自の資料は重要ですが，公立学校であるならば，地域の社会指標も重要となります。市・区役所や教育委員会のホームページを見たり，実際に出かけるなどして，手に入るものはなるべく手に入れ，その中から地域ニーズをつかむよう努めましょう。また，地域ニーズをつかむために結構大事となることは，一度その地域の中を歩き回ってみることです。何といってもやはり，「百聞は一見に如かず」ですから。また歩き回ってみると，その地域のニーズだけでなく，ソーシャル・リソース（社会資源）も見つけられることでしょう（「リソース」については次節で詳述します）。

　学校になじんでいけば，さらにさまざまな人から，「コミュニティ・ニーズ」の話を聞くことができるでしょうし，「裏キーパーソン」の姿も明確になってくるでしょう。さらには，より詳細な**ニーズ把握のための調査**もできるようになってくるでしょう。

> 　黒沢は，中学校で「CAN-SCS（スクールカウンセリング・システム構築のための包括的ニーズ調査）生徒版」（黒沢・森ほか，2001）や「学級風土尺度」（伊藤・松井，2001）を用いた調査を生徒たちに実施し，その結果を集計・分析して，各学級のプロフィールをフィードバックするという校内研修会を何度か

> 試みています。そこから各学級の理解を深めそれぞれの学級集団のニーズを把握し，これからの適切な対応や介入について先生たちとともに考えていくのです。その折に，学級の特徴をデータで示して「この学級プロフィールは何年何組のものでしょうか？」と問うて当ててもらうといったクイズを出すことがあります。結果は意外にもその学級の担任がはずして，学年主任や管理職がピタリと当てることがよくあります。

　「CAN-SCS生徒版」には，簡便なストレス調査項目や仲間関係発達尺度も含まれており，潜在的なコミュニティ・ニーズの掘り起こしに使えます。「Q-U（楽しい学校生活を送るためのアンケート）」（河村，2006）を利用している学校も少なくないようですし，最近登場した「アセス」（栗原・井上，2010）も使いやすいもののようです。

　こういう調査は，単発で行われてもあまり意味がありません。理想としては，学校の年間プログラムの中にニーズ・アセスメント調査がきちんと組み込まれることです。児童生徒のニーズは，年ごとに（あるいは学年ごとに）変わっていきます。それを常に把握しておくこと，少なくとも把握しておきたいという姿勢を持っていることが大切なのです。また，毎年きちんとニーズ・アセスメント調査を行っていれば，プログラムの成果（アウトカム outcome）評価にもその結果は使えるかもしれません（第Ⅰ部「11 評価」参照）。このように，ニーズ・アセスメント調査がアウトカム評価とともに，その学校の運営システムの中に組み込まれたとしたら，五本柱の「システム構築」もかなり完成の域に近づいたといえるでしょう。

ニーズからサービスへ

　サービスは，今述べた ① **ニーズの把握（アセスメント，見立て）** から始まり，次に ② **サービス内容（コンセプト）** と ③ **サービスの提供方法（デリバリー・システム）** を確定して，ようやく実施されることになります。さらに実施後（あるいは実施しつつ），④ **評価**（厳密にいうと評価の中でも「プロセス評価」「アウトカム評価」など）を行い，その結果に基づいてそのサービスはどんどん改定されていくでしょう。こ

れらのことを，例をあげて説明してみましょう。

　たとえば，表面化しないいじめが多く存在しており，それへの対応が十分になされていないことが「ニーズとして把握」（①）された学校があったとします。そこで，「サービスの内容」（②）として，相談室を開設することが決定されました。ところが，相談室を開いてみると，そこは常連生徒たちのにぎやかな溜まり場となってしまいました。これではいじめ等で人知れず悩んでいる生徒が相談室に入っていくことはできません。相談室が開設され，確かに繁盛はしているのですが，ニーズのある対象にサービスが届いていないのです。どうも「サービスの提供方法」（③）に難点がありそうだということが，「プロセス評価」（④）によって明らかになりました。そこでサービス提供方法を再検討し，相談室を予約制にして，サロン的活動と個別相談との時間帯を分離するといった工夫がなされました。これにより，本当に悩んでいる生徒たちも相談にこられるようになり，また相談にきた生徒たちは，皆元気を回復していきました（④「プロセス評価」「効果評価」）。

　あるいは，同様の趣旨で相談室が設けられましたが，いじめ等の深刻な悩みは一切持ち込まれませんでした。そこで大々的に相談室をPRしたのですが，一向に利用者は増えず，相変わらず相談室は閑古鳥が鳴いています（④「プロセス評価」）。どうも「サービスの内容」（②）について検討する余地がありそうです。本人が悩みを相談にくるのを相談室で待つという「待ちの姿勢」や事後対応の発想のサービスでは，このニーズに対して十分ではないようです。もっと，予防開発的な発想で集団プログラム等を導入し，生徒たちの人間関係形成能力やコミュニケーションの技術を育てる活動（心理教育プログラム）を展開する必要があるかもしれません。たとえば，それは，構成的グループエンカウンターやソーシャルスキル・トレーニングのプログラム，ピア・サポート活動といったものかもしれません。しかし，いったいどの心理教育プログラムが，この学校では必要とされているのでしょうか。それを知るためには，この学校の生徒たちの心理的発達の特徴などを調査しなくてはなりません。つまり，もう一度「ニーズ把握」（①）に立ち返るのです。

リソースからサービスへ

「サービスはニーズから始まる」と，これまで繰り返し述べてきました。確かにそうなのですが，しかし，ニーズが把握されたからといって，必ずしもサービスの中身が決まるわけでもないというのも，これまた確かなことなのです。

「ニーズ」というのは，サービスが必要とされている対象や領域を示すものです。これこれの子どもたちの，この部分にサービスが必要だ，と。それと，ではどうすればそのニーズを満たせるのかというのは，また別の話です。

それでは，サービスの中身を決める重要な要素とは何でしょうか。まず思い浮かぶのは，「知識」です。これこれのニーズのある状況を改善するためには，こういうやり方が有効であると知っていること。知らないことはできませんからね。仮にもし本当に知らないなら，自分たちで勉強すること，あるいは知っていそうなその領域の専門家と話をして，知識の提供を受けること（これがコンサルテーションにあたります）が大切となります。

このように「知識」は重要ですし，あったほうがよいに決まっていますが，しかし必須か（専門知識がなければサービスは行えないのか）といわれれば，そういうわけでもありません。脚気の例のように，ビタミンB_1の存在を知らなくても，最初は米ぬかが有効であることがわからなくても，いろいろ研究を重ねることによって，それは発見されたのです。また，仮に「専門知識」は持っていなくとも，人々は皆「生活の知恵」というのを持っていますから，これもサービスの中身を決定していくうえで，とても役に立つものです。

「知識」はあったほうがよいですが，必須の要素ではありません。では「必須」の要素とは何でしょうか。それは「リソース（資源／資質）」です。リソースというのは，サービスの中身を決定していくときの，材料となるものです。料理を作ろうというときに，食材が何もなければ，何もできませんね。また，食材はあっても作る人がいなければ，何もでき上がりません。ですからリソースはサービスを構成する際の「必須」要素なのです。

「ニーズ」によってサービスの方向性が決まり,「リソース」によってサービスの内容が決まります。「ニーズ」と「リソース」は,したがって,サービスを考えるうえで,車の両輪となる重要な概念なのです。

では,7つ目のキーワード,「リソース」に移りましょう。

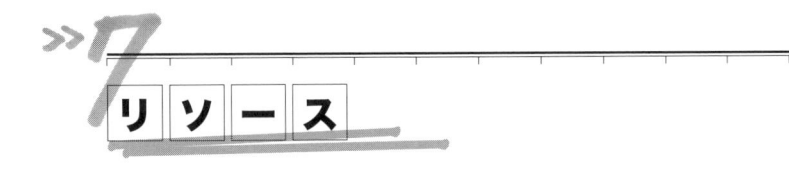

リソース

リソースとは,今ここ／そこに「あるもの」

「リソース resources」は,**資源／資質**と和訳されますが,われわれはリソースを,「**今ここ／そこにあるもの**」と定義するのが好きです。先ほど少し,料理の話を出しましたが,次のような状況は,「リソース」を理解するうえで,わかりやすいたとえ話でしょう。

仕事で遅くなったＣさんが自宅に帰ると,食べ盛りの子どもたちが,「ママ！ 遅い！ お腹減った！」と玄関に走り込んできました。リビングでは夫がグタッとソファーに寄りかかりながら「俺も腹減った」と訴えます。「なに,待ってないで,カップ麺でも何でも適当に何か食べてればよかったじゃない！」「何もない！」「じゃあ,お米は？ ご飯ぐらい炊けるでしょ」「お米もない」と子どもたち。「じゃあ,何かとればよかったじゃない」「お金おろすの忘れてたんだ」と夫。「なんとまあ。でも,そう言えば私も今日お金持ってないわ。だいたいもうこんな時間だし,お店開いてないわね。わかった,すぐ何か作る」と,キッチンに駆け込むＣさん。確かに何にもない。冷凍庫をのぞき込むが,冷凍食品もない。しかし冷凍庫の奥のほうに手を伸ばすと,ラップに包まれたおにぎり大の冷凍ご飯が3つ手にひっかかった。「う〜む,いつのだろう？ 大丈夫だよね。でもこれじゃ少ないなぁ」。今度は冷蔵室をのぞき込む。野菜も魚も肉も,使い残しや切れっ端のようなものしかない。カニかまがあるが,賞味期限が危なそうだ。でも臭いをかいだら大丈夫そう。卵は2つある。「この際だ,雑炊にしよう！」。幸い（というか普通に）水もガスも出るし,調理器具もある。さっそくＣさんは調理に取りかかり,Ｃさんも含めて家族は皆,おいしい「特製ありあわせ雑炊」にありつ

けました。めでたしめでたし。

　この例のように，「あるもの」は何でもリソースになりえます。逆に，「ないもの」はけっしてリソースにはなりえません。「不足しているもの」が「ニーズ」ですが（この例の場合は「空腹な家族の晩ご飯」），それがわかって，ではこれからサービスを開始しましょうという段になったら，今度見つけたいものは，「今あるもの」すなわち「リソース」へと変わります。もうこれ以上，「ないもの」は見つけたくありません。見つけたくなくても，見えてしまうかもしれませんが。この例だと，お金がない，店が開いてない，カップ麺もレトルト食品も冷凍食品もない，米もない，十分な量の野菜も魚も肉もない，家族は料理ができない，夫は動かない，等々。でも，そんなことはどうでもよい。とにかく「今あるもの」は何か。それを見つけて，何を作るかです。

　皆さん，サービスを始める段になっても，まだ「ないもの探し」をしていませんか？　あるいは「ないもの」を見つけて，「どうしてないんだろう？」などと，その原因を考えたりしていませんか？（どうしてお米がないんだろう？　どうして夫は動かないんだろう？）「ないもの」を見つけても，あるいは「ない理由」がわかっても，晩ご飯はでき上がりません。ニーズがわかったら次はリソース，「あるもの」です。この視点転換が，きちんとできていますか？

内的リソースと外的リソース

　では，先ほどの話に出てきたリソースは何だったでしょうか。冷凍ご飯の包み３つ，使い残しや切れっ端の野菜・魚・肉，カニかま，卵２つ，水，ガス，調理器具等々。話には出てきませんでしたが，結果として，おいしい雑炊ができたのですから，それなりに調味料もあったのでしょう。もちろん食器も食卓もあったでしょう。またＣさんが作った雑炊を「おいしい，おいしい」と食べてくれる家族も，重要なリソースでしょう。今あげたものは，Ｃさんを中心（単位）に考えた場合，Ｃさんの外側（周り）にあったリソースですから，Ｃさんの持つ**外的リソース**ということになります。

では，Cさんがその内側に持つ「**内的リソース**」は，何だったでしょうか。この話に出てくるCさんのそれは，料理を作ることができる，すなわち「料理のスキル」，グダグダ言ってないでさっさとご飯を作り始めるという「前向きさ」と「行動力」，疲れて帰ってきているのにまだ動けるその「体力」，お腹を減らしている家族をなんとかしてあげなければという気持ち，すなわち家族に対する「責任感」や「愛情」，限られた食材からメニューを思いつく「頭の回転の速さ」や「想像力」，そしておそらくCさんは料理が基本的に「好き」なのでしょう。こうした「身体的・精神的能力」「スキル」「感情」「気持ち」「意欲」「思考」「興味・関心」といったものが，個人をベースにした場合の内的リソースです。先ほど（第Ⅰ部「6 サービスとニーズ」の最後の部分），「知識」の話を少ししましたが，もし「知識」があるのであれば，それも重要な内的リソースのひとつです。

　さて，今は「Cさん」をひとつの単位として考えましたが，これを「学校」をひとつの単位として考えたならば，「学校」の外側（周り）にあるリソースが「外的リソース」（通常これを「**ソーシャル・リソース（社会資源）**」と呼びます）となり，「学校」の中にあるリソースが「内的リソース」となります。

　「ソーシャル・リソース」という言葉は，皆さんにとっても比較的なじみのある言葉だと思います。中には「リソース」とは「ソーシャル・リソース」のことだと思っている方もいるのではないでしょうか。よく登場する学校の外的リソースとは，教育委員会・教育センター・教育相談室など教育行政機関，児童相談所や児童養護施設など福祉機関・施設，警察や少年鑑別所など司法関係機関，病院や診療所などの医療機関，そうした専門機関だけでなく，学校周辺地域にあるもの・人のすべて，そして保護者あるいは保護者の会です。

　学校の持つ内的リソースとは，教職員および児童生徒全員，またそれらの人々が個人ベースで持っている内的リソースは，すべて学校の持つ内的リソースでもあるわけです。また学校の敷地内にあるものはすべて学校の内的リソースです。校舎，体育館，運動場，設備や備品，動物，植物，それがどんなものであれ，「ある」ならすべて内的リソースです。学校に住みついた野良猫がいるなら，その猫もリソース。雑草だ

って，生えているならリソースでしょう。

　そうやって考えると，学校が内外に持っているリソースというのは，本当にたくさんあります。しかし「ニーズ」に「顕在的ニーズ」と「潜在的ニーズ」があるのと同じく，「リソース」もそのすべてが顕在化しているわけではなく，潜在してしまっていて，使われていないものも数多くあるのです。そうした埋もれているリソースを，どれだけ掘り起こして使えるかが，よいサービスを組み立てていくうえで，しばしば鍵となります。そして，潜在的リソースを掘り起こすためにまず重要なことは，それを「リソース」として見ることができるかどうかです。

当たり前にあるものも「リソース」

　「リソース」というと，人はどうしても特別な何かがあることと思いがちです。特別な何かがあるなら，もちろんそれは大切なリソースです。特別な才能，人より抜きん出た技量・体力，巨額の富，広大な土地等々。しかし，ちっぽけなこと／もの，当たり前にできること，当たり前にあるものも重要なリソースなのです。冷凍ご飯でも使い残しや切れっ端の野菜や魚や肉でも，それがあったから，おいしい晩ご飯ができ上がったわけです。水やガスもありました。

　しかし水やガスのようにふだん普通にあるものは，それがあることの大切さ・ありがたさに，人はなかなか気づかないものです。人々がそれに気づくのは，自然災害や事故などで，ライフラインが止まってしまったときでしょう。

　内的リソースに関してもそうです。私たちが普通に持っている内的リソース，たとえば「五体」とか「健康」は，それが失われて初めてその大事さ・ありがたさに気づくのです。人は，自分が普通に，何気なくやれていることを「リソース」だとは思わないものです。「食べる」「寝る」「歩く」「しゃべる」「息をする」ほか何でもそうです。しかし，たとえばそんなことも，それができるということはすごいリソースであるわけです。

　そういうふうに，当たり前にあるものを，当たり前に「リソース」として見ることができるかどうかが重要なのです。「6　サービスとニー

ズ」の冒頭で，黒沢がある中学校にスクールカウンセラーとして赴任したときのことを紹介しましたが，そのときの黒沢が持っていたリソースのひとつは「30代の女性」ということでした。こんな当たり前のことからも，黒沢のスクールカウンセラーとしてのサービス・メニューは組み立てられていったのです。

「リソース」は「問題」の対極概念ではない

　「リソース」をなかなか見つけられない人が犯している過ちは，今述べた「特別なもの」を「リソース」だと思っていることと，もうひとつ，「リソース」を「問題」の対極に置いているという点です。

　「問題」以外の部分から「リソース」を探そうとすると，それが見つかる可能性は減るでしょう。先ほどの例でも，あったものは，いつのものかよくわからない冷凍ご飯の包み3つ，使い残しや切れっ端の野菜・魚・肉，賞味期限の怪しいカニかまで，これはどちらかといえば「問題」でしょう。それ以外に晩ご飯になるような材料を探そうとすると，ない！　その結果，今晩は晩ご飯抜き！となってしまいます。

　そうではなくて，一見「問題」と見えるものがあったとしても，それが「ある」なら，それは「リソース」なのです。そういうふうに見られるようになることが重要なのです。場合によっては，一番の「問題」と思えるものが，最大のリソースであることもあります。

　　ある学校に，毎日のように学校に対してクレームの電話をかけてくる年配の女性の方がいました。その電話応対を主にしていたのは教頭先生でした。最初，教頭先生はその応対に非常に苦慮しており，その女性のことを「クレーマー」として見ていました。しかしその後，教頭先生がその電話応対のコツを習得してからは，クレームの電話は激減し，逆にその女性とよい協力関係を築くことができたのです。その女性はその地域の有力者の一人でした。その学校は，何年か自校の校庭で運動会を開くことができないでいました。近隣の暴走族たちが集結して，地域の住民に多大な迷惑をかけた経緯があったからです。しかしどうしても，運動会を自分の学校で開きたい。そうした学校の意向に賛同し，地域の人たちの理解と協力を得ることに一役をかったのは，その女性だったのです。そして運動会はその年，何年かぶりに盛

大にその学校で行われたのです。

この教頭先生が習得したコツとは何であったのか，どうしてこの年配の女性が変わったのかについては，本書の続刊〈活用編〉で種明かしされるでしょう。

■ 「問題」の周辺に「リソース」がある

何らかの「問題」が起きているとするならば，「問題」となるほどの「力」がそこにあると見るべきです。

もしここに20年間自宅に引きこもって，一歩も外に出ない人がいたとします。これは，すごいことです。どうやったら20年間，一歩も外に出ないで過ごすことができるのでしょうか。ずっとこもって家にいたとしたら，時間をもてあまし，退屈で外に出たくなりますよね。いったいここには，どんな「力」があるのでしょうか。そう考えることによって，「リソース」が見いだされていきます。

日本の誇る精神科医のお一人である神田橋條治先生は，「**『○○問題』という言葉が浮かんだら，その後に『能力』という言葉を付けなさい**」と言われています（神田橋，1999）。

「でしゃばり」に「能力」を加えて「でしゃばれる能力」はどうでしょう。それならたとえば，積極性，活発，頭の回転が速い，リーダーシップ，人からの評価を励みにできるなどの能力（リソース）が思い浮かぶかもしれません。逆に「引っ込み思案」に「能力」を付けて「引っ込み思案能力」。そうすると，慎重，熟慮，着実，周囲への配慮，優しさなどが連想されます。

ある少女の「不登校能力」とは，「自分の安全を守る能力」「周囲の期待とはたとえ異なっていても，自分らしさを発揮する能力」でした。少女は，いじめを受けていました。そこから身を守り，自分をきちんと主張していくために不登校をしていたのです。そういうリソースが自分に備わっていることに気づき，少女は自信を取りもどしていきました。ある長年にわたった摂食障害の学生の「過食能力」は，「食べることが大好き（喜び）」「食べ物の魅力を人一倍知っている」というリソースとして自覚されるようになりました。そのことによって，彼女の感謝の気

持ちと自信はよみがえり，そのリソースは直接彼女の就職にもつながりました。強迫観念から抜け出せず家庭内暴力を振るっていたある青年は，「強迫的こだわり能力」を「精緻なアート作品制作への没頭」という形で生かすことで，暴力は消失し，出品した作品は入賞し，職を得ました。これらを，「不登校」「難治性過食症」「強迫性障害による家庭内暴力」といった「問題」の言葉で呼んでいるだけであれば，このような能力／内的リソースは潜在したまま発揮されなかったことでしょう。カウンセラー（援助者）であれば，その人の最も大きな「問題」こそ，その人にとって大切な「リソース」になりうることを知っている必要があります。

　選択性緘黙（かんもく）で，集団場面で話すことが苦手な児童のことを考えてみましょう。この児童に対して，話さないことが「問題」であると考え，「恥ずかしがらないで，話しなさい」「もっとはっきりと聞こえるように話しなさい」「もっと自信を持ちなさい」と指導しても，効果が上がることは少ないでしょう。しかし，こうした児童の場合，その「問題」（話すこと，あるいは口）の周辺，つまり，聴くこと（耳）や見ること（目）に能力があることが多いのです。学級の中で，誰がどんなことを言い，やっているかについて，彼らは本当によく聴いており，見ています。また言葉の話せない生き物を人一倍大切に思っていたりします。ですから，そうした彼らの内的リソースを生かした援助をするのです。たとえば，その児童がいる場で，直接その児童に話しかけるのではなく，独り言のように，花や掲示物に向かって話しかけるのもよいでしょう。そうした教員やカウンセラーの言葉を，彼らは本当によく聴いています。これらの言葉は，その児童にシャワーのように降り注いでいるのです。その児童に聴かせたい言葉を，間接的に聴かせてあげてください。また，学級の中でみんなが忘れがちなこと，それは黙々とやれることで，周りへの気配りとなっていること，かつ本人の興味に合った仕事を係として与えてあげてください（たとえばそれは，動植物の世話かもしれません）。そんなことも，その児童のリソースを活かすよい方法となるでしょう。われわれは，このような工夫を行うことで，児童生徒が自信と安心を獲得し，結果的に話をするようになった事例を，数多く経験しています。

　米国では，わが国でいう特別支援学級のことを「リソース・ルーム」と呼んでいます。「障害」といった「問題」を強調するのでなく，その子どもが持つ「リソース」，つまり「機能している／秘められている力」

に焦点を当てる考え方が，ここに反映されます。発達障害のある子どもたちを対象とする米国のある学校の図書室には，その広い部屋の壁一面に，発達障害を持っていたとされる世界中のあらゆる領域の著名人の肖像写真がずらりと飾られています。それはエジソン，アインシュタイン，ピカソ，ガンジーであり，そのほかノーベル賞受賞者，音楽家，宗教家，実業家，スポーツ選手等々，たくさんの人々です。あたかもそれは，日本の校長室に並んでいる歴代校長の肖像写真のように掲示されています。発達障害圏の子どもたちは，めざせ，その先人たち！と，その肖像写真から，毎日エールを送られているのです。

一人でがんばらなくていい

　児童生徒は多くの「内的リソース」を持っていますが，そこに多くの「外的リソース」が加われば，もう鬼に金棒です。「金棒」のような「もの」も外的リソースとして重要ですが，やはり何といっても，最も重要な外的リソースは「人」でしょう（義経に対する弁慶のように）。児童生徒の外的人的リソースといえば，まずは教職員であり，保護者です。一人の人間の持っているリソースは限られていますから，たくさんの人がチームを組んで児童生徒と関われれば，それだけ児童生徒の外的リソースは増えていきます。つまり，私たち教員や援助者は，一人でがんばらなくていいということであり，また，一人の人間があまりにオールマイティをめざすのもどうか，逆に一人でがんばってはいけないのかもしれないという話です。一人であるケースを抱え込んでしまうということは，そのケースに対する「外的リソース」を制限してしまうことにつながるかもしれないからです。

　また，チームをつくる際，先に「違う『種類』のメンバーでチームをつくる」（第Ⅰ部「5 チームとチーム内守秘」参照）と述べました。そのこころは，そのほうがリソースが豊富になるからです。似たものどうしがくっついてチームをつくっても，思ったほどリソースの広がりはできてきません。それよりも，持っているものが違う者どうしで集まってチームをつくったほうが，はるかにリソースの広がりは大きくなるでしょう。

常日頃からリソースを開発しておく

　本節冒頭の晩ご飯の例は，ある意味，「五本柱」でいう「危機介入」の事例ですから，とにかく「今あるもの」を使ってなんとかするしかありませんでした。

　あの場面，もしカップ麺やレトルト食品やお米や冷蔵庫の中の食材というリソースがきちんと補充されていたとしたら，あるいは夫がきちんとお金を銀行からおろしていれば，さらにいえばCさん以外の家族も料理を作れるのであれば，そもそもああいうことにはならなかったわけです。

　あの場面でそんなことを言っていても仕方がないから，さっさと「あるもの」を使ってなんとかするのが，あの場面での正解であるわけですが，ふだんから十分にリソースの補充や開発をしておくことはとても重要な作業です。

　「学校」の持つ「内的リソース」，すなわち教職員全員や児童生徒全員の内的リソースを，各々がきちんと把握しており，またそれらをみんなで共有しておくこと，それらがさらに開発されるような取り組みをしておくことが大事です。「もの」の補充もしておきましょう。そしてどこに何があるかを，みんなが把握しておきましょう。「外的リソース」も開発しておきましょう。外的リソースの開発とは，学校外の人々や機関とのネットワークをどれだけ広げておけるかということです。これに関しては，第Ⅰ部「4 連携と協働（コラボレーション）」のところで，すでに述べました。こうした地道な作業をふだんからしておくことが，しばしば「危機」を予防しますし，仮に危機が起こったとしても，容易に乗り切ることができるでしょう。逆にいえば，そうしたふだんの努力を怠っていると，いざ「危機」がやってきたときに，それこそたいへんな事態となることでしょう（「危機介入」については，第Ⅱ部第4章で詳しく述べます）。

8 ブリーフ

　「危機介入」においては，とにかくその危機状況を乗り切れたという「成果（アウトカム　outcome）」を出さなければなりません。幸い「生きるか死ぬか」レベルの危機は，そう頻繁に起こることではありません。しかし，より軽いレベルの危機（たとえば前節の晩ご飯の例のようなもの）ならば，学校の中で日常茶飯事的に，おそらく毎日のように，そこここで起こっていることでしょう。これに対しても，できれば「成果」の出る対応をしたい。それも，即応的で，短期に成果が出るような対応をしたい（晩ご飯は，やはり食べさせなくては）。そして本当に重大な危機状況には至らないようにしたいわけです。

　重大な危機状況に至った場合，しばしば当事者は，いったんそのコミュニティ（本書の場合は学校）から離れることになります（たとえば入院するなど）。スクールカウンセリングを含むコミュニティ臨床においては，これはできれば避けたい事態です。できる限り，そのコミュニティの中で当事者も過ごせるように対応したい。といっても，コミュニティを閉鎖的にして，ケースをコミュニティの中で抱え込むようにといっているのではありません。もちろん必要な場合は，外部機関につながなくてはいけません。今述べたことは，コミュニティの中でできることは，できる限り中でしましょう，コミュニティ・メンバーがコミュニティを離れるのは，やむを得ないときだ，という支援の方向性のことです。

　要するに，それがコミュニティ臨床であればあるほど，即応的で，短期に成果の出る，できれば効率的な支援というのが求められているのです。すなわち**ブリーフ**な支援が求められているということです。

ブリーフ

　「ブリーフ brief」とは，短期で効果的，効率的であることです。
　「教育相談」「カウンセリング」「心理療法」というと，時間がかかる，

受身的にひたすら待つ，効果がはっきりしないといったイメージを持っている方もいるでしょう。また実際，そういう教育相談，カウンセリング，心理療法が行われていることも事実です。われわれはそうした関わりをけっして全面否定するわけではありませんが，しかし，少なくともスクールカウンセリング領域においては，そのやり方は最善ではないと考えています。やはりスクールカウンセリングでは，「ブリーフ」であることが重要でしょう。「ブリーフ」とは，「短期」「効果的」「効率的」の3つの要素から成り立っている考え方であり，アプローチであります。われわれがスクールカウンセリングにはブリーフがよいと考える理由を述べましょう。

■短期であること：学校は忙しい

　短期によい結果，ポジティブな変化が現れるということは，学校場面では重要です。そもそも学校という場は，時間に鈍感ではいられないという構造を持っています。時間割，さまざまな年中行事，次々にやってくる課題提出や定期試験，学期の節目，修学旅行，部活動など，児童生徒を援助するにあたって，常にさまざまなタイム・リミットが眼前に立ち現れ，ときにはそれらと戦ったり，折り合いをつけたりしていかなくてはなりません。そして出席日数，試験や課題の点数，成績，単位取得，進級，卒業など，それら一つひとつのことが相互に絡み合って，児童生徒の進路や将来，自尊感情や自己効力感，友人関係などに影響を及ぼしていくのです。

　そうした学校環境の中で，ただ単に「見守る」という姿勢や，「効果が出るのには時間がかかるのだ」という姿勢でいたのでは，必ずしもよい援助につながるとはいえなくなることもあるでしょう。可能であれば，なるべく早期に，学校生活が円滑に送れるようになり，そうした一つひとつの課題をクリアできるようになるに越したことはないのです。

　また，学校という「場」（コミュニティ）は，本来，「困難への援助」や「治療」の場ではありません。それは児童生徒の「日常生活の場」であり，「成長の場」です。毎日の生活をどのように送り，その一日一日の生活がどのように児童生徒の成長につながっていくかが重要となる場です。そうした場のニーズに対する援助サービスは，理想的には「その

日のうちに」功を奏したほうがよいでしょう。成長期にある児童生徒の「時間」というのは，大人のそれ以上に一瞬一瞬が貴重であり，かけがえのないものです。その瞬間瞬間，大人たちがどんな関わりをしていくのか，効果のあるよい関わりができるのかどうかが，大切なこととなってきます。

　学校スタッフの側から見ても，それは同じです。教職員は，近年になりますます多忙となっており，最も大事であるはずの児童生徒との関わりの時間すら，十分に持てなくなってきています。スクールカウンセラーは，最初から，子どもたちとの関わりの時間を，そう多く持てるわけではありません。そうした限られた時間の中で，どんな有効な関わりができるかが，ここでは問われているのです。

　近年，米国のスクールカウンセリング領域でも，多忙な学校場面では，「時間に意図的」であり，「時間を合理的に用いる」必要のあることが強調されています（デービス & オズボーン，2001）。「学校カウンセリングというのはもともと，時間の拘束の中で取り組んでいくもの」であり，「実生活の避けがたい時間的制約に配慮しつつ，意図し目的をもって行うことが肝心である」としています。

■効果的であること

　「よいサービスとは効果的なものである」ことについては，誰しも異論はないでしょう。誰も非効果的な支援をしたいとは思わないですから。しかし，ここで「効果的」とはいったいどういうことなのでしょうか。また「効果があった」ことはどうやって測られるのでしょうか。

　そのサービスが「効果的」であったかどうかの基準のひとつは，**サービスの利用者の主観**です。「サービスに満足した」，あるいは「私はよくなった」と利用者が感じることが重要だとわれわれは考えます（そしてこれは，今日の一般的な考え方だと思います）。とにかく，お客様あってのサービスなのですから。

　しかしそれだけではなく，**状況が改善されている，あるいは発達が促進されているという客観的事実**が存在することも同時に重要となるでしょう。すなわち日常生活上の「改善」なり「発達」なりが，他者からも観察可能なものとなっていることです。たとえば，面接をして仮にク

ライエントが「すっきりしました」と言って帰っていったとしても、その後クライエントの日常生活上に観察可能な何らの変化も起こっていないのだとすれば、その面接は効果があったとはいえないでしょう。

このように、その関わりが「効果的」であったかどうかは、**主観的にも客観的にも、観察可能な日常生活上のポジティブな変化**が認められたかどうかによって判断されるものであると考えます。そして「観察可能」であるということは、「測ろう」と思えば測れるものであるということです。

今までのカウンセリング領域、心理臨床領域、はたまたわが国の精神医療領域も含めて、この「観察可能」「測定可能」な「効果」について、割合、無頓着でいました。それに対して無頓着なものだから、「効果」があるのかどうかもわからない関わりを、（場合によっては相当に）長く続けてしまうという弊害を産み出し、また関わりの「結果」を公表する、すなわちアカウンタビリティに対する努力を怠ってきました（アカウンタビリティについては第Ⅰ部「11 評価」を参照）。最近はようやく心理療法などの介入効果について、科学的な証拠（エビデンス）を重視する姿勢が高まってきており、これまでほど無頓着ではなくなってきましたが。

私たちは、社会から「成果」を求められており、それに対して応えていかなければなりません。また私たちの行ったことが、何らかの「成果」を産み出したかどうかについて、常に敏感である必要があります。さらには、その結果をいつでも公表できるように準備しておかなければなりません。

「ブリーフ」とは、こうしたことについて常に敏感でいたいという「姿勢」のことです。企業では当たり前の感覚ですが、今は教育現場でも、この姿勢が求められているのです。

■効率的であること

「効率」とは、**「産出量」/「投入量」**のことです。「産出量」は「効果」、「投入量」は「コスト」といいかえられます。「ブリーフ」という姿勢は、「効果」に対して貪欲であるだけでなく、「効率」に対しても貪欲です。「効率」の議論は、「効果」があって初めて成り立つものですから、まず

は「効果」なのですが，「効果」が出せるとなったなら，今度は同じ効果をどれだけ「コスト」をかけずに出せるかを追求する，それが効率性の追求です。たとえば，10の効果を産み出すのに，100を投入したとすると，効率は0.1です。10投入したとすると，効率は1です。1で10を産み出したのなら，効率は10です。最後のものが一番，効率性が高いことになり，「ブリーフ」はそれをめざすわけです。

　スクールカウンセリングなどのコミュニティ臨床においては，好む／好まないにかかわらず，「高い効率性」が求められてきます。コミュニティ臨床では，サービスの受益者や利用者は，コミュニティ・メンバー全員であり，それはたくさんの人です。しかしサービス提供者側が持っているエネルギーや時間は，きわめて限られたものです。それを，ある特定のケースにだけ注ぎ込んでいたのでは（すなわち個人臨床感覚でやっていたのでは），そのケースはよいかもしれませんが，周りにはサービスを受けられない人たちがたくさん出てくることになります。それではコミュニティ臨床になりません。だから，みんなに目を配らなければならないのですが，みんなに目を配ったら，今度は一人当たりにかける目配り量は，当然減ることになります。でも結果は出さなければいけません。したがって，コミュニティ臨床においては，効率性を重視しないわけにはいかないのです。

　「ブリーフ」が「短期」というものにそれなりのこだわりを見せるのは，「時間」もコストの重要な一側面だからです。ひとつのケースに，そんなにたっぷりと時間を使っているわけにはいかないのです。一つひとつのケースは，できるだけ早くよくなっていってもらわないと，全体業務に支障が出てきます。

　また，われわれは「みんなでやろう」「チームでやろう」といいますが，そのひとつの意味は，みんなでやることによって，スタッフ一人ひとりの負担を少しでも減らそうということでもあるのです。

「楽して儲ける」カウンセリング（ブリーフなカウンセリング）

　効率を重視するということは，くだけたいい方をすると，「楽して儲ける」ということです。それができるなら，そのほうがよいでしょう

（人生は修行だという考え方もありますが，実際，修験者の数はそう多くないものです）。

　教育職や援助職に就く人は，一般的にまじめで努力家であることが多いものですが，そういう方はややもすると「最大の結果を出すためには，最大の労力を費やさなければならない」と思いがちです。実際それで成果が出せているなら何も問題はないですが，しかし，話をカウンセリングに限定すると，コストをかけたからといって成果がより多く出てくるものでもありません。その逆であることのほうが多いくらいでしょう。

　たとえば，何年にもわたって，100回を超えるような心理療法やカウンセリングを受けている人がいたとします。たいへんな時間的コストと経済的コストをかけていますね。でも考えてみれば，それだけ通い続けなければならないというのは，クライエントの状態があまり改善してないからでしょう。成果が出ていないということではないでしょうか。

　コストの中には「心理的負担」というのも含まれますから，クライエント／カウンセラー双方にとって，心理的負担の高い面接というのは，コストの高い面接ということになるでしょう。では，双方にとって負担となる面接のほうが，効果が高く出てくるのでしょうか。そうではないと思います。本書読者は，援助者側の方々でしょうから，今までの自分の人々との関わりを振り返ってみて，関わること自体に負担を感じていたときは，うまくいかなかったのではないでしょうか？　逆に結果を出せたときというのは，関わることにそんなに負担を感じていなかったのではありませんか？　多くの場合，関わることが逆に楽しみだったり，楽だったりしたのではありませんか？

　カウンセリングの場合，クライエント／カウンセラー双方がコストをかけないですむ関わりのほうが，逆に成果をたくさん出せることが多いのです。**「楽なほうが儲かる」**と言ってよさそうです。

　ではどうやって，「ブリーフな面接」をするのでしょうか。以下の4つのことをこころがけることです（森，2004）。

1. 「ブリーフ」な面接をしようと思うこと。
2. ラポールの形成を素早く（できれば一瞬で）すること。

3. 面接は，双方にとって，明るく，楽しく，楽なものに。
4. これからのことに対して，明るい展望が開けるように。

とにかく暗くて重い面接はよくありません。行っているほうも，受けているほうも疲れるだけで，効果は非常に乏しいです。乏しいどころか，負の効果を持つことすらあります。2人で泥船に乗ったように沈んでいく面接を行うのではなく，仮に厳しい現実に囲まれていたとしても，2人で（あるいはみんなで），いわばそれを笑い飛ばせて，浮上していけるような，結果的に元気になれる面接をしたいものです。

これは面接に限らず，学級・学年・学校経営にも通じます。たとえば，担任がどんなときにも明るく楽しく学級経営をやっている学級は，安定した人間関係が築けているだけでなく，成績も伸びることがよく報告されています。

ただ楽をしているだけでは儲からない

ここで水を差すようなことをいうことになりますが，では楽して何もしないでいたら儲かるのかといったら，もちろんそんなにたやすいものではありません。真に「儲ける」ためには，やはり真剣勝負が必要で，方法論なども戦略的に考えてやらなければいけないでしょう。

先ほどの「ブリーフな面接のための基本要素」にしても，どうしたらそれができるようになるのか，そこにかなり鍛錬や勉強が必要となる場合もあるでしょう。また，チームで動いたほうが，「一人でがんばらなくていい」と各人の負担が減って楽になりますし，「みんなの持っているそれぞれ違ったお宝を発掘し活かす」というように効果性も高まりますが，そもそもチームをつくるまでに相当な労力が必要となるかもしれません。やはり「儲ける」ためには，「投資」が必要なのです。

さて，こうした「ブリーフ」の姿勢なり発想は，「ブリーフセラピー」という心理療法の中で培われてきたものです。一口に「ブリーフセラピー」といっても，いくつものモデルがそこにはあるのですが，コミュニティ臨床，中でもとりわけスクールカウンセリングの実践に有用なものとして，われわれが強く推奨するのは，「**解決志向ブリーフセラピー**

Solution-Focused Brief Therapy：SFBT」です。

おすすめする理由は，誰もが簡単に実践できて，誰に対しても何に対しても使えること。問題の修正や原因の除去というよりも，今あるリソースを使って，どんどんアクションを起こしていき，解決を創り出していくことに焦点を当てる方法であること。過去志向ではなく，未来志向であること。また解決志向ブリーフセラピー・モデルに則って，関わりを展開していくと，先ほど述べた「関わりがブリーフであるための4要素」を自然に満たす関わりとなること。こうした解決志向ブリーフセラピーの特徴が，スクールカウンセリングといったコミュニティ臨床をやっていくうえで，打って付けだからです。

解決志向ブリーフセラピーの具体的な進め方は，文献（森・黒沢, 2002など）を参照していただくか，第Ⅱ部第1章「個別相談」，第2章「コンサルテーション」，および，本書の続刊〈活用編〉にも出てきますので，参考にしてください。

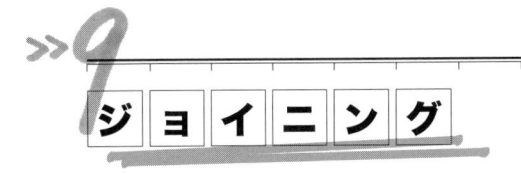

9 ジョイニング

学校というところは，多くの人々がともに毎日の生活を送っている場（すなわちコミュニティ）ですが，その毎日の生活を円滑に進めるために，さまざまな体制や組織があり，また日常生活の進め方に関するルールなどが定められています。つまり，学校というコミュニティは，「構造」に関する一定の決まったパターンを持っているわけです。また，こうした形式的構造パターンだけでなく，何人もの人がともに過ごしていると，そこにはさまざまな「人間模様」ができ上がってきて，その人間模様はいつしか固定的なものとなっていく（すなわちパターン化していく）傾向もあります。さらに，個々人の間の相互作用やコミュニケーションのあり方も，固定化・パターン化していくかもしれません。こうした**構造や相互作用において存在しているパターン**のことを，しばしば

われわれは「**システム**」と呼びます（ここでは形式的構造パターンのことを「有形の」，相互作用パターンのことを「無形の」と呼ぶことにします）。つまり，**学校コミュニティというのは，有形・無形のシステムを形成している**ということになります。

　教職員であれスクールカウンセラーであれ，あるいは指導主事であれ巡回相談員であれ，ある学校に新しく入っていくということは，すなわちこの有形・無形の「学校システム」の中に入っていくということです。このようにあるシステムの中に受け入れられ，**そのシステム内で有機的に動き回れるように参入していくことを「ジョイニング」**といいます。

　「ジョイニング」（ミニューチン，1984）は，家族療法の中で生まれた言葉です。したがって，当初は「家族システムへの参入」のことをいっていたわけですが，今ではどこのシステムでもそこに入り込めば，それを「ジョイニング」と呼びます。

　スクールカウンセリングのようなコミュニティ臨床を行う場合，この「ジョイニング」は，活動の成否を握る重要な要素となります。というより，**ジョイニングなくして，コミュニティ（あるいはシステム）の中で役立つ活動はできない**といってよいでしょう。ジョイニングに失敗したということは，そのコミュニティの中で「浮いた」存在になっているということです。そうなると，場合によってはコミュニティ内にその人を排除しようとする動きすら起こってくるかもしれないわけで，そうなれば，有用な活動ができるはずもないでしょう。

　ですから，「ジョイニング」とは簡単にいうと，うまく「**お仲間に入れてもらう**」ということです（東，1993）。あるいは，スクールカウンセリングなどコミュニティ臨床の場合なら，コミュニティに「宿る」という感じでしょうか。

コミュニティに「宿る」ために

　とくにスクールカウンセラーのような異職種者が，学校コミュニティの外から入り込み，かつそのコミュニティの内側から援助活動を展開しようとする場合，この「ジョイニングして，対象学校コミュニティに

『宿る』」という発想・感覚が，重要なものとなります。「介入」や「対応」でもよいのですが，これでは，こことそこに分離している対象に対して外側から働きかけるというイメージになります。しかし「参入」し「宿る」であれば，その中に包まれ，とどまりつつ，さまざまな相互作用をするというイメージになるでしょう。

さて，このようにコミュニティに「宿る」ために，まず行うことは，これから参入しようとしている**コミュニティ（学校および地域）のニーズを事前におおまかに想定しておき，ある程度の参入計画をイメージしておくことで，これを「マップ作成」**といいます。次に，その「マップ」を手にコミュニティ（この場合，学校）を訪れ，関係者と接触し，話を聞き，自分の目で観察する中で，その**マップの確認／修正**を行っていきます。さらに，そのマップの中にメンバーそれぞれの「顔」（人となり）とメンバー間の「関係」を落とし込んでいきます。こうした作業を「**コミュニティ査定（アセスメント）**」あるいは「**システム査定（アセスメント）**」と呼びます。この２つの言葉はどちらも同じような意味ですが，あえて違いをあげるとすれば，後者の場合，たとえば自治体教育行政のようなより上位のシステムのアセスメントをも含むという意味で，より広い概念であるといえるでしょう。ここで「査定（アセスメント）」とは，「どこが，誰が問題なのか」を見つけることではないということに注意してください。**どこにどのような「ニーズ」が存在し，それぞれのニーズはどのように関係し合っているのかを査定していくこと**です（「問題」と「ニーズ」の違いについては，第Ⅰ部「6 ニーズとサービス」を参照）。

さて，実際に学校に入ってからも，アセスメントは継続的に行われていくことでしょう。実際に入ってみれば，表（有形）だけでなく，裏（無形）のシステムもよりはっきりと見えてくることと思います。**裏キーパーソン**（とくに組織上重要な役職に就いているわけではないが，他への影響力の大きな人）の存在なども見えてくるかもしれません。

よりはっきりとシステムが見えてきたなら，まずはそこに「合わせる」ことです。この「**合わせる**」という作業が，「**ジョイニング**」するためにはきわめて重要となります。ある意味で，**システム査定**も，「**合わせる**」ために行うようなものです。何がそこにあるのかわからないの

では，合わせるにも合わせようがないわけですから。

　アセスメントによって見えてきた既存システム（形式的構造的有形システムおよび相互作用的無形システム）に違和感を覚えることもしばしばあるでしょう。しかしそれでも**最初は，既存システムに合わせる**のです。というのも，最初からそこに反発していたのでは，そのシステムの「お仲間」になど，絶対入れてもらえませんから（よほど「改革者」として鳴り物入りで入っていくなら別ですが。でも仮にそんな感じで入っていった場合でも，いきなり別システムを導入したとすると，失敗することのほうが多いでしょう）。有形・無形，両方のものに合わせながら，参入していってまずは「宿る」。理想は，いつの間にかそこにいて，あたかも昔からずっとそこにいたかのような感じでいるという感じでしょうか。わが国のスクールカウンセラー事業導入期に尽力された鵜養美昭先生の表現を借りれば，「**ゆるゆると入る**」という感じです。そのような感じで入って，**コミュニティのさまざまな場面・局面（マップ上のいろいろな地点）に気軽に顔を出せるような「住人」**となること，これが「**宿る**」という感覚です。

　通常，援助者側が**何らかの意図を持って**，そのコミュニティ（システム）に宿ること（すなわちジョイニング）に成功したなら，そこから**システムは自然と動き出していく（変化していく）**ものです。というのは，新メンバーがあるシステムに加わったということは，その段階で，無形システムは既存無形システムからすでに変わっているわけなのですから。そこから新たな相互作用が展開されていくことでしょう。この無形システムの変化がどんどん拡大され，学校全体に広がっていったなら，さらに今度は有形システムのほうも変化していくかもしれません。

　ただし，こうした**変化を起こすためには**，援助者側はきちんと「**意図**」を持って参入していかなくてはいけません。意図のない単に「合わせる」だけのジョイニングでは，既存システムに埋没あるいは吸収されただけであって，変化することはないでしょう。この場合の「意図」とは，もちろん，「システムを変容させる」という意図です（これを鵜養・鵜養［1997］は「システム・チェンジ・エイジェント」と呼んでいます）。そして，その学校コミュニティのメンタルヘルスや教育環境をよりよくするという意図です。

ジョイニングの作戦

　学校コミュニティは，それ全体でひとつのシステムを形成していますが，その中には複数（たくさん）の「**サブ（下位）システム**」があります。たとえば有形システムでいうと，「校務分掌」というのはそれ全体でひとつのシステムですが，そこには「管理職」「教務」「生徒指導」「保健」などといったブランチがあって，各々がその中でまたひとつのシステムを形成しています。一方，無形システムならば，「派閥」とか「グループ」のようなものがあります。

　先ほど，「宿る」というのは，「コミュニティのさまざまな場面・局面（マップ上のいろいろな地点）に気軽に顔を出せるような『住人』となること」と述べましたが，これはいいかえれば，「**どのサブシステムにも気軽に顔を出せるようになること**」となります。

　これを可能にするためには，もう**八方美人作戦**しかないでしょう。どのサブシステムにも顔を出し，そこでお仲間に入れてもらう，つまりジョイニングするということです。これしかありません。もし仮に，あるグループ（サブシステム）と対立しているグループがあったとして，その一方へのジョイニングには成功したものの，もう一方にはジョイニングできていないとしたら，ジョイニングできていないほうのグループからは完全に「敵」と思われることになります。これでは対立構造の中への完全なる「巻き込まれ」であって，対立構造が強化されこそすれ，全体システムを統合し，目的に向けて全体システムを改善していくことなど，夢のまた夢となってしまうことでしょう。

　少し話は飛びますが，こうした「どのサブシステムにも気軽に顔を出せるようになること」を実現するために，スクールカウンセラーが校務分掌上，どう位置づけられているかということは，かなり重要なポイントになります。どこかの分掌の中に組み込まれてしまっていると，やはりどうしても他の分掌の中には入っていきづらくなりますから。できれば「遊軍」のような位置づけが望ましいのですが……。でも，既存の有形システムがそうなっているのであれば，まずはそこに合わせてやっていくしかありません。それでもあちこちに顔を出させてもらって，無形システムの変化が徐々に起こるようにしていきましょう。

さて、ここで注意を要するのは、いわゆる**「中立」のスタンスと、すべてのサブシステムにジョイニングすることとは、多少異なる**ということです。もし、すべてのサブシステムへのジョイニングに成功すれば、結果的にいわゆる「中立」の立場にはなるのですが、最初から「私は中立です、どこにも与しません」といったスタンスを表明しているとすれば、往々にして、結局はどこのグループにも入れてもらえず、全体システムからも「浮いた」存在になってしまいます。

では、どうするのがよいでしょうか。**まずはどこかのグループに顔を出して、メンバー各々に「合わせる」。**そしてお仲間に入れてもらう。そうして、別グループメンバーが同席している場面で、みんなの一致点に焦点を合わせて話を進めていくのです。たとえば、「一見、いろいろな意見があるようでも、基本的に皆さん同じことをおっしゃっておられますよね？」「この子をよくしていきたいという思いは、同じですよね？」などと。こうやっていけば、誰をも敵に回さず、全体にジョイニングすることができます。両者の一致点を示すために、こんな方法もあります。「皆さんが対立しているという認識に関しては、皆さん一致していますよね？」「でも、どの視点も大切な視点ですよね。何か一方に偏ることのほうが、問題はより大きくなるものですから」。これは家族療法で、たとえば父親と母親の意見が対立している場合などに、よく用いられる手法です。父親的見方と母親的見方の両方があることが大切なのです。

また、スクールカウンセラーの立場にある場合、児童生徒をめぐって保護者と教師の対立構造の中に立たされ、双方から自分の味方になることを求められるといった状況はよくあるものです。ここでも話は同じことで、双方にうまくジョイニングできて、双方の一致点に焦点を当てて話を進めれば、9割がた援助は成功することでしょう。

対立構造に対して、どちらが勝った負けたのジャッジとして介入するのは、よいことではありません。対立しているところに、どちらかが良い悪いの判断を持ち込めば、余計に話がこじれるだけです。両者の一致点や共通点を足がかりにして、「このような方法はいかがでしょう？」と提案し、仮に第1案が拒否されても、「すみません、ではこれはどうでしょう？」という具合に、第2案・第3案を提示していけば、徐々

に両者の納得のいく形で話は進んでいくものです。

対立構造にチームで関わる

　もう少し「対立構造」の話をしておきましょう。とくに児童生徒間や保護者間で「対立構造」がある場合，そこにどう対応していけばよいでしょうか。

　もし2グループ間に対立構造があるならば，できれば一人で対応するよりも，チームで，理想としては3人チームでの介入がよいでしょう。先ほど，「対立構造に対してジャッジとして介入するのはよいことではない」とは述べましたが，現実には，ジャッジが必要となる場面もあるでしょうから，そういう立場の人が1人。このジャッジ役の人は，きちっと「原理原則」を示す人で（こういう役割の人は，しばしばみんなから煙たがられるので，ここでは「悪玉」と呼ぶことにします），そして，各々のグループに十分にジョイニングしているサポーター／フォロー役になる人（便宜上ここでは「善玉」と呼ぶことにします）が1人ずつ。この3人です。

　もし2人チームで関わるなら，1人は「悪玉」で，もう1人は「善玉」です。そうしてたとえば「悪玉」役の人が，「これはだめだろう！　ペナルティだ！」と言ったならば，「善玉」役の人が「そう判断されてしまうんだよ。だとすれば，どう考えて，どうやっていくのがよいのだろうか？」とフォローする，という感じですね。

　このようにチームを組み，メンバーがあえて「悪玉」役と「善玉」役とに分かれ，その役割分担意識を共有してやっていくほうが，事はうまく運ぶものです。やはり異なる役割は，異なる人が担ったほうが各々の負担が少なくてすむし，何より話がわかりやすくなります。一人で何役もやっていると話が複雑になってわかりづらくなるのが普通です。

ジョイニングは「巻き込まれ」でも「同化」でもない

　ここで大切なことは，「悪玉」にしても「善玉」にしても，これは**役割分担上の話**であって，本当にどちらが「悪」でどちらが「善」で

はないということを，チームメンバー各員がはっきりと認識しておくことです。もしチームメンバー間で，自分が「善」で相手は「悪」だと本当に思っているのだとしたら，これは完全にチーム崩壊であり，対立構造の激化です。

スクールカウンセラーや相談員，養護教諭，あるいは教育相談系の教員は，「善玉」の役割をとることが多く，生徒指導系の教員は「悪玉」の役割をとることが多くなるかもしれません。しかし，そこもきちんと「役割分担」意識でやって，本当の対立にならないように注意しましょう。3人体制で入る場合，2グループに1人ずつジョイニングして入ると先ほど述べましたが，その2人のスタッフが各々のグループに完全に「巻き込まれ」「同化」してしまい，スタッフ間でも対立するようになったのでは，何をしているのかわかりません。

このように，「ジョイニング」の過程の中で，「合わせる」ことは重要な作業ですが，これはかなり意識的・意図的な作業であって，いわゆる感情的・情緒的「共感」というものとも少し違いますし，まして「巻き込まれ」でも「同化」でもありません。「合わせる」とは，ある意味で戦略的なものであって，援助者側の感覚を研ぎ澄ませて「能動的」にやっていくことです。「受容」「共感」というと「受動的」「情緒的」なニュアンスが出てきますが，「合わせる」はそうではありません。

これは「ジョイニング」全体においてもいえることです。「ジョイニング」は，意図的，能動的，積極的な関わりであり，援助者側のイニシアティブをしっかりと保っている状態のことです。これを失うと「巻き込まれ」「同化」になります。ただ，戦略的，能動的とはいっても，派手に動くようにといっているわけではありません。邪魔にならないように，自然にうまくお仲間に入れてもらえるように神経を研ぎ澄まして動く。やはり「ゆるゆると入る」ということです。

個別にも「合わせる」

「ジョイニング」とは，「システム」の中に入り込むことですが，一対一対応の際にも重要なことです。「2人システム」（無形システム）へのジョイニングということになります。

9 ジョイニング

　解決志向ブリーフセラピーの生みの親であるインスー・キム・バーグ（Berg, I. K.）らは，「クライエントとの『ジョイニング』とは，ラポール（信頼関係）を築きカウンセリングの目的や性質にお互いが同意すること」（バーグ & ミラー，1995）と述べています。相互の信頼関係を築き，互いが同意できるようになるためには，何よりまず「相手を尊重する」ことであり，「尊重」の具体的な方略が，相手の持っているものにまず「合わせる」ことなのです。

　さらに，コンサルテーションにおいても，コンサルティ（相談を持ちかけている人）の立場や専門性を尊重し，それに「合わせて」理解しつつ聞き，そして対応する感覚が必要となるでしょう。

　学校で個別に相談を行う場面で，**とくにジョイニングが強調されなければならないのは，保護者コンサルテーションを行うとき**です。保護者はさまざまな考えや背景を持っており，学校や教師の価値観とは必ずしも相いれない枠組みで物事をとらえている場合があります。しかし保護者とよい関係づくりが行われなければ，その後の援助がうまくいくはずはありません。まずは，教員や援助者側から保護者の枠組みを尊重し，それに積極的に合わせていくことです。

■「合わせる」方法

　では実際，何に，どうやって，「合わせる」のでしょうか。答えを一言でいうなら，「何に？」⇨「**すべてのこと**」，「どうやって？」⇨「**同じようにする**」です。

　「すべてのこと」とは，観察できる相手のことすべて，言語的なもの，非言語的なものすべてのことです。

　言語的なものとは，文字どおり「言葉」ですが，ここでは**「単語」レベルの合わせ**が重要となります。つまり，相手と同じ「単語」を援助者側も使うということです。意味内容が同じであっても，相手と異なる「単語」を使うと，すれ違いが生じてしまうことがしばしばあるものです。

　もちろん，「意味内容」を合わせることも重要です。ここで「意味内容」という場合，それは「価値観」や「信条」であったり，「興味・関心・嗜好」であったり，「考え方」であったりするもののことです。そ

れらどんなものを持ち込まれたとしても，まずはそれに合わせるわけです。相手が上品な言葉づかいで専門用語を多用するなら，援助者側もそのように話すことになりますし，相手がくだけた言葉づかいで擬声・擬音語が多いなら，援助者側もそれに合わせた話し方をするわけです。たとえば，前者なら，相手が「気分がふさいで抑うつ的になると申しましょうか」と話すのに対し，「抑うつ的な気分になられる」といった表現で援助者も返すでしょう。後者なら，「気分がどよ～んと落っこっちゃって」と話すのに対し，「どよ～んってなっちゃうのね」と返すでしょう。

非言語的なものとは，行動，姿勢，態度，身振り手振り，テンポ，声のトーン，表情，服装，雰囲気等々です。これらも合わせられるところは全部合わせましょう。姿勢や身振り手振りというのは相当に重要で，たとえば心理療法やカウンセリング場面で，面接がよい感じで進んでおり，相互の信頼関係（ラポール）が形成されているときは，自然に2人の姿勢や態度が鏡に映し合ったようにシンクロナイズ（同調）している様子が観察されます。これを「**ミラーリング（鏡像現象）**」と呼びます。このミラーリングを意図的に行うことで，ラポール形成を効率よく行うこともできるでしょう。

ペース&リード

「合わせる」ことを，ブリーフセラピーでは「**ペーシング pacing**」といいます。コミュニティ臨床であれ，個人臨床であれ，「合わせる」すなわち「ペーシング」は，きわめて重要な営みです。

ただ「ペーシング」は，あくまでひとつの「**手段**」あるいは「**戦術**」であって，けっして「**目的**」ではないということは押さえておいてください。「**目的**」は，よい方向に導いていくこと（**リーディング leading**）です。先ほど，「意図を持ってジョイニングする」と述べましたが，この「意図」というのが「リード」の方向性であり，「目的」なのです。

ただ，初めから「リード」に入ろうすると，相手はしばしば「自分が否定されている」とか「変化を強要されている」と感じて抵抗が生じることが多く，結果的に「リード」は失敗に終わることが多いです（よ

ほど援助者側にカリスマ性がない限り)。つまり，関係づくりがまだできていないうちにリードしようとすると，単なる「物別れ」になってしまうことが多いということです。だから，**まずはペースして，シンクロの状態をつくり，それからリードに移る**。シンクロの状態をつくってしまえば，こちらが微妙に方向転換し始めても，相手は自然にそれについてきてくれることになります（それはシンクロしているからです）。

　よろしいでしょうか？　「ペース＆リード」，この呼吸をぜひ皆さん習得してください。

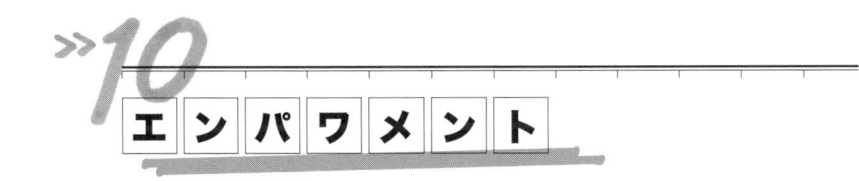

10 エンパワメント

　われわれの考えるスクールカウンセリングがめざしていることは，一言でいえば，**学校のみんなが「元気になる」**ことです。「元気」とは，元々持っているエネルギー（気力）がみなぎっている状態，そして自分が動いてやれる状態といってよいでしょう。ですから正確にいえば，われわれの考えるスクールカウンセリングは，学校コミュニティの成員，つまり児童生徒や教職員，保護者を「援助すること」（あるいは，援助し続けること，常に援助すること）それ自体を目的としているというよりも，「みんなが自分たちで主体的にやれるように力をつけること」「みんなが潜在的に持っている解決能力を使えるようになること」を目的としているのです。「援助」や「支援」というのは，あくまでこの目的を達成するための手段と考えてよいでしょう。

　つまり，「学校コミュニティのエンパワメント」が「目的」です。「**エンパワメント empowerment**」とは，個人の潜在的な問題解決能力を重視しながら，「**主体的な問題解決ができるようなパワーを獲得していくプロセス**」のことです。そして「エンパワメント」には，「**個人レベル**」だけでなく，「**組織レベル**」「**コミュニティレベル**」という３つのレベルがあるとされています。

たとえば，保護者が自分一人で子どもの不登校に悩み続けていた折，担任から紹介されて，スクールカウンセラーに相談するようになったとします。スクールカウンセラーと話す中で，保護者は自分を責めたり，子どもや学校を恨んだりすることから解放され，自分は自分なりに精一杯やっていると勇気を持てるようになり，少しずつ自分に何かできることはないかと考えるようになったとしましょう。ここでは「個人レベル」のエンパワメントが生じています。

　さらにその保護者は，学校には他にも不登校生徒がいることに気づき，スクールカウンセラーや教育相談担当の教職員，管理職などとも話し合って，不登校生徒を抱える保護者のための自主的なサークルを組織することにしました。そのサークルでの話し合いの中で，保護者どうしが問題や気持ちを共有し合い，子どもたちとどう関わっていけばよいかについての理解を深めていきました。さらに話し合いは発展し，この地域の中に通級学級があればよいのではないかという意見が出てきました。こうした展開になったとすれば，このサークルは「自助グループ」として機能していることになり，この辺が「組織レベル」のエンパワメントといえるでしょう。

　さらに，住民からの要望として，実際に教育委員会や地方議会議員に働きかけたりして，通級学級設置の実現につなげていく活動を展開したとすれば，それは「コミュニティレベル」のエンパワメントとしてとらえられます。

　「エンパワメント」は，「社会的弱者が力をつけていくことにより差別や搾取をなくし，強者と弱者との関係を変革していくプロセス」（久木田・渡辺，1998）ともされています。人は孤立して生きているのではなく，社会的環境の中，その影響を強く受けて生活している存在です。しかし，個々人が持っている力を引き出し，それらを結集し，活動を展開していけば，逆に社会的環境に対して影響を与えることも可能となるでしょう。

　このように「個人」から「コミュニティ」にわたるまでの幅広いレベルで，それぞれが「元気」になり，力を発揮し，よりよいものを自分たちでつくっていく，これが「エンパワメント」の発想です。ですから「問題を解決してあげる」「助けてあげる」「教えてあげる」「直す・治す」

という感覚ではなくて,「支える」「援助する」というのとも少し違って,「力を引き出す」「伸ばす」「自立・自活してもらう」という感覚です。

専門家の援助は必ずしもエンパワメントにあらず

　そもそも「エンパワメント」という概念には,従来の援助の考え方への見直し,すなわち「専門家中心主義」の弊害への反省が含まれています。

　「専門家中心主義」とはつまり,どんな人に,どんな内容のサービスを,どのように提供するのがよいのかを,「専門家」と呼ばれる人たちが考え,判断し,実施するやり方のことです。ものがわかっているのは「専門家」であって,「人々」や「被援助者」はわかっていない人たち,援助されるべき人たち,改善されるべき人たちというスタンスです。これはこれで有力な方法ですし,実際「リーダーシップ」というのは大事なものです。また,情報インフラが十分に整備されていない時代においては,ある意味このやり方しかなかったともいえるでしょう(「情報」は「専門家」しか持っていなかったからです)。ただやはり,このやり方だけでやると,サービスの受益者(人々)から,自らの決定権,および問題解決をする力や機会を奪い取ってしまうことになりかねません。実際,社会がサービスの受益者や援助を求める人たちのことを,自分で判断したり選択したりする能力のない人間と見なし,彼らもまたその見方(自分たちは無能力者)を受け入れてしまったとすれば,その人はますます無能力化していくことでしょう。この無力感は,援助を受ければ受けるほど高まっていくでしょうし,そうなるとますます専門家の援助への依存性も高まっていくことでしょう。これでは確かに悪循環です。皮肉なことに,「援助」が,人の力をつけることに役立たないばかりか,反対に人を無能力化してしまう,むしろ有害にすらなるというのです。

　スクールカウンセリングにおいても,このような「エンパワメント」と反対の現象は,ときに観察されます。

　　ある学校に優秀なスクールカウンセラーが配置され,そのスクールカウンセラーは自分の専門性を活かして生徒と面接したり,担任をコンサルテーシ

ョンしたりと精力的に活動しました。ところが，教員たちのほうはどんどん元気を失っていったのです。ある教員は事あるごとにスクールカウンセラーの指示を仰ぐようになり，すっかりスクールカウンセラーに依存してしまいましたし，ある教員はスクールカウンセラーに何か言われるたびに自信を失くしていきました。そのスクールカウンセラーは教員経験もある人だったので，教員の専門領域にまで踏み込んだ指導もできたことが，事態の悪化に拍車をかけたようです。あるときスクールカウンセラーは憤慨して語りました。「この学校の先生方は，ちっとも自分で動かないから困る。いったんこちらにケースを紹介してきたら，あとは何もしないで，全部俺任せにするんだよ！」。残念ながら，このスクールカウンセラーは，自分の働きが学校コミュニティをエンパワーすることにつながっていないことに気づいていなかったのです。それはスクールカウンセラーが介入したある学級の担任が漏らした言葉にも表れていました。「彼はカウンセラーという特権で生徒のこころの情報を知り，その情報をもとに動き，生徒や保護者を味方につけ，だけど守秘義務を楯に担任には必要な情報を渡さず，担任の関わりの不十分な点だけを指摘する。だったら担任なんていらないじゃないか。スクールカウンセラーだけでやればいい！」。また別の教員は，「教師という仕事に自信を持てなくなった」と語りました。

　こうしたことは，「できる」スクールカウンセラーほど起こしやすいものかもしれません（幸い，ここまで「できる」スクールカウンセラーはあまりいないですけれど）。また，これはスクールカウンセラーだけでなく，教職員も保護者に対して犯しやすいことかもしれません。生徒指導に頼もしい力を発揮している教員が，さまざまな困難を抱えた保護者を指導援助している中で，「あの保護者は何でも教師任せにする！」と不満に感じるときというのは，もしかしたらその保護者をエンパワーすることに失敗してしまっているのかもしれません。管理職が教職員と関わるときも同じで，「できる」管理職のもとで，教職員がどんどん委縮していったり，疲弊していったりするという光景を，ときに目にします。
　そうではなく「エンパワメント」をめざすためには，こちらの専門知識や経験知をひけらかすというよりも，「**無知の姿勢 not knowing**」（アンダーソン，2001）を持って臨んだほうがよいかもしれません。「私は知らないが，皆さんはよく知っている」という姿勢です。そして，**相手のやれていることや専門性を尊重し，相手の持っている力を引き出し，**

さらに発展させるような関わりです。ここでは相手に**成功体験を得てもらうこと**，そしてうまくいったことは相手のお手柄にすることが肝要となります。

エンパワメントは「五本柱」すべてに適用される

　本書は「五本柱」を中心に構成していますが，どの柱の活動をする際も，この「エンパワメント」の概念は，とても重要となります。先ほど述べた「個人レベル」のエンパワメントという意味で，「個別相談」「コンサルテーション」においてとても重要となります。「心理教育プログラム」は，集団に対する関わりですが，ここでも参加者個々がエンパワーされることが眼目となります。「危機介入」においては，眼前の問題への速やかな対応が最大の目的ですが，それでもその「危機」をみんなで（組織的に）乗り越えることで，さらに個々人および集団がエンパワーされる（「雨降って地固まる」）ように持っていきたいわけです。つまり「個人レベル」「組織レベル」のエンパワメントです。さらに「システム構築」も，がちがちのシステムをつくって，みんなが疲弊してしまうというのであれば何をやっているのかわかりません。そうではなく，各人の力が最大限に発揮され，とくに「専門家」の指導を受けずとも自分たちでやれるような，またたとえ構成メンバーの顔ぶれが変わったとしても有効に機能するようなシステムをつくっていきたいのです。これは「組織レベル」「コミュニティレベル」のエンパワメントといえるでしょう。

　たとえば「心理教育プログラム」ですが，できればプログラムを提供する側が情報提供するだけの一方的なプログラムにするよりは，参加者が自分たちで考え，自分たちの持っている力に気づき，自分たちが主体的に問題に取り組んでいけるようなプログラムにしたいものです。「いじめの心理教育」でもそうです。一方的に「こういうのがいじめだ」「いじめはしてはいけない」と教えるよりも，「いじめの代わりに何が起こっていればいいのだろう？」「いじめを受けたとき，あるいはいじめを見つけたとき，どうすることがよいのだろう？」と児童生徒に投げかけ，児童生徒に考えてもらい，児童生徒なりの答えや解決策を見つけ出

してもらったほうが，エンパワメントの効果は高まるでしょう。

とにかくエンパワメントとは「**主体的な問題解決のための力を獲得する**」ことであり，問題が起こる前に**予防的**に，個人や集団が持っている能力を**開発**し，問題に遭遇したときにその開発された力を使って自ら解決できるようになることをめざすものです。

そういう意味で，「**自助グループ self-help group**」という活動は，エンパワメントにおいて，重要なひとつのスタイルとなります。同じ問題を抱える者どうしが出会い，文字どおり，相互交流によって互いに援助し合うことで，共感，安心，信頼，所属感を得て，協働作業をする中で自己コントロール感や具体的な問題解決への力を得られるようになるものです。自助グループは，当事者およびその保護者や家族を対象にします。たとえば，不登校児の保護者の会，発達障害児の保護者の会，摂食障害のグループ，物質依存のグループなどです。「心理教育プログラム」のファシリテーターが，自助グループメンバーであることも少なくありません。

また「**ピア・サポート peer support（同輩支援）**」の活動も重要で，わが国の学校場面にも導入が始まっています。人が何か悩みを持ったときに，結局一番相談をよくする相手というのは，専門家よりも，友だちや仲間であるわけです。ですから，そうした友だちや仲間たちが，いざというときに援助の手を差し延べられるようにしていけるように心理教育していくということは，エンパワメントを考えるうえで，非常に重要な要素となるでしょう。児童生徒の間でのピア・サポートはもちろんのこと，保護者間，ひいては教職員間のピア・サポートも重要となるでしょう。

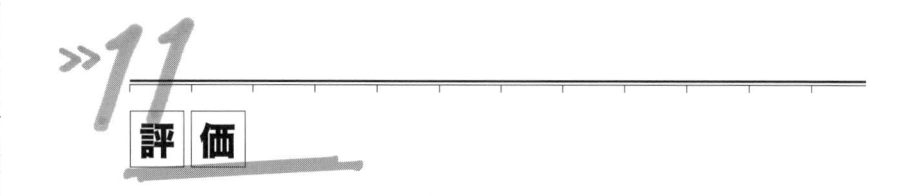

≫11 評価

キーワードも最後になりました。ここまで，われわれの考えるスク

11 評価

ールカウンセリングにとって大切な要素となるもの，すなわちキーワードを10個あげてきました。まずは，こうした要素が重要であるのだということを，しっかりと頭の中に入れていただいて，頭に入ったならば，あとは実践あるのみです。しかし，「言うは易く行うは難し」の言葉どおり，どのキーワードひとつとってみても，それらを実践することは，けっして容易なことではないでしょう。非常にしばしば，「言っている（思っている）こと」と「やっていること」は違ってくるものですから。しかし，実践がなくて結果が出てくることはありえません。だから，「言っていること」が，どの程度きちんと実践されているのか，そして結果として表れているのかを，日々しっかりチェックしつつ，活動内容やシステム等を修正していく取り組みが必要となってきます（場合によっては，実践する中で見えてきたことによって，「言っていること」のほうを修正することもあるかもしれません）。つまり，「言う」と「行う」の間を埋めていくものが必要であるということで，これがすなわち「評価」です。

「評価」という言葉は，日本人にはあまりなじまない（よい印象を与えない）言葉かもしれません。とくに教育領域に従事する人たちの多くは，よい意味でも悪い意味でも，「評価」という言葉に敏感なものです。また心理臨床領域の人たちの多くも，クライエントや患者を対象とした評価はたくさんやりますが，自分たちのやっていることを評価されるのは，とても嫌うものです。各々の気持ちはよくわかります。われわれにしろ，「人」を評価するのはいかがなものかと思います。しかし今や，「人」ではなく，「やっていること」「やろうとしていること」をきちんと評価せずにすましておくなど，到底できない時代に突入しています。何かを行った（あるいは行う）ときには，「アカウンタビリティ（説明責任）」が求められる時代となっているからです。

アカウンタビリティ（説明責任）

アカウンタビリティとは，プログラム実施者が，利害関係者（ステークホルダー stakeholder）やスポンサーに対して，そのプログラムが効果的であることや，そのプログラムの対象範囲，行った活動実績，実施

の程度，直面している課題などについて**通知する責任**のことです（ロッシら，2005）。ここでいう利害関係者とは，そのプログラムに直接的または間接的に関わりを持つすべての人や組織のことで，関係する行政組織，助成団体，所属する組織長およびメンバー，地域住民等を含みます。

　ですから，公立学校はもとより，私立学校でも，学校で行われている（あるいは行おうとしている）ことに対してアカウンタビリティを背負っているわけです。学校は従来から，教務系のことに関しては，おそらく100％アカウンタビリティを果たしてきたと思います。しかしメンタル（精神的・心理的）な取り組みに関してはどうでしょう。もちろん，学校はメンタルな支援も今までやってきたわけですが，それらについて，たとえば，何を行い，その結果どうなったのか。これから何をどのようにやろうとしているのか。こうしたことについては，十分には説明してこなかっただろうと思います。

　これは別に学校だけに限った話ではありません。メンタルの領域については全般的に，その活動のアカウンタビリティは果たされてこなかったし，今でも果たされていないという経緯・現状があるのです。たとえば医療現場でもそうです。アカウンタビリティやインフォームド・コンセント（正しい情報を得たうえでの同意），あるいはセカンド・オピニオン（専門的知識を持った第三者に求める意見）といったことは，医療全体の中では今や常識的なこととなっていますが，これを最もしっかり行っているのは実は外科なのです。精神科・神経科あるいは心療内科では今でも十分には行われていないといえるでしょう（もちろん以前よりはよくなっています）。診断や病気あるいは薬についての説明をきちんと行っているか。治療方針や見通しについての説明を行っているか。いくつかの治療方法を示して選択を患者に委ねているか。セカンド・オピニオンを求めることを奨励しているか。精神科・神経科・心療内科では，こうしたことがいまだに十分行われていないのです。心理臨床領域でも同様です（もしかしたら医学領域よりもさらに状況は遅れているかもしれません）。今まではそれでも許されてきたかもしれませんが，これからはもう許されません。少なくとも米国ではすでに，アカウンタビリティを果たせない社会プログラムは生き残ることが難しくなっています。

自分たちがやろうとしていること，やっていること，やった結果どうなったかを開示し，修正すべき点があるなら修正していくという「評価」の観点なくして，活動の発展やサービスの質の向上もないでしょう。

先ほど，「日本人には評価はあまりなじまない」と述べましたが，これは本当で，たとえば行政の執行する予算も，今までは全部「使い切り予算」だったでしょう。何かの活動に予算を付けるということは，その活動によって何らかの「成果」が出ることを期待しているわけです。でも今までは，どんな「成果」が出たのかに関してはきちんと評価せずに，ただ予算を使い切ることだけが目標となってきたのです。欧米諸国からすれば考えられないことです。これで活動の質の向上や，効率性の向上などが見込めるわけがないでしょう。

メンタルの領域は，何がその「成果」なのかがわかりづらいところがあるし，また仮にその「成果」を明確に定義できたとしても，どうしたらその成果が出せるのか，方法論がよくわからないという特徴があります。そういうこともあって，今まできちんと「評価」が行われてこなかったのです。しかし，それらがわかりづらいものであるからこそ，なおさら「成果」を明確に定義し，それを達成する方法を明確にしていく，すなわち「評価」活動が重要となっていくのです。

システマティックな評価

さて，ここまでの話で「評価」の重要性についてご理解いただいたとして，ではどうやって評価していくのかについての話に移りましょう。まず，「評価」にはさまざまなものがあるということをご理解ください。ロッシら（2005）は，社会プログラム（何らかの社会的状況を改善するために資金や予算を投じて行われる活動の総称，当然スクールカウンセリング活動もこれに含まれます）の評価を5つの「階層」：1) ニーズ・アセスメント，2) プログラム理論の評価，3) プロセス評価，4) 効果評価，5) 効率評価に分けています。「階層」というのは，何らかの社会プログラムを企画し，実施していくうえで，この順に評価を行っていかなければならないという意味と，ある段階の評価を行う際には，それ以前の段階の評価がきちんと行われていなければならないという

意味の両方を含んでいます。このロッシらの評価理論は、「研究」的な意味合いを多く含んでいますので、「実践」を中心に考えていく際には、ここまで厳密に「階層的」あるいは「段階的」に考える必要はないでしょう。しかし、「評価」概念の基本としては知っておいてよいことだと思います。

1) ニーズ・アセスメント

ニーズ・アセスメントについてはすでに第Ⅰ部「6 サービスとニーズ」で触れました。個人またはコミュニティのニーズとは何か、潜在的ニーズも含めて適切にニーズが把握されているか、ニーズのある対象者がきちんと同定されているかといったことを評価する手続きが、ニーズ・アセスメントです。ニーズ・アセスメントは、既存のデータを閲覧するとか、調査票などを配って回収する（たとえば「いじめの認知」など）ことだけを指しているのではなく、いろいろな人から話を聞く、あるいは人々を観察するといったことをも含みます。とにかく、ニーズというものは、スクールカウンセリング等の社会プログラムを企画するときの土台となるものであって、ニーズの把握なくして社会プログラムはありえない、あるいはそれがない社会プログラムはまったくトンチンカンなものであるとさえいえるでしょう。

ここで大事なことは、ニーズ・アセスメントも「評価」活動の一環（しかも土台となる、その意味で最も重要なもの）であるという点です。「評価」というと、何か「結果」だけを見るものという感覚があるかもしれませんが、そうではありません。

2) プログラム理論の評価

ニーズが把握されたなら、それに対するサービスのあり方・中身を考えていく段階になります。その際、最終的な「成果（アウトカム）」を想定し、それを得るためには、どういう施設や人員を用意し、どういう活動をどの順番でやっていけばよさそうかというフローチャートを作成していくわけです。これが「プログラム理論」であり、そこで打ち立てられたプログラム理論が妥当なものであるかどうかを吟味していく作業のことを「プログラム理論の評価」と呼びます。プログラム理論を評価す

る際には，① 対象者にどのようにサービスが提供されるか，② サービスと利用者との相互作用，③ そのサービスによってどのようなアウトカムが期待できるか，の3点が中心に吟味されるでしょう。

① 対象者にどのようにサービスが提供されるか

どんなに質の高いサービスであったとしても，そのサービスが必要としている人（ニーズのある人）に届かなければ，効果が発揮されることはないでしょう。たとえば，「完全不登校」（まったく登校できない状態）あるいは「ひきこもり」に対する最高のプログラムというのがあったとして，そのプログラムを提供する場を学校の中につくっても，それは意味がないでしょう。あるいは特別支援教育を要する児童生徒への補助員の導入を考えたとして，必要な児童生徒にきちんと補助員が差し向けられていなければ，意味はないでしょう。サービスが，そのサービスを必要としている人にきちんと届くかどうか，計画段階からしっかりと吟味されていなくてはなりません。

② サービスと利用者との相互作用

サービスとは人と人との関わりであって，その中ではさまざまなことが起こる可能性があります。何かある新しい取り組み（サービス）を導入したとして，そこでそのサービスの利用者やその周囲の人たちがいったいどんな反応を示してくるかについて，事前にいろいろと想定し，吟味しておく必要があります。実際は，やってみなければわからない部分も多々ありますが，専門家やその取り組みの体験者などの意見を聞いて，起こりそうな人々の反応をできる限り整理しておきたいものです。

③ そのサービスによってどのようなアウトカムが期待されるか

まず，どうなることを期待して，そのサービスを行うのかを明確にしておかなければなりません。「明確」とは，その「アウトカム」というものが，測定可能なものとして定義されているということです。たとえば，不登校児童生徒数をこの1年で何人にするなどのことです。もちろん，こういう数値目標というのは，安易に設定されてはなりません。その数字を達成することを，真に活動の「成果」であるとしてよいのかは十分に議論されなければなりませんし，そのうえでそれが妥当であると結論づけられたとして，では不登校児童生徒数を何人にすることが実現可能性のあることなのか，しっかりと吟味しておかなければなりませ

ん。

　アウトカムには短期的なものと長期的なものとがあります。プログラムに参加することによって比較的短期間で得られる成果が**短期的アウトカム**，その短期的アウトカムの積み重ねによって長期的に得られる成果が**長期的アウトカム**です。たとえば，不登校の児童生徒と学校スタッフとの関わりの頻度が増すこと（これが最も短期的なアウトカム），それによって児童生徒の出席日数が増えること，そうなることで児童生徒の学校生活に対する満足度が増すこと，さらには学校卒業後，児童生徒のキャリア・アップが図れること（これが最も長期的なアウトカム）といった具合です。通常は，まず長期的アウトカムを策定し，そこに至るために必要な中期的，短期的アウトカムを策定する（これを「逆行マッピング backward mapping」と呼びます）という形になります。

3）プロセス評価

　「プログラム理論の評価」まではプログラム実行前の評価です。「プロセス評価」とは，実際にプログラムを開始して，そこで計画どおりきちんとできているかどうかをモニタリングし，修正・改善すべき点はないかどうかを検討する作業のことをいいます。たとえば，対象となる人々はしっかりサービスを受けられているか，その量・種類・質は適切か，スタッフの数と質は十分か，組織はきちんとつくられているか，組織内／間の連携はきちんと行われているか，資源や資金は十分か，それが効率的に使われているか，対象となる人々は，サービスに満足しているか，等々。活動しながら，日々それらをチェックしていくわけです。「モニタリング評価」といわれることもあります。

4）効果評価

　プログラムの成果（アウトカム）を客観的に評価する手続きのことです。皆さんが「評価」という言葉を聞いたときには，通常これをイメージされるのでしょう。プログラム理論の中で策定された測定可能なアウトカムについて，実際にデータを収集し，それを分析し，その結果を公開する作業のことをいいます。

5）効率評価

これは，アウトカムの測定だけでなく，その活動に費やされたコストをも測定し，両者の比率を検討するものです。当然，アウトカムが多いほど，そしてコストが少ないほど，効率は高くなります。アウトカムが出なければ，社会プログラムは行った意味がありませんが，仮に何らかのアウトカムが出たとしても，そこに膨大なコストがかかっており，そのかかったコストに比べて出てきたアウトカムが大したものではなかったとしたならば，その活動を継続するのはどうだろうか，ということにもなりかねません。できれば，それほどコストをかけなくても必要なアウトカムを出せるプログラムのほうが，望まれるわけですから。このように，アウトカムとコストとのバランスを検討する評価のことを効率評価といいます。

誰が評価を行うのか

評価について考える際，誰がそれを行うのかも重要な論点となります。大学教育ではすでに，学生による授業評価が一般化しており，その評価を完全公開するところまで出てきています。また，サービスの受益者（学生）による評価だけでなく，さまざまな第三者評価も受けています。

小・中・高等学校でもこうした流れは広がっています。実際，一部自治体では，保護者による学校評価が行われるようになってきていて，こうした潮流は，全国の学校に広がっています。

このように，サービスを提供している側が，自分たちの行っていることを自分たちだけで評価したのでは，十分な評価を行ったとはいえなくなっています（もちろんまったく何もやらないよりはよいのでしょうが）。そこにサービスの利用者の視点，第三者の視点をも組み入れていくことが必要となっています。

評価をシステムに根付かせる

ただ，たとえば第三者が主体となった評価を行うとして，何か調査

員(団)のような人たちが学校に乗り込んできて，データを収集していくような方法が採られることは現実としてほとんどないでしょう。そうした方法はそう頻繁にできるものではありませんし，その方法を採用する場合でも，調査員(団)が一からデータを集め始めるなどということはまれでしょう。実際は，第三者が一からデータ収集をするのではなく，すでに学校内に蓄積されているデータを用いて，第三者はそれを分析する作業にあたるだけということがほとんどです。

つまり，評価の基礎となるデータは，日々の活動のシステムの中で収集されるものだということです。もしそのデータの収集体制が十分に確立されていないとすれば，そもそもそこではきちんとした評価活動を行うことはできないということになります。

たとえば，ニーズ・アセスメントにしてもそうです。児童生徒や保護者の顔ぶれは，毎年変わるのです。顔ぶれが変われば，そのニーズも当然変わってくるわけで，したがって，ニーズ・アセスメントは最低でも毎年1回は行われなければならないでしょう。スクールカウンセリング活動の年間計画の中に，ニーズ・アセスメントのスケジュールが組み込まれているのかどうかがポイントとなるでしょう。

実際は，ニーズの把握というのは，けっして年1回ですまされるものではありません。文部科学省(教育委員会)は，毎年「いじめの認知件数」を学校に報告させていますが，その報告のため，もし年度末に1回だけ「いじめ調査」をしたところで，それはまったく実践的な意味をなさないでしょう。「いじめ」は日々，あちこちで起こるものであり，それをいかに早急に把握し，対応できるかが，スクールカウンセリング活動上，重要となるわけですから。それら日々起こるであろう「いじめ」を把握できる体制が採られているのかどうかが問われることになります。

あるいは，プロセス評価の場合，日々の活動がモニターされ，記録され，その記録が評価のもとになるデータとなるわけです。では，そうした記録システムがきちんとでき上がっているのでしょうか。たとえば，われわれはスクールカウンセラーの活動場所の時間的配分というものを重視していますが(一日中相談室にこもっているスクールカウンセラーをわれわれは高く評価しません)，それを調べるために外部の調査

員を一日中スクールカウンセラーに貼り付けて，その活動場所・活動内容・時間を記録させる（これを「タイムスタディ」と呼び，看護学領域ではときに行われます）などということは到底できそうもないわけですし，仮にできたとしても，それは調査員が行った限られた日のデータでしかないわけです。だから実際は，スクールカウンセラーが自分で記録を付けることになるわけですが，ではそうした記録フォーマットが用意されているのでしょうか。

　評価活動はけっして単発で行われるものではありません（単発で行われた評価活動は，研究的あるいは，ときに政治的な意義はあったとしても，あまり実践的意義を持ちません）。活動を実践する中で，常に評価の視点が組み込まれていなければならないのです。集団的プログラムを実施する場合はもちろんのこと，個別相談を行う際もそうです。きちんとクライエントのニーズに合った対応ができたか，クライエントの満足度はどうだったか，その後クライエントによい変化が見られているか，かかったコストと比べて十分な効果量が出たか，等々，評価の視点を持ちつつ関わることが大切です（ここで話は第Ⅰ部「8 ブリーフ」にもどるかもしれません）。

　先ほど示した評価の5つの階層にあるように，評価は活動を始める前から始まり，評価に耐えうるシステムをつくり，評価しつつ活動を実践し，それを最後にまとめ，公開するという手続きになるものです。つまり，システムの中に「評価」が根付いていなくてはならないということです。そして，いつ，どのような観点の評価やアカウンタビリティの要請がきても，速やかにデータを集約して報告できるようにしておきたいものです。

フィデリティ

　少し専門的な話になりますが，評価の領域に「**フィデリティ fidelity**」という概念があります。これは，**ある社会プログラムが機能する（効果を持つ）ためには，必要となる要素や構造**というものがあって，**当該の社会プログラムがそれらをどの程度満たしたものであるのかを測定する**ことをいいます。「達成度」「実行度」や「忠実度」などと和訳されてい

る言葉です。

たとえば，重症の精神疾患を持つ人たちの地域ケアサービスのひとつで，最近わが国でも広まりつつあるプログラムに「ACT: Assertive Community Treatment」というものがありますが，ここでのフィデリティ項目とは，たとえば，「利用者の診断名や入院歴等が基準を満たす重症のものであること」「サービスが地域内（家庭や職場等）で提供されていること」「24時間無期限のサービスであること」「スタッフが医師・看護師・ソーシャルワーカー他の多職種チームで構成されていること」「ケースロード（スタッフ数と利用者数の比率）が1：10以下であること」などです。精神障害者の地域ケアは，こうした条件を満たしていないと十分な成果を生まないことが，今までの研究からわかっているのです。

そのプログラムがどういう要素や構造を持っていないと成果が出ないのか（すなわち個々のフィデリティ項目が何であるのか）は，効果・効率評価研究を積み上げていかないとわからないことです。残念ながら，スクールカウンセリング活動におけるフィデリティ項目はまだわかっていません。

しかし，もしそれらが明らかとなったなら，これはたいへん役立つものとなることでしょう。というのは，何をすればよいか，どういう構造をつくり，どういうシステムを組めばよいかがわかったということなのですから。

繰り返しますが，それを明らかにするためには，評価研究の積み上げしかないのです。「研究」自体は研究者のする仕事ですが，現場の者としては，まず「評価」の視点を持って日々の活動を行うこと，そしてそれをデータに落とし込んでいくこと，これだけは最低限しっかりとやっていきたいものです。

本書で示している「五本柱」というのは，スクールカウンセリング活動におけるフィデリティ項目というものを強く意識して提唱している概念なのです。残念ながら今のままでは，おおまかすぎて，フィデリティとしては使えないし，実証研究も不十分です。今後，より精緻なものに仕上げていって，「これがスクールカウンセリングにおけるフィデリティ項目です！」と自信を持って言えるものをつくっていきたいとここ

ろから願っています。これはわれわれの野望かもしれません。そのためには「研究」しなければならないのです。われわれ3人は臨床家ですが，同時に研究者でもあります。この「五本柱」を参照した実践を行い，そしてそこでのデータをどうぞわれわれに教えてください！　皆さん，ぜひご協力を！

　さて，これで第Ⅰ部「スクールカウンセリングにおけるキーワード」は終了です。これらのキーワードを頭に入れつつ，第Ⅱ部「スクールカウンセリング活動の五本柱」にお進みください。

第Ⅱ部
スクールカウンセリング活動の五本柱

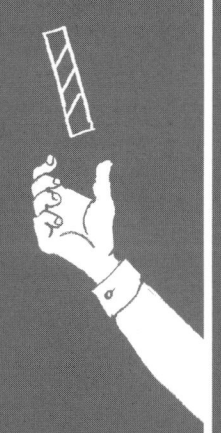

第Ⅱ部では，第Ⅰ部で紹介した基本的概念をふまえて，スクールカウンセリングにおける五本柱をひとつずつ紹介します。個別相談にとどまらないダイナミックな活動の展開について，実際の学校現場に即した形で学ぶことができます。

―第1章―
個別相談

1.「個別相談」は児童生徒への広範な直接援助

「個別相談」は，いうまでもなくスクールカウンセリング活動の根幹の柱です。「スクールカウンセリング」といえば，通常，面接室での児童生徒への「カウンセリング」あるいは「教育相談」が自然に思い浮かぶことでしょう。これは，「個別相談」に含まれる代表的で重要な活動です。しかし「個別相談」は，もっと幅広いものであることを第Ⅰ部ですでにお話ししました。

たとえば，児童生徒に対して，個別に直接行われる「学習指導」「生活指導」「進路指導」「保健指導」「オリエンテーション」の中にも「個別相談」の要素が含まれますし，より臨床的には「カウンセリング」「心理アセスメント（査定）」もそれにあたります。また，その担い手も，スクールカウンセラーや相談員はもちろんのこと，教育相談／生徒指導担当教員，養護教諭，担任，主任・主管，部活動顧問，学校管理職などが含まれます。このように広範に考えると，当然，それは一対一の面接だけをさしているわけではなくなります。ここでは，**ある児童生徒事例（ケース）に対して何らかの形で個別に直接的な援助を行ったならば，それは「個別相談」**としてとらえることにします。

学校心理学（石隈，1999）では学校での心理教育的援助サービスについて，コミュニティ心理学の枠組みを応用して，3段階に整理しています。その枠組みを用いていえば，すべての子どもを対象とする一次的教育援助，リスクを抱える可能性の高い子どもを対象とする二次的教育援助，重大な援助ニーズを持つ子どもを対象とする三次的教育援助（図2）のそれぞれどの援助サービスにおいても「個別相談」は行われるわけです。

また，この枠組みに従えば，一次的教育援助はすべての子どもを対

```
┌─ すべての教職員等 ─┐        一次的教育援助
                              すべての子ども       ┌─ 担任, 養護教諭,
                                                    スクールカウンセラー等
                                 二次的教育援助
                              リスクを抱える可能性の高い
                                   一部の子ども

                                  三次的教育援助
                               重大な援助ニーズを持つ
                                   特定の子ども    ┌─ スクールカウンセラー,
                                                    特別支援教育相談員等
```

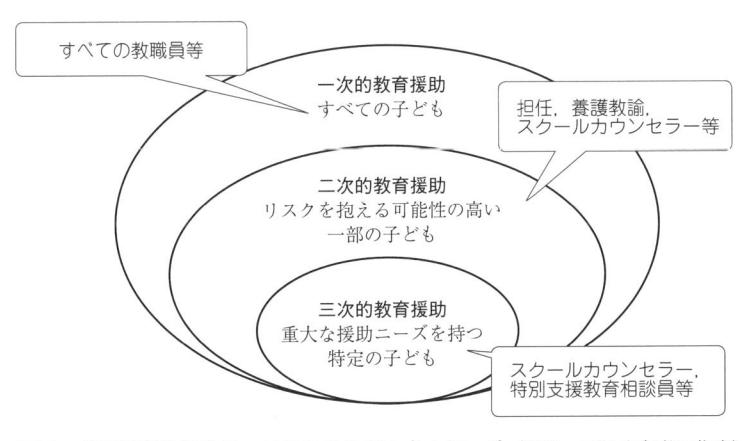

図2　心理教育的援助サービスの3段階と主な担い手（石隈, 1999を参考に作成）

象とした日常的な関わり，予防的・開発的な関わりが中心となり，主な担い手は，すべての教職員になるといえます。二次的教育援助は，リスクを抱える可能性の高い一部の子どもへの早期発見，早期対応が重要になります。ここでの担い手は，日常の子どもの状態や変化を最もキャッチしやすい担任，そのような子どもが訪れることの多い保健室を運営する養護教諭や相談室のカウンセラーなどが中心になります。三次的教育援助は，すでに問題や症状を抱えてしまった特定の子どもへの対応ですから，主な担い手は，スクールカウンセラーや特別支援教育相談員など，より臨床的な専門性の高い立場の者になるでしょう

このように学校における「個別相談」は，子どもへの援助の段階も担い手も広範なものになり，すでに第Ⅰ部で述べてきた「チーム」としての動きも欠かせないことがわかりますね。

ただし，個別的な相談であっても，保護者との個別的な面接や対応は，第Ⅰ部でも述べたとおり，コンサルテーションとしてとらえます。保護者コンサルテーションの話については，第Ⅱ部第2章に譲ります。

■**生活場面でのよろず相談，何でも相談**

学校での個別相談は，児童生徒との**よろず相談，何でも相談**といえます。心理社会面に加えて，学習面，身体面，進路面などすべてが含まれます。学校という生活場面において，児童生徒は心身の著しい発達の

途上にあり，それぞれの課題や心理社会的発達の状況に応じて，さまざまな個別相談が発生します。

友だちとのもめ事，クラスや部活動でのトラブル，仲間割れ，異性への関心，学校外の出来事，心身の成長のアンバランス，容姿，趣味嗜好，学校への不満，教員との折り合いの悪さ，親との不和，勉強のつまずき，進路の迷いなどから，学校生活への不適応，深刻ないじめ，不登校，精神疾患，自傷行為，暴力行為，非行・反社会的問題行動などに至るまで，とても一くくりに表現できないさまざまなことが，何でも個別相談の対象になり，持ち込まれます。

そこで「個別相談」では，何が持ち込まれてもそれなりに対応できなければなりません。どんな個別相談の内容でも，基本的にはテキパキと対応し，肯定的な変化につなげること，いいかえれば，短期間で効果的な関わりができることが，学校場面では求められます。心理臨床家であれば，学校場面こそ，病院臨床などよりもむしろ臨床能力が問われるといえるでしょう。スクールカウンセラーであっても教員であっても，第Ⅰ部のキーワードで述べた「ブリーフ」（効果的・効率的）な関わりが学校では重要になります。そのために，適切な「ジョイニング」，ペース&リードの法則も忘れてはなりません。

学校場面での児童生徒からの相談は，**生活に密着した具体的相談**という特徴を持ちます。学校は「コミュニティ」「生活の場」ですから。ここで「具体的相談」というのは，児童生徒から持ち込まれる生活に根ざした訴えに対して，具体的かつ現実的な話し合いをしていくこと，すなわち，**児童生徒が困難や問題をうまく扱えるようになることを手伝う**援助といえます。それは対処行動の向上といった側面もありますが，自分の気持ちや思い，不全感などを本当は誰に伝えたいのか，わかってもらいたいのかということについて，本人が理解していくことも含まれます。

もちろん，「人は何のために生まれてきたのか？」とか，「生きる意味は何か？」とか，「なぜ勉強しなければいけないのか？」といった，抽象的（いわゆる哲学的）な相談もありえます。否，むしろ思春期にあたる児童生徒からは，もっとそのような相談があることを歓迎したいくらいです。仮に「生きる意味がわからない」というような抽象的な相談

内容であったとしても，学校場面ではそのために「勉強が手に付かず授業に出られない」「友だちと話が合わず孤立している」「進路が選択できない」「両親がうっとうしくて家に寄り付きたくない」といった具体的な生活場面の問題に結びついていることになるからです。

学校における「**個別相談**」は，学校の場を離れた特殊な空間で行われるものではなく，**学校という生活の場における悩みや行動に対し，その一部分の時間を使って，学校内外のリソース（資源）も活用して，生活に即した具体的な対応として行われる対人援助**といえるわけです（表1）。

そして，その目的は「エンパワメント」（主体的な問題解決のための力を獲得する）であることを，強調しておきます。

表1　スクールカウンセリングにおける個別相談の特徴

---
① 学校という生活の場で，あらゆる機会を通して行われる
② よろず相談，何でも相談である
　・軽微なことから深刻なこと，緊急対応が必要なことまで広範囲
　・悩まない，悩めない児童生徒との関わりの工夫も必要
③ 学校生活の限られた時間を使って行われる
　・実生活での（学期，進級，卒業など）避けがたい時間制約がある
　・個々の児童生徒に対しては利用できる機会（時間）は限られている
④ 児童生徒が，困難や問題をうまく扱えるようになること／肯定的な変化・成長が促されることがめざされる
⑤ 学校内外のリソース（教職員・管理職／保護者・外部機関など）との連携やチーム対応が重要になる
　・児童生徒の言動を児童生徒が本来伝えたい関係者（教員・保護者）に翻訳してつなぐ作業も求められる

2.「見立て」の重要性

■「見立て」とは何か

このようにあらゆる場面で行われ，その担い手も形態も多様な「個別相談」ですが，それを進めていくうえで，第一に重要なことは何でしょうか。担任や養護教諭，管理職やスクールカウンセラーといった専門性や立場が少しずつ異なる者が，学校という生活の場で「個別相談」を行う場合，まず共通して重要なことがあります。

受容・共感・傾聴？　もちろんそれも大切な態度ではあります。でも，

たとえば生活指導担当教員が、やみくもに傾聴するだけで終わるわけにはいかないでしょう。それでは、かえって児童生徒によい結果をもたらさない場合もあります。何らかの問題解決に向けて、よりアクティブな応答や対応をしなければならないことも多くあります。

「個別相談」にまず共通して重要なことは、個別相談の相手（ケース）を「見立てる」力です。

「見立て」とは、ケースにまつわる情報を収集して整理し、それを統合して、そのケースの全体像、ストーリー、シナリオを頭の中で構成することです。「見立て」でいうストーリーには、過去から現在のことだけではなくて、現在から未来のこと（臨床用語では、「予後」）が含まれます。「見立て」は、問題や病理の視界の中ではなく、「ニーズ」や「リソース」が見える中で構成されていきます。問題や病理の中だけで見立てを構成したとしたら、それはネガティブな、ときには悲惨なストーリーとして構成されうるでしょう。そのような見立てに基づいて援助活動をするとしたら、援助する側もネガティブなストーリーに巻き込まれてしまいますし、リソースもニーズも見えていないのであれば、援助の方針の立てようがありません。チームを組むにしても、援助の方向性が見いだしにくくなり、気持ちも動きも鈍くなりそうです。

つまり、ケースの全体像を見立てる中には、問題状況だけでなく、ニーズや内外のリソース、また、過去から現在だけでなく、現在から未来のストーリー、つまり「見通し」も含まれており、その見立てによって、援助の方向性やチーム構成の指針も見えてくるようなものである必要があるわけです。

したがって、**よい援助サービスは「見立て」の的確さ、精度に左右されます。**

とはいえ、教職員にしてみれば、たとえば担任なら学級の児童生徒、部活動顧問なら部員のことを、いちいち「見立て」をして関わっているといった意識は持っていないでしょう。スクールカウンセラーや特別支援教育の担当者のほうが、重大な援助ニーズを持つ特定の児童生徒に関わることが多いので、その児童生徒の「見立て」については、かなり意識して行っていることでしょう。しかし、担任や部活動顧問の教員も、「見立て」という意識はなくても、実は一人ひとりの児童生徒がどのよ

うな全体像を持った児童生徒なのか，学習面，身体面，本人の興味関心や性格，友人関係，家族状況，進路希望などさまざまな情報と観察により，かなり的確に見立てて臨機応変に対応しているはずです。この児童生徒にはこういう言葉かけを，別の児童生徒には違う配慮を，また他の児童生徒のことでは，養護教諭の意見を聞いて，といったことを，まさにすべての児童生徒に対して日常的に行っているわけです。

　児童生徒のこころをつかむのが上手な先生，よい学級経営や部活指導をしている先生方は，一人ひとりの児童生徒の「見立て」をたいへんに的確にされている結果であるといえるでしょう。

■「見立て」に必要なもの：アセスメント（査定）

　さて，それでは「見立て」のために何が必要でしょうか。もちろん観察情報を含む，さまざまな情報が必要です。経験知は役に立つこともありますし，反対にそれが的確な見立てを邪魔してしまうこともあります。

　その情報を活かしたり，整理したりして，何かを判断していくためには，アセスメント（査定）の軸が必要になります。実際に，ケースの見立ての作業をしているときには，複数の「アセスメント（査定）」の軸が用いられています。ケースにまつわるさまざまな情報を，いろいろなアセスメントの軸に照らして，それぞれのアセスメントの結果を統合し，経験や知識を総動員して，総合的にケースを見立てているわけです。

　「アセスメント（査定）」という表現は，心理臨床領域の方にはなじみのある言葉ですが，教育領域の方には耳慣れないものかもしれません。すでに述べたように，「見立て」は，ケースの全体像，ストーリー，シナリオの話です。それに対して**「アセスメント（査定）」は，そのケースのストーリーやシナリオを構成する「要素」となるもの**のことです。

　少し硬い定義になりましたが，見立てとアセスメントの関係を理解するためにメンタルヘルスの問題が絡む例をあげてみます。

　　　元気がなくて非現実的なことをブツブツつぶやいていて，表情が硬く人におびえるような様子も見られる，家庭事情の複雑な中学生がいました。教員によって，この生徒のことについての見方はそれぞれ異なりました。

元気がないのは「うつ」かしら？　以前に関わったことのある自閉症圏の生徒も硬い表情で自分のこだわりのあることを独り言のように繰り返して言っていたから，その生徒は「自閉症スペクトラム障害」じゃないの？　家庭が複雑だから，人におびえた感じは「虐待」されているのかも。同じ生徒の状態を異なるアセスメントの軸で見ているため，この生徒の状態について異なる障害としてとらえられました。
　それぞれの教員は，今までの経験や研修等で学んだメンタルヘルスの知識を，ここではそのアセスメントの軸としています。さらにスクールカウンセラーは，この生徒に会ったり，周囲からこの生徒の言動の情報を聞いたりするなかで，精神科勤務経験で培った臨床診断のためのアセスメントの軸から，統合失調症の疑いがあると感じました。

　この生徒は，結果的に医療機関にかかり，統合失調症と臨床診断（医学領域でのアセスメント）されました。そう診断されると，うつ病や他の身体疾患とは異なる特定の薬物療法が用いられます。臨床診断はその後の治療方針を決定する重要なものです。たとえばうつ病と統合失調症とでは，処方される薬も，これからの見通し（予後）も，日常生活の留意点も，異なります。
　医療の領域では，当然，どのようにアセスメント（臨床診断）されるかによって，どのような処方や治療方針を採るかが左右されます。だから，誤診は怖いわけです。医療領域でなくとも，的確なアセスメントが重要であることに変わりはなく，それにより対応方針が異なっていくことになります。
　しかし，統合失調症といってもさまざまな状態や年齢の方がおり，一人ひとり，性格も境遇も立場も違います。この場合も，その生徒の全体像を見立てないと，とくに学校では適切な対応が見いだせません。どのような保護者で，どんな友だちがいて，どんな性格の生徒で，何を大事にしているのか？　学習面の状況は？　進学・受験はどのように希望しているのか？　保護者や本人は，処方された薬をきちんと飲むように（服薬管理）できるのか？　どのように援助していくことが必要かについて，ひとつのアセスメントの軸（ここでは，統合失調症だと臨床診断されたこと）だけでは，把握できません。
　さらに多くのアセスメントの軸から，事例の全体像を見立て，こう

なったら悪くなって，こうなったらよくなるという見通しもそこに含まれるわけです。

■アセスメント（査定）は対応とセット

上の例にも見られるとおり，Aという病気が判明すれば，A'という薬が出されるというように，**アセスメント（査定）は"対応"（対応指針／対応方略）のためにあるのであって，単なる"分類"や"レッテル貼り"のために行うのではありません。"対応"のために有効な情報を手に入れること，それがアセスメントの役目です。**つまり，見通しを含む見立てをするために必要なのがアセスメントです。

> 　不注意で多動や衝動的な行動が目立つ児童生徒に対して，AD/HD（注意欠陥／多動性障害）とアセスメントするか，家庭で虐待を受けていることから生じている行動とアセスメントするか，聴覚に障害があって起こっている行動とアセスメントするかで，"対応"が大きく違ってくることは明らかです。
> 　その対応は，AD/HDであれば，たとえば個別支援教育計画を作成して，教職員間で一貫した理解と対応を行うとともに，問題行動が激化している状況であれば，医療機関の受診（薬物療法の可能性）について，保護者と相談し合うことが考えられます。一方，虐待が疑われるのであれば，管理職と情報を共有し児童相談所と速やかに連携する必要が出ます。聴覚の障害であれば，保護者と話し合い，医療機関での検査や，その結果等によりたとえば特別支援教育を検討する必要があるかについて考えることになるでしょう。
> 　AD/HDとしてアセスメントされる場合には，不注意／多動・衝動的な領域の行動がそれぞれ複数項目当てはまり，かつそれが幼少期から起こり，複数場面で生じていることが重要な決め手になります。一方，幼少期には問題がなく，たとえば保護者が離婚してから生じており，世話が行き届いておらず，安心できる祖母のところではまったくそのような行動が生じないなら，AD/HDというアセスメントは成立しなくなり，虐待が疑われるかもしれません。虐待についてアセスメントするためには，さらに家庭の情報を得る必要がありますし，緊急度のアセスメントも行わなくてはなりません。また，幼少期から複数場面でその行動傾向があっても，近くで右側から話しかけられたときには注意力が増すことがしばしば観察されるのであれば，聴力の問題を考えることもできるかもしれません。

このように，適切な対応のために，的確なアセスメントを行うこと

がとても重要です。もし，アセスメントを誤ったら，まったく的外れな，むしろ有害な対応が行われることになります。そして，見立ては最終的にいろいろなアセスメントの軸から決定されます。それぞれのさまざまなアセスメントの軸から示唆される対応が組み合わされて，その見立てに対する対応が決定されるわけです。

■何をアセスメントするのか

　たとえば，上記の例で，AD/HDとアセスメントされても，さらに不注意優勢型などのタイプ，知的レベル，衝動性の強さ，暴力行為の危機レベルといった，より臨床的なアセスメントの軸もあります。また，本人は何が得意で，どんなことが好きで，何に熱中できるのか，友だちとはどんな関係か，どんなときに少しでも落ち着けるのか，周囲の大人の中で誰に一番こころを寄せているのか，保護者はどのような人で，学校や教員にどのような気持ちや態度を表明しているかといったことがアセスメントされることは，学校内でのより有効な対応のために重要です。前者のより臨床的なアセスメントの軸は，スクールカウンセラーや特別支援教育関係者／専門家チームなどが用いるでしょうし，後者の学校内での対応に有効なアセスメントの軸は，教員，特別支援教育スタッフ，養護教諭，スクールカウンセラーらがともに用いるものになります。

　もし前者の**臨床的なアセスメントの軸だけを用いることが専門家の仕事だとスクールカウンセラーが思っているとしたら，スクールカウンセラーとしての見立ては不十分なもの**となり，そのケースへの有効な対応が見いだせないことになるでしょう。後者のようなアセスメントの軸こそが，スクールカウンセラーや学校を援助する立場の者が行うべきアセスメント，つまり見立ての構成要素となります。スクールカウンセラーはこの後者のようなアセスメントも行い，その情報を含んだ見立てを教職員と共有していくことが，その連携の役に立つのです。

❸. スクールカウンセリングに有用なアセスメントの軸

　一般的な心理療法やカウンセリングの見立てにおいても，さまざまなアセスメントの軸が用いられます。しかし，学校はコミュニティ，つ

まり生活の場ですから，仮に臨床心理士のスクールカウンセラーがアセスメントを行おうとする場合でも，きちんとしたインテーク面接（受理面接：医療・相談機関で行われている情報収集だけを目的とした初回面接のこと）を行ったり，心理療法で行われるロールシャッハ・テストのような投影法検査などを行うことは奨励されません。もちろん児童生徒との個別面接で楽しく描画をする中でアセスメントの視点を持ったり，心理教育的なアプローチを兼ねてエゴグラム・テストを行ったりすることはあるでしょう。

　スクールカウンセリングでは，アセスメントのために取り立てて時間をかけて何か専門的なテストを学校の中でしたりはしません。それよりも，生活場面と相談室場面の中で**瞬時に不断にアセスメント**を繰り返しているわけです。先ほど述べたとおり，教員は，この意味でのアセスメントを日常的に実践しています。

　また，スクールカウンセラーや相談員が，初めて児童生徒と個別に接触する，いわゆる初回面接はアセスメント情報の宝庫です。児童生徒にとって重要なテーマやリソース，そしてニーズが，つまりアセスメントの材料がすべて初回面接において示唆されていることに気づかされることは少なくありません。そこで重要なことは，既存の検査ではなく，五感をフルに働かせて児童生徒と出会うことです。

　ここでは第Ⅰ部で述べた「コミュニティ・アプローチ」や「連携と協働」「チームとチーム内守秘」「サービスとニーズ」「リソース」「ブリーフ」「ジョイニング」「エンパワメント」などのキーワードによって特徴づけられる，意義あるスクールカウンセリング活動を行ううえで，「個別相談」に必要不可欠なアセスメントの軸を5つに絞ってお伝えします。

　5つのアセスメントの軸は，1) リソースのアセスメント，2) ニーズ・アセスメント，3) 心理社会的発達課題のアセスメント，4) メンタルヘルス（精神医学的観点）のアセスメント，5) チームメンバーのアセスメントです（この5つのアセスメントの軸は，実は「個別相談」だけでなく，五本柱のうち「コンサルテーション」や「危機介入」など，他の柱の活動においても共通して重要なものですから，この第1章で

学んでしまいましょう）。

　まず，1）～3）の軸は，学校コミュニティのすべての立場の人が共有すべき有用な軸です。「リソース」と「ニーズ」はサービス（つまりスクールカウンセリング活動）を考えるうえで，車の両輪のようなものです。まずこの1）と2），つまりリソースとニーズをアセスメントして見いだしていかなければ，車は前に進めないわけです。また，スクールカウンセリングは，これも第I部ですでに定義したとおり，子どものこころの発達を支援する活動ですから，3）のこころの発達課題に関する視点も重要です。

　4）は，スクールカウンセラーや養護教諭などのメンタルヘルス領域の専門家にとって必携の軸です。5）は，実際にスクールカウンセリング活動を行ううえで，留意していくとよいアセスメントの観点です。

1）リソースのアセスメント

　学校場面で，まず重要なアセスメントの軸は，**児童生徒の病理ではなく，リソースをアセスメントする**ことです。これは，第I部で触れたとおりですが，無いものではなくて，有るもの，資源，資質，材料，使えるものが何かをアセスメントすること，児童生徒の**内的リソース・外的リソース**の両方をアセスメントすることです（探して見つけ出します）。

　当たり前のもの，反対に特異なもの，個人的なもの，あるいは公的なもの，有機的なもの，または無機的なもの，すべてが「リソース」になりえます。リソースは「問題」と同じく，探す気になればいくつでも発見されます。その中から使いやすいと思われるものを使えばよいわけです。第I部の復習になりますが，「"問題"の周辺に"能力"がある」「『○○問題』という言葉が浮かんだら，その後に『能力』という言葉を付ける」といった考え方を活用して，児童生徒のリソースを新たにとらえていくことをおすすめします（黒沢，2002）。

　こうやって多くのリソースを適材適所で使えるようにアセスメントし，見いだしておくわけです。その場合，**援助者の側のリソース**も関係してきます。援助者も自分のリソースを一度棚卸しして，アセスメントし，きちんと整理しておくとよいでしょう。同僚のリソースも互いによ

く認識しておくことが，チームづくりに活かされます。学校の中に，リソースが多く見つかっていればいるほど，一人でがんばらなくてよくなります。それが児童生徒へのよい個別相談につながります。学校にはリソースが無尽蔵にありますから，どんなリソースがあるかをどんどんアセスメントしましょう。

　児童生徒から個別相談を受ける段になって，慌ててリソースに注目するのでは少し遅いのです。リソースを不断にアセスメントして，スクールカウンセリング活動のためのリソースの棚にふだんからストックしておきましょう。また，リソースの発想を持っていると，学校内に宝物や味方が増え，スクールカウンセリング活動が，一段と元気に円滑に行えます。学校内や学校外のリソースが，全部自分にとって自由自在に使える材料だとすれば，元気が出ます。預金通帳に雀の涙ほどのお金しかないのと，大金がストックされているのとでは，振れる袖もこころの余裕も大違いですから。

> 　祖父母の同居という事実を，「問題」の棚に上げておくか（問題としてアセスメントするか），「リソース」の棚に上げておくか（リソースとしてアセスメントするか）によって，子どもに何か生じたときの，援助者側の対応に違いが出てきます。祖父母が「問題」であれば排除しなければならなくなりますが，そうなればそこに敵対関係が生じてしまいます。祖父母が「リソース」であれば，味方関係・協力関係になれます。

■「例外」への注目

　リソースをアセスメントするためには，「解決志向ブリーフセラピー」でいう「例外」（少しでもやれたこと，ましだったこと，続いてくれたらよいこと）への注目や，成功の責任追及が，役に立ちます。第Ⅰ部で，スクールカウンセリングにおいて「ブリーフ」（効果的・効率的で，時間に敏感な援助サービス）という発想や動きが重要であること，「ブリーフ」セラピーのモデルの中でも，スクールカウンセリングの実践に有用なものとして，「解決志向」のモデルを推奨することを述べました。「例外」の概念は，「解決志向」のモデルの中で，出発点であり，最も重要視されている概念のひとつです。

「例外」は，ストレートにいえば，「問題が起こらないですんだとき」です。そのような状況は，いいかえれば，「少しでもうまくやれたとき」，あるいは「いつもよりましだったとき」です。ここに，すでにやれたり，ましだったりした「有るもの」が見いだされます。「例外」は，できなかったこと，だめだったことなど「無いもの」ではありませんから，リソースなのです。そこには，すでに起こったうまくいくための力（まだ少ないものかもしれませんが），ましになっていくためのサインが，存在しています。これらを見逃さずに，さらに掘り進めてよい方向の材料となるリソースを見いだしていくためには，少しでもうまくいったことの責任追及をします。どうやってその「例外」が起こったのかを問います。これは名づけて「成功の責任追及」です。教員は，一般に「失敗の責任追及」は得意だろうと思いますが，「成功の責任追及」をあまりしない方が多いものです。そうではなく，「例外」に焦点を当てて，成功の責任追及をすることによって，もっとその役に立つ部分が増えるようにする，その結果，「例外」が多く起こるようにしたいものです。

児童生徒の「例外」をアセスメントするための有効な質問の視点を示してみます。

・どんなときに問題は起きないのでしょうか？
・その子は，どんなときに一番うまくやっているのでしょうか？
・その子が，ほんの少しでもましなのはどんなときでしょうか？
・今，その子に関して学校で起きていることの中で，これからも続いてほしいことはどんなことでしょうか？
・どうしてそれ（例外）は起こったのですか？　あるいはどうしてましだったり，やれていたりしたのでしょうか？
・うまくやれているときは，問題が起きているときとは，何が違っているのでしょうか？
・少しでもうまくいっていることには，何が役に立っているのでしょうか？

これらの質問の視点に基づいた学校場面でのより具体的な「例外」

をアセスメントする質問の例を，いくつか示してみましょう（バーグ＆シルツ，2005）。

- （いつも周囲の級友をたたいてしまうことの多い児童生徒に対して）他の子をたたいたりせずに，なんとかそこから立ち去ったときのことについて話してくれるかな？
- （遅刻常習の児童生徒が早めに登校したときに）どうやって，今日の朝，なんとか時間に間に合うように学校に来られたのかしら？　それを教えてくれる？
- 今日，どうやって10分だけの遅刻ですんだの？
- 今日，君が時間どおりに教室に来ていたことに気づいていたよ。1〜10の数字の間で，10はそのためにとてもがんばった，1は朝飯前だったとしたら，今日の君はいくつかな？
（同じように今日の君のがんばりをお母さんに聞いたら，同じものさしでお母さんはいくつと言うかな？）
- （授業中，居眠りをしやすい児童生徒に対して）授業中，退屈なところもあったのに寝ないで授業に参加できたのには何が役に立ったのか，話してくれる？
- （宿題を忘れやすい児童生徒に対して）宿題をやることや，それを持ってくることを，ちゃんと覚えておくのに何が役立ったの？

いかがですか？　焦点を「例外」に当てることで，今まで気づかなかった児童生徒の持つ内外のリソースがあぶり出されてきたのではないでしょうか。本書の続刊〈活用編〉では，事例を用いながらさらに多くの実践例をお示ししますので，一緒にリソースのアセスメントの力を存分に高めましょう。

2）ニーズ・アセスメント

第Ⅰ部において「ニーズ・アセスメント」の重要性に触れましたが，そこでは，「学校コミュニティ」のニーズという大きな枠組みでのニーズ・アセスメントを中心に扱いました。個別相談の場合は，相談者「個人」のニーズ・アセスメントが重要になります。第Ⅰ部ですでに述べた

ように，仮に相手が大人であっても，私たちは相手のニーズをあらためて聞かずに，相談や援助を進めようとしがちです。その相手が子どもであればなおさらでしょう。これは，教員だけの傾向ではなく，スクールカウンセラーであっても当てはまることかもしれません。教員は，日頃から指導という役割意識があるため，「個別相談」の中でも，教師側のニーズが先行してしまうことが少なくないでしょうし，児童生徒のニーズを聞くという発想に慣れていないともいえるでしょう。スクールカウンセラーの場合は，児童生徒の気持ちや考えを斟酌してしまいすぎて，あえてニーズを尋ねないことが多いと考えられます。

　相手が子ども，つまり児童生徒であっても，「今はここで何が話し合えたらいいかな？」と尋ねてみることをこころがけましょう。尋ねてみると，予想以上に，児童生徒のほうから答えが返ってくることが多いものです。尋ねることによって，個人のニーズを顕在化させることができます。こちらから尋ねなければ，児童生徒からニーズが語られることは多くはないでしょう。

　児童生徒のニーズに関して，留意点を2つあげておきます。まだ自己表現が十分にできない年齢の児童生徒のニーズは，援助者が上手に尋ねなければなりません。仮に児童生徒から自発的に語られたとしても，それはニーズというよりもウォントやデマンドである場合も少なくないでしょう。この違いについては，もう一度，第Ⅰ部「6 サービスとニーズ」を参照してください。

　もうひとつは，学校場面では，児童生徒だけのニーズではなく，背景に保護者のニーズ，あるいは学級のニーズなどが関連している場合もあります。たとえば，学級に溶け込めない不安な気持ちを子どもが相談してきても，その背景に，保護者が担任と信頼関係を築きにくく学級経営に不満を持っているという「保護者のニーズ」がある場合もあります。そのような場合には，保護者のニーズにどう対応するかを考えつつ，子どもの不安な状態への対応を見いだしていくことになります。保護者のニーズに対しては，役割分担を考えチームで対応するのが望ましいでしょう。このように，近視眼的に個人のニーズだけをアセスメントすることは，スクールカウンセリングでは慎重を要します。

■悩まない，悩めない児童生徒

　学校場面にいると，「別に」「どうでもいい」「ウザイ」「わかんない」といった言葉しか語らない，あるいは自分の不全感について言語化しえない，**悩まない，悩めない**児童生徒が増えていることが実感されます。つまり，本人から顕在的ニーズが表明されないのです。そして，言語化する代わりに，周囲を振り回すような行動をとったり，違反行為を繰り返したり，頭痛・腹痛・だるさ・眠さなどを訴えたり，過呼吸発作を起こしたり，無理なダイエットをしたりといった**行動化や身体化**を通して表現してくる児童生徒も多くいます。彼らを直接援助する場合に，そこに表されている潜在的ニーズをアセスメントすることが求められます。

　このような昨今の，悩みとしては語らない児童生徒こそ，本人たちが個々に出してくる見落とされがちな，本人もそれと気づいていない窓口（ちょっとこころを動かされること，気になること，たとえばアニメ，ゲームの話などでも）を手がかりに関係を築いていく必要が増しています。生活場面で個別に直接関わる「個別相談」は，このような傾向の児童生徒のニーズをアセスメントし，より適切な対応を提供するためにも，ますます重要になっているように感じます。

■語られない訴え（潜在的ニーズ）のアセスメント

　相談室などの，より相談的な場面での個別相談に持ち込まれる訴えがある場合，その中でも，一番大きな位置を占める訴えを「主訴」と呼びます。相談においては，この主訴の扱いが重要となります。ちなみに主訴には，「**語られる（顕在的）主訴**」と「**語られない（潜在的）主訴**」があると考えられます。これはいいかえれば，「顕在的ニーズ」と「潜在的ニーズ」にあたるものです。語られる主訴は，児童生徒本人が言葉でそう語る主な訴えです。一方，語られない主訴とは，児童生徒の訴えや態度の背景にあるもので，本人が十分自覚できていないアンビバレント（両価的）な思いや，発達課題にまつわる成長促進的なニーズにも関連したものなどです。昨今では，語られない主訴として，上記のように行動化・身体化の形で示されるものも増えています。

　発達途上にある児童生徒は，自分の相談に関する真のニーズを十分に自覚できていないことが多いものです。この語られない主訴（潜在的

ニーズ）を把握するのに，学校という生活の場であることが役に立ちます。

外部の面接室の中で初めて出会い，1時間弱の相談時間を共有することからのみ得られる情報と，児童生徒の日常の生活場面を共有し，多くの学校関係者が接触する中で得られる情報とでは，語られない主訴（潜在的ニーズ）を把握するうえで大きく異なることはいうまでもありません。

そうはいっても，語られない主訴（潜在的ニーズ）は，容易にとらえられるものではなく，スクールカウンセラーや教職員が児童生徒に対し，ジョイニングを丁寧に行い信頼関係がつくられるプロセスの中でようやく見えてくるということもあります。たとえば，逸脱的な行動や学級内での短絡的な振る舞いなどが観察される場合，児童生徒本人が一番訴えたいことは何なのかをつかむことがかえって困難な場合が少なくありません。このような場合は，チームで粘り強く対応しながら，本人の一番訴えたいことをさぐっていくプロセスが大切となります。そうした語られない主訴（潜在的ニーズ）をアセスメントするうえで，次に述べる心理社会的発達課題を考えることはひとつの助けになるでしょう。

3）心理社会的発達課題のアセスメント

スクールカウンセリングの場は，児童生徒の心身の著しい発達成長のそれぞれの時期に出会う場です。いわゆる児童期，思春期（青年期前期）といった大きな変化の背景には，**心理社会的な発達課題**が横たわっています。端的にいえば，親からの自立，個の確立がそのテーマであり，スクールカウンセリングの場で生じるさまざまな問題状況は，このテーマに絡んだ児童生徒のこころの発達危機としてもとらえられるわけです。また，児童生徒個人の発達とともに，児童生徒の仲間関係の発達という観点がスクールカウンセリングの場面では重要になるでしょう。

■児童期の特徴と仲間関係

乳児期には，親との二者関係を基盤とした基本的信頼感が形成され，幼児期は，安定した家庭環境を背景に自律性，自主性が育まれる時期です。

児童期は、親との依存関係を持ちつつ、親以外の社会的関係を広げ、学校で大半の時間を過ごすことにより、社会的な知識や技術を身につけていく、本来情緒的に比較的安定した時期です。このような勤勉さや生産性を身につけるという児童期の発達段階が順調に進むかどうかは、それまでの乳児期・幼児期の発達課題（二者関係の基本的な信頼や自律性など）が十分達成されているかどうかに左右されます。ですから、児童期に出てくる問題を考えるときには、それまでの発達段階の課題を見直して理解し、対応に活かすという視点も大切になるでしょう。

その時期にできていて当たり前な対人関係や反応様式なのに、それにとても苦戦しているように見える場合、**子どもの不適応はむしろもっともな理由があって、必要があって生じているのかもしれない**という理解が助けになる場合があります。

小学4、5年生にあたる**児童期後期（前思春期）**になると、親への反発が始まり、同性同年齢集団への帰属が高まり、活発に遊びや行動をともにして一体感を味わうような体験が大切なものになります。この時期の仲間関係を「**ギャング・グループ gang-group**」（保坂、1996、1998）と呼んでいます。一方で、性的な好奇心も現れ始めます。

■思春期前半の特徴と仲間関係

この後、いわゆる「思春期」が本格的に始まっていきます。「第二次反抗期」「心理的離乳の時期」「疾風怒濤の嵐の時期」などといわれてきたように、大人の価値観を問い直し、自分らしさを模索し自立に向かう試みが始まるとされる時期です。大人への反抗（自立）と依存（甘え）という両極の態度に揺れる時期ですね。大人よりも同世代の仲間がよりどころとなり、性的な興味や異性への関心も高まります。この時期をさらに詳細に見てみましょう。

小学6年生くらいから中学2年生くらいにあたる**思春期前期**になると、第二次性徴を経験し、性衝動や身体の変化へのとまどいや後ろめたさを経験することになります。それとともに、親からの分離のテーマが始まると考えられ、親や大人への反抗（大人はうるさい、ウザい）、一方で不安・抑うつ感を覚えます（めんどくさい、やる気ない、落ち込む、いらいらする）。

それを代償するように，親密で同質な同性同年齢の仲間集団の中で存在価値を見いだそうとし，理想的な友情を求めます（何もかもわかりあえる，裏切ったら承知しない）。異性への興味や「異性への騒々しい接近」が高まります（恋ばな）。このころの同性の仲間集団を「**チャム・グループ chum-group**」（保坂，1996，1998）と呼びますが，同質性の中での秘密や安心感を相互に求めるあまり，**同調圧力**（ピア・プレッシャー）が高まり，またそれに苦しむことが生じる時期でもあります（たとえば，仲間外れにされないように話を合わせるなど）。

■いじめ・非行の背景にある同調圧力

この時期は学校における**いじめの発生のピーク**と重なります。"同質性"を守るために同調圧力によって，少し大人びているとか，個性的なセンスを持っているといった仲間内の誰かの"異質性"を，巧妙に，ときには陰湿に排除しようとするメカニズムが生じます。仮想敵国をつくり，それに戦意を向けたほうが，仲間集団（味方）の凝集性（まとまり）が高まり，その集団への所属感・安心感がもたらされるわけです。このようなダイナミズムが，この時期のいじめに関連していると考えられてもいます。いじめの問題に対応する際も，この時期の（とくに仲間関係における）発達課題が，個々の児童生徒にどう関連しているのかを見立て，それをどのように乗り越えることで発達が促進されるのかの視点からも，対応を考える必要があるでしょう。

またこの時期から，集団非行に傾斜する一群が存在します。仲間関係としての文字どおりギャング・グループを，この時期になってやっているとの理解も成立するかもしれません。一方，大人社会への対抗文化に対する親和性，仲間集団への依存と同調圧力といった，この時期に本来生じる仲間関係であるチャム・グループが持つ特徴との関係からも，それが理解されるでしょう。

その対応においては，許されないことに対しての揺るがない盾になるとともに，そこにある児童生徒のニーズ（たとえば，さびしい，わかってほしい，自分に自信がないなど）を見立てていくことが大切になります。

■ 思春期後半の特徴と仲間関係

　中学3年生から高校1年生くらいの**思春期中期**は，親からの分離が進み，友人関係は模索しながらも広がりを見せ，異性とは実際につきあうといった交流も出てきます。しかしまだまだ自己に対しては空想的なとらえ方であり（俺様気分，自分の才能を誰も理解していない），自分と他者との心理的な境界である自我境界が不安定な場合もあります（他者との距離がうまくとれない，他者は自分のように考えて当たり前，他者からの言葉で容易に揺れる）。

　この時期最も重要なテーマとなる友人関係の拡大などに行き詰まると，自己や家庭に対する一定の安心感に基づくことで拓かれるはずの漠然とした肯定的な将来展望が描きにくくなります。そうなると，今までに積み残した発達課題に内的に直面し，ひきこもりの方向に向かうことも生じるかもしれません。中学3年生は不登校発生数が最も多い時期ですが，それもここで自分の発達課題と一度向き合わないと，自分づくりに進めないことと大いに関係しているといえそうです。

　高校2，3年生にあたる**思春期後期**になると，親からの心理的独立が進み，親や大人をある程度客観的に評価できるようになります。友人関係も一人ひとりの個性や違いといった異質性が認められるようになってきます。同じ目的を持って集う異性異年齢混合の集団にも出入りし，それを楽しむことができるといった変化が見られます。

　このように異質性が認められ，目的のもとに集まり，出入り自由な仲間集団を「**ピア・グループ peer-group**」（保坂，1996，1998）と呼んでいます。この時期になると，現実的な吟味ができるようになり，男性・女性という性役割もある程度まとまり，社会的な意識も出てきて，進路や将来について現実的に考えることができるようになります。

■ 心理社会的発達の様相の変化

　スクールカウンセリングでは，児童生徒に発現しているさまざまな問題状況や悩みを，**心理社会的発達課題**の観点からアセスメントし，家族との関係，仲間との関係，教職員との関係などの中で，それがどのように影響し合い，また表現されているのかを見いだしていくことが重要であり，それがスクールカウンセリングの醍醐味でもあります。

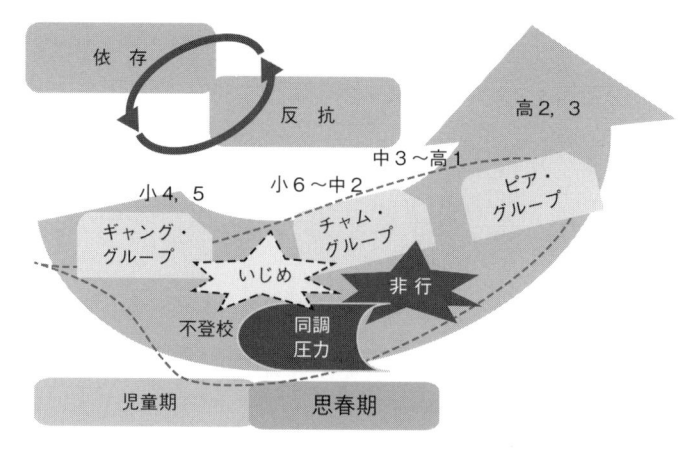

図3 心理社会的発達段階のイメージ図

　昨今，子どもたちの心理社会的発達課題は，従来から考えられてきたモデルに照らし合わせてみると，その時期や様相が少しずつ変容している可能性がうかがえます。インターネット通信やゲームなどの影響により，対人間のコミュニケーションの質は大きく変化しています。また，親子関係は，以前に比してより密接になり"友だち親子"化が生じ，それが子どもたちの仲間関係や自立にも影響を及ぼしているようです（Benesse 教育研究開発センター，2010）。

　悩めない，悩まない子どもたちといった現象にも代表されるような，子どもたちの抱える今日的な心理社会的発達課題を最前線で受け止め，それを援助できるような働きを工夫し続けることも個別相談に求められています。

　小学校，中学校，高等学校といった学校種には，このような心理社会的発達課題がおのずと関係してくることになります。これについては，本章「5. 学校種による個別相談の相違点」で述べます。

4）メンタルヘルス（精神医学的観点）のアセスメント
■『DSM』の一とおりの把握

　個別相談のさまざまな機会を通して，メンタルヘルスのリスクが早期にとらえられ，スクールカウンセラーや養護教諭が関与してそれへの適切な対応ができることは，たいへん重要なことです。そのために

は，精神医学的なアセスメントに関する知識や技術を身につけている必要があります。とくにスクールカウンセラーは，たとえば精神医学の診断基準として国際的に認知されている『DSM　精神疾患の分類と診断の手引』(米国精神医学会発行)に載っている精神疾患を一とおり把握している必要があります(表2)。『DSM』のDはdiagnostic(診断学的な)，Sはstatistical(統計学的な)，Mはmanual(マニュアル)であり，2000年からその第4版‐改訂版(Ⅳ-TR)が用いられ，2013年5月以降はその第5版が導入されます(本書執筆時は移行期であるため，表2にはDSM-Ⅳ-TRを採用しています)。DSMに示されているものは，日本語の題名のとおり，あくまで"分類"であり，そのための診断基準の軸です。

　先ほど，アセスメントは対応に有効な情報を手に入れるためにあり，単なる"分類"ではないと述べたばかりですから，『DSM』に則って，ある精神障害であると診断的に分類するだけでは事足りません。具体的な対応を選択するために，その分類が役立つように利用しなければいけませんね。対応のために利用しなければ，単なる"レッテル貼り"のマニュアルになってしまいます。

　『DSM』を一とおり把握する必要について述べたのは，まず，**精神障害は，(精神疾患のみならず)たいへんに広範囲にわたる**ものであることを理解してほしいという理由からです(実際驚きますよ。あれもこれも精神障害ということになりますから。けっして特異なものばかりではありません。タバコがやめられない方は，もう立派な"物質関連障害"になるのです)。ここに分類されている精神障害には，**成長発達の段階で一過性に生じるものも含まれ**ています。たとえば，ある種の恐怖症や，分離不安障害などはそれに当てはまるでしょう。

■**精神科治療薬が効く障害**

　『DSM』を一とおり把握する必要について述べた理由の2つ目は，『DSM』は状態像診断分類であって，そこに載っている「**精神障害**」は**必ずしも生物学的基盤を持っている**「**精神疾患**」**ではない**こと，これらを理解しておいてほしいからです。生物学的な基盤がないということは，薬が直接的には効かない可能性が高いということです。逆にいえば，薬

表2 DSM-Ⅳ-TR の精神疾患分類

(American Psychiatric Association 著, 高橋三郎・大野裕・染矢俊幸訳『DSM-Ⅳ-TR 精神疾患の分類と診断の手引(新訂版)』, 医学書院, 2003 より)

1. **通常, 幼児期, 小児期, または青年期に初めて診断される障害**
    精神遅滞, 学習障害(LD), 運動能力障害, コミュニケーション障害(吃音症を含む), 広汎性発達障害(自閉性障害, アルペルガー障害など), 注意欠陥および破壊的の行動障害(注意欠陥/多動性障害(AD/HD), 素行障害, 反抗挑戦性障害など), 幼児期または小児期の哺育・摂食障害, チック障害, 排泄障害(遺糞症, 遺尿症), 幼児期・小児期または青年期の他の障害(分離不安障害, 選択性緘黙など)
2. **せん妄, 痴呆, 健忘性障害, および他の認知障害**
3. **一般身体疾患による精神疾患**
4. **物質関連障害**
    依存, 乱用, 中毒, 離脱
    物質として, アルコール, アンフェタミン(いわゆる覚せい剤), カフェイン, 大麻, コカイン, 幻覚剤(たとえばLSD), 吸入剤(たとえばシンナー), ニコチン, アヘン, 鎮静剤・催眠剤または抗不安薬など
5. **統合失調症および他の精神病性障害**
6. **気分障害**
    うつ病性障害, 双極性障害(いわゆる躁うつ病など)
7. **不安障害**
    パニック障害, 特定の恐怖症, 強迫性障害, 心的外傷後ストレス障害(PTSD), 全般性不安障害など
8. **身体表現性障害**
    身体化障害, 転換性障害, 疼痛性障害, 心気症, 身体醜形障害など
9. **虚偽性障害**
10. **解離性障害**
    解離性健忘, 解離性とん走, 解離性同一性障害(いわゆる多重人格性障害)
11. **性障害および性同一性障害**
    性機能不全, 性的欲求の障害, 性的興奮の障害, 性嗜好異常, 性同一性障害など
12. **摂食障害**
    神経性無食欲症(いわゆる拒食症), 神経性大食症(いわゆる過食症)など
13. **睡眠障害**
14. **他のどこにも分類されない衝動制御の障害**
    間欠性爆発性障害, 窃盗癖, 放火癖, 病的賭博, 抜毛癖など
15. **適応障害**
16. **パーソナリティ障害**
    妄想性パーソナリティ障害, シゾイドパーソナリティ障害, 反社会性パーソナリティ障害, 境界性パーソナリティ障害, 自己愛性パーソナリティ障害, 演技性パーソナリティ障害, 回避性パーソナリティ障害, 依存性パーソナリティ障害, 強迫性パーソナリティ障害など
17. **臨床的関与の対象となることのある他の状態**
    身体疾患に影響を与えている心理的要因, 投薬誘発性運動障害, 対人関係の問題, 虐待またはネグレクトに関連した問題など

が効く「精神障害」がどれなのかについて, しっかりとした知識を持っていることが, 援助するうえで重要だということです。その知識が

あれば，医療機関につなぐ必要性や状態の緊急度がわかりますし，その他の学校外機関とともに援助すべきかどうかの判断にもつながります。その知識は，個別相談はもちろんのこと，第Ⅱ部第2章で扱うコンサルテーションにおいて，実はもっと重要です。

薬（精神科治療薬）が効く障害について，まとめてみましょう（表3）。

表3　精神科治療薬が奏効する障害

- AD/HD
- トゥレット障害などのチック障害
- 統合失調症など精神病性障害
- 思春期以降の大うつ病性障害と双極Ⅰ・Ⅱ型障害
- 強迫性障害
- 睡眠障害
- （一時的に奏効するもの：パニック障害・恐怖症）

以上がその主なものです。どうでしょうか。『DSM』（表2）で示した数多くの精神障害の中で，薬物療法が奏効する可能性が高いものは，このくらいなのです。これらも含めてですが，これ以外のものは，個別相談や周囲の対応，環境調整によって，肯定的な変化や成長発達が期待できる可能性があるともいえるわけです。表3以外のものに薬物療法が用いられる可能性はありますが，対症療法的なものと考えてよいでしょう。また，環境調整の選択肢の中に，医療機関への入院などが含められるものもあります。

上記のとおり，AD/HD（注意欠陥／多動性障害）にはその状態を緩和させる治療薬（中枢神経刺激薬）がありますが，では服薬だけで，学校場面で生活したりするうえで，よい状態になるかといえば，それだけでは不十分なことが多いでしょう。やはり，個別相談や周囲の対応，環境調整が重要になります。それは，上記の薬物療法が奏効するとされるどの精神障害にも当てはまります。

■『DSM』や診断名を"レッテル貼り"に使わない

さて，対応への視点や知識がないまま，スクールカウンセラーが，学校で生じていることを，いたずらに『DSM』で診断分類するのは，ヘタをすると"レッテル貼り"に手を貸しているにすぎないことにもなり

ます。

　学級の中で，落ち着きがなく気まぐれで乱暴な小学3年生のD君に担任らが手を焼いており，その情報を共有していた養護教諭はスクールカウンセラーに相談するとともに，スクールカウンセラーにD君の個別面接と学級での観察を依頼しました。2, 3週間後に養護教諭がスクールカウンセラーにD君のことを尋ねると，「確かにAD/HDに違いないですが，D君の場合，多動性－衝動性優勢型です」ときっぱりと答えが返ってきました。養護教諭は，さすが専門家だと感心して，「では，学校でどう対応すればいいでしょうか？」と聞くと，スクールカウンセラーは「それは教育の専門家である先生方の仕事ですから，先生方でお考えください。私は教育ではなく心理の専門家としてアセスメントをしたわけです」と答えました。養護教諭は，「スクールカウンセラーって，使えない！」とこころの中で叫び，そのあとスクールカウンセラーにさらに何かを質問する気持ちも失せてしまいました。また，その診断を聞いた担任は，急に不安になり，今まではそれでもD君のおもしろいところを買っていたり，よいところを見つけて励ましたりして，なんとかやってきていたのですが，D君に対応するのはたいへんに荷が重いと感じ，憂うつになってしまいました。

　もう，おわかりですね。このスクールカウンセラーが行ったことは，単なる分類です。なぜなら適切な対応指針が見いだされていないからです。そして，それなりにD君にうまく対応していた担任を，"レッテル貼り"によって惑わしてしまいました。
　スクールカウンセラーは，D君に対して，担任や養護教諭と「チーム」であり，教職員とは専門性が異なるチームの一員として，D君との直接的な関わりや観察といった「個別相談」場面でアセスメントを行い，それを，コンサルテーション，あるいはチームの作戦会議に有用な情報として活かし，何より対応への指針を見いだせるような活動をする必要があったでしょう。
　多動性－衝動性優勢型とアセスメントされたなら，AD/HDに関する精神医学的な知識として，適切な対応をすれば，多動性・衝動性は成長とともに緩和することが多いこと，また，本人の自己評価や他者からの評価を必要以上に低めないためにも，その問題行動をしばらく抑制するために，薬物療法（メチルフェニデートの服用）も一案であること等

が考えられます。これは対応の指針となりますから，養護教諭や担任へのコンサルテーションにおいても，伝えられるとよいでしょう。

■ AD/HD児への個別相談の留意点

AD/HD児への個別相談では，本人の「リソース」をアセスメントする話題，「例外」への注目や成功の責任追及など，本人の自尊感情や自己効力感にうまく働きかけられるような，直接的なやりとりを行う機会とすることができます。本節の「1) リソースのアセスメント」にもどって，そこに例示した問いかけなどを確認して，実際の場面で応用してみてください。

「チーム」のメリットは，スクールカウンセラーや担任などが，一人で対応するよりも，D君に関わるそれぞれの立場の先生方の個別相談の機会を通して，D君のリソースや「例外」をアセスメントできたほうが，より多くの対応に役に立つ情報が得られることです。D君自身が，自分の問題行動についてどう感じ，どうとらえているのか，個別相談で聞き取れたD君の思いや反応について共有することも，意味があるでしょう。またD君の状態についての保護者の認識や，教職員のとらえ方や対応の差異について，情報交換をして，医療機関へつなげる可能性はどうなのか，もし，必要性があるならばその方法を話し合うことも大切でしょう。

AD/HD児の場合，注意の転導性が高く多動で衝動性が高いのが特徴ですから，教職員間における「一貫した対応」が重要です。同じことに対して，甘い教員，厳しい教員がいれば，AD/HDの子どもは双方とも指示に従わなくなりますし，本人も落ち着きません。教職員間でとにかくしっかりと方針や指導の方向性を共有しておくことが重要です。この一貫した方針のもと，それぞれの教職員が，個別相談（直接的な援助）を行うことが役に立ちます。

AD/HD等への問題行動への行動療法的な対応の指針として，たとえば，下記のような明確な方針があります。

① 悪いことをした⇒本人が損をする
② 良いことをした⇒本人が得をする

これを一貫させることをこころがけて，教職員が，折に触れて個別相談

の中で対応すると，本人に対し相乗的な効果が表れます。

■専門機関へのリファーの重要性と危険性

　学校に心理臨床の専門家がスクールカウンセラーとして入ったり，教職員のメンタルヘルスの知識が増えたりしたことで，アセスメントの結果，必要があれば児童生徒を外部機関へリファー（紹介）することの重要性が認識され，実際にその機会も増えていると感じます。学校における個別相談を行う大前提として，リファー機能を有していること，リファー先を十分に確保していること，どこにどのようにリファーが可能か，リファー先を選ぶ力を持っていることは重要であるといえます。

　確かに，虐待ケースや，薬物治療・入院治療が必要な精神的な症状を持つケースなどに関しては，外部機関にリファーする必要があります。それが，一刻を争うほどのものである場合もあります。しかし，その他のグレーゾーンにあたる，たとえば発達障害などの場合は，わざわざ診断をつける（アセスメントをする）ためだけにリファーするようなことはあまり歓迎できないとわれわれは考えています。アセスメントにとどまらず，見立てを行うことの重要性はここにもあります。本当に緊急に外部にリファーする必要があるケースを的確に見立てることとともに，**外部にリファーすることが，ケースにとって総合的に見て適切なのかどうかについても，見立てから判断できることが重要**になります。

　一般的に見て，精神科受診というのは，少なからずそれ自体が児童生徒にとって辛い体験になりかねませんし，たとえば発達障害の場合，診断がついても結果的に何ら医療的な対応がなされないことも少なくありません。落ち着きがない，こだわりが強いといった表現からの状態像診断により，機関によって診断名が異なり，かえって対応が惑わされてしまうことも，現段階では珍しいことではありません。それよりも，学校コミュニティの中で，児童生徒の特徴・個性として，細やかに丁寧に見てその特徴をよく理解し，それに合った発達支援的・教育指導的な対応を行ったほうが，ずっと児童生徒の成長発達に実際に役立つことをわれわれは経験しています。学校関係者が児童生徒ケースを抱え込むことが適切でない場合もあれば，あまりに安易にリファーすることが児童生徒にとって有益でない場合もあります。その判断の重要性について，こ

こは強調して述べたいところです。そのためにも，アセスメントだけでなく見立てが重要になるのです。

5）チームメンバーのアセスメント

　スクールカウンセリングにおける個別相談では，基本的に，密室相談にしないこと，必要に応じた「チーム内守秘」の原則で行うこと，その場合もチームメンバーにはそのケースに関わる度合に濃淡があり，メンバーによって共有する情報の量や質が異なることなどについて，第Ⅰ部で述べました。

　さらに，チーム内守秘が前提となる個別相談をよりよく展開するためには，そのチームメンバーのケースに関わる立場や頻度だけでなく，ストレス耐性や教育観などをよくアセスメントする必要があります。それによって，やはり共有する情報の量や質を選ばなくてはなりません。教職員にとって，児童生徒に関する情報が危機的な内容（たとえば自傷他害の恐れがあるなど）であればあるほど，予期せぬ強いストレスに見舞われ，不安になったり混乱したりして，チーム内守秘とされていた情報を児童生徒本人や関係者に暴露して指導にあたってしまうようなことが，起こりえます。スクールカウンセラーが児童生徒からの信用を失うにとどまれればまだしもよいですが（そんな太っ腹なことをいっている場合ではないですね。これもぜひ避けたいことです），児童生徒が傷ついたり不利になったりすることはぜひ防ぎたいものです。

　ケースを見立てるということは，児童生徒だけを見立てるのではなく，その周囲の関係者・協力者などの状況もアセスメントすることです。

❹　個別相談の柔軟な形態と五本柱への連動

■個別相談の多様な形態

　スクールカウンセリングの個別相談は，次頁の表4にあげるようなさまざまな形が組み合わさって行われ，それに適した関わりが求められます（関わりの詳細については，本書の続刊〈活用編〉で述べます）。ここでも，すべての児童生徒を対象とする一次的教育援助から，特別な援助ニーズを持つ児童生徒を対象とする三次的教育援助まで，すべての

援助サービスの段階が含まれています。

表4　スクールカウンセリングにおける個別相談の多様な形態

1）学校の日常生活場面での関わり
2）教室内（授業場面）での関わり
3）相談室（あるいは保健室）での関わり
　①サロン的な活動
　②個別相談を目的とした活動（自発的来談）
　③要請された個別面接（面談週間やリファー面接）
　④居場所／相談室登校の場としての活動
4）家庭訪問での関わり
5）さまざまな外的リソースに本人をつなぐ関わり

　また，相談室運営の実際については，**個別相談を行うために必要なシステムづくり**として，ハード面とソフト面から考える必要があります。ハード面は，部屋の配置，必要な備品などです。ソフト面としては，受付方法や面接時間など，相談室の利用ルール，記録の保管，活動記録や報告方法などが検討される必要があるでしょう。学校内においても体制づくりをする必要があります。これらの詳細は，「システム構築」（第Ⅱ部第5章）で扱います。

■**五本柱を連動させる**

　ここでは，個別相談を目的として相談室運営をするスクールカウンセラーが，どのような発想でその活動を展開するのがよいかについて，われわれが最も強調したいことを述べます。

　スクールカウンセラーは，病院臨床などとは異なり，来談する児童生徒に適切な「個別相談」を行うだけでなく，来談しない児童生徒に対しても強い関心を持ち，担任や養護教諭，また保護者との「コンサルテーション」（第Ⅱ部第2章で扱います）の中で，アプローチを検討します。また，心理的問題が生じた児童生徒が相談室に来談しやすいようなコミュニティづくりを相談室の内外で日常的に行うことが，重要な活動にもなります。ときには，集団全体に対する「心理教育プログラム」（第Ⅱ部第3章で詳述します）を立案し，集団への働きかけを通してある児童生徒個人（ターゲット）に対してアプローチを試みることもあり

ます。つまり、五本柱が連動しながら、個別の関わりが深まっていくというイメージが、本書で描いている「スクールカウンセリング」の特徴をよく表現するものです。

　また、来談しない児童生徒に対して、スクールカウンセラーが何らかの関与を行うといった視点のみではなく、**来談しなくても日常の学校生活の中でさまざまな形の心理的サポートを、児童生徒個人が受けることのできるコミュニティづくり**が、究極の目標といえるかもしれません。学校教職員や保護者、ときには児童生徒集団がそのサポートの役割を担えるようになっていくこと、その方向に働きかけを行うことが重要なことであると、ぜひ認識してください。スクールカウンセラーとの「個別相談」に何でもつなげることが、スクールカウンセラーの活躍を意味するのではありません。スクールカウンセラーの役割を**黒子**にたとえるのは、この意味からです。

5. 学校種（小学校・中学校・高等学校）による個別相談の相違点

　小学校と中学校、高等学校の「個別相談」のあり方については、どの学校種においても、基本はここまで述べてきたことに則って考えていただいてよいのですが、児童生徒や教職員のニーズがそれぞれで違いますから、その中身は当然変わってきます。どんな内容の相談が比較的多くあがってくるのかは学校種によって違いますし、当然その対応の中身も異なります。そして、「個別相談」だけでなく、五本柱のうちの残り4本の柱「コンサルテーション」「心理教育プログラム」「危機介入」「システム構築」のどれを行ううえでも、これから述べる学校種の特徴が前提となります。

■学校種の特徴

　まず学校種の特徴として、小学校は担任の占める位置が大きく、児童への対応に関して、担任を中心に関わることになります。

　中学校においても担任は重要な立場ですが、教科担任制であるため、学年全体でその学年の生徒を抱えるという感覚が、小学校よりも強くな

ります。

　高等学校の場合は，担任も重要ですが，コース別になっていたり，同じ学級の生徒でも選択教科が異なったりするため，担任が学級の生徒に対しホームルームでしか関わる場がないことも，まれではありません。職員室も教科で分けられたりしていることが多いため，中学校の学年中心の考え方に比べると，もっと多くの教職員が，いろいろな立場で生徒に関わっており，その関わりの濃淡もさまざまです。

　この学校種の特徴を国にたとえると，**小学校は学級王国，中学校は学年共和国，高校は教科制合衆国**（黒沢，1999）といった表現もできるでしょう。このような学校種の風土をきちんと押さえておくことが大事ですし，それがわかっていないとスクールカウンセラーは教職員との連携の仕方や学校内での動き方が見えず，戸惑うことになりかねません。

■児童生徒の発達課題に応じた関わりと保護者への対応

　小・中・高の学校種の段階によって，児童生徒の個別相談をめぐる保護者との関係性もかなり異なってきます。それは，子どもたちの発達段階に応じて，保護者の役割が変わってくるからです。

　医療機関の小児科では，子どもを相手にするというよりも，本当は**保護者を相手にする**のだといわれていますが，**小学校**もそういう要因が強いといえます。たとえば，小学校のスクールカウンセラーを考えた場合，対象が児童ですから，子どもと目線が近いという意味では，若手のスクールカウンセラーのメリットが大きいように感じられます。しかし，実際には中学校や高等学校以上に，小学校では保護者と多く相対しなければならないため，むしろ保護者対応の経験が豊富なベテランのスクールカウンセラーへのニーズが高いといえます。小学校の場合は，発達障害に対する見立てや介入，あるいは援助の仕方について，本人に対してのみならず担任や保護者に具体的にコンサルテーションすることが求められます。つまり，小学校では，児童との「個別相談」以上に，保護者や教職員への「コンサルテーション」（第Ⅱ部第2章で扱います）が重要な活動になります。

　中学校においてもこれらのことはある程度共通しますが，中学校では，いわゆる反抗期とも呼ばれるように，生徒は親との関係性につい

て依存と反抗というアンビバレント（両価的）な心境を抱える時期です。生徒本人に対する個別相談の比重を少しずつ増やし，それと保護者の出番とのバランスを配慮することが望まれます。また，**中学生はグループで相談**にくることも多く，中学生にとって仲間関係の中で理解されたり認められたりすることの重要性は計り知れません。中学生年齢の自立に向かう発達課題から見ても，仲間に適切に受け入れられ居場所を持てることが，重要なプロセスとなります。スクールカウンセラーや養護教諭，個別相談に応じた教職員が生徒たちのある種の（自立に不可避な）"秘密"をともに抱えてあげることが大切な意味を持つこともあります。また仲間関係や学級の中でうまく居場所を見つけられない生徒たちの，第三の居場所を学校やスクールカウンセラーが用意することも考えられます。

　中学生の場合，家庭こそが生徒たちのこころの居場所として機能していることが重要である半面で，いつまでも家庭だけがこころの居場所であるということも越えていかなくてはならない，つまり親友らとともにいることや（家庭の代わりに）学校の中に居場所があることへの移行が促される時期でもあります。中学校では，小学校と異なり，規律の遵守を含む社会性の獲得を強く求める学校文化がありますから，それに対する子どもたちのぶつかりもピークに達します。中学生の非行が集団化するのも，仲間内で認められることや，仲間関係における居場所を求めていること，その同調圧力と密接な関係があります。

　本人の心理的な発達課題に向き合うことと，友人／仲間集団・学校・保護者といった環境面を配慮したり調整したりすることと，中学校ではこの両者への取り組みのバランスが求められます。そして中学校と一口にいっても，中学1年ならより小学校に近い対応が求められ，中学3年ではより高等学校に近い対応が求められるといった差も出てきます。

　高等学校になると，小学校とは反対に，保護者を間に入れないで，できれば**本人と学校が直接サシ（一対一）で話し合える**場面をたくさん用意していくことが，さらに大切になってきます。高校生の場合，つまり大学の学生相談に近い関わりが求められるのです。本人の自己決定を重視することが大切であり，自立を支えながらの個別相談が重要になってきます。そして，スクールカウンセラーや教職員が保護者に直接介入

するというより，親をめぐるさまざまな思いを本人と一緒に話し合っていくとか，本人が親へどう対応するかについて本人と作戦会議をするとか，そういうところでのカウンセリングの役割が重要になります。

　しかし，高等学校では保護者の影響力はどんどん小さくなってくるかというと，実はそうでもありません。大学受験など進路をめぐって，逆に保護者からの要求がとても高まる場合があります。高等学校卒業後の進路選択において，保護者と本人の意向が異なっている場合の親子間の葛藤の強さというのはたいへんにシビアなものです。それに対するスクールカウンセラーや担任による家族調整や家族介入の役割は，思いのほか大きいものです。

　しかしその場合でも，スクールカウンセラーや教職員側のこころづもりとしては，生徒が保護者から自立して自分というものを生きられるために，どういう支援の方向性があるか，仮に保護者を面接場面に入れたとしても，入れること自体がいけないのではなくて，どこに焦点を当てて対応するかということが大事になります。

■各学校種段階のメンタルヘルスのリスク

　各学校種段階のメンタルヘルスのリスクについていえば，**小学校では，発達障害**に関連したことが主軸を占め，**児童虐待**も重要な課題となります。スクールカウンセラーの中学校全校配置が全国的にほぼ達成され小学校へのスクールカウンセラー配置が進められているのも，これらの課題について，児童自身に対してのみならず，教職員や保護者への支援ニーズが大きいからだといえます。

　中学校では，**非行，および精神的な疾患や神経症的な症状の早期発症**のリスクが高まる時期になります。非行については，すでに見てきたように，親や学校といった既成価値に対して反抗的な気持ちが過度に高まること，仲間関係が重要で仲間内での同調圧力が非常に強くなること，勉学や進路という壁が立ちはだかり思いどおりにならないことなど，非行が好発する条件が，中学生年齢でそろうことになります。

　また精神疾患に関しては，中学生年齢では，より大人に近い多様な精神疾患のリスクを抱え始めますが，まだ初期なので，それらの疾患がきちんと診断できないような，典型的ではない様子で出てくること，つ

まり確定診断がつくような症状や問題がなかなか出そろわないことが比較的多いといえます。そのため，早急な対応をとることが難しいのです。「しばらく様子を見ましょう」といった対応をされていた生徒が，あとになって統合失調症であったと診断される場合などもあります（とはいえ，精神科医であっても，中学校の段階でその診断を確定するのは簡単ではありません）。昨今，今までは高等学校以降に好発すると考えられていた統合失調症，うつ病性障害，摂食障害等が，より若年発症化の傾向にあるという印象をわれわれもいだいています。実際，中学校で生徒の精神疾患の発症に出会い，その対応に尽力した経験を持っているスクールカウンセラーや養護教諭も多いでしょう。

だからなおさら，その見立ての問題が重要となってきます。けっして"レッテル貼り"のアセスメントではなくて，中学生年齢で適切な早期対応がなされることが，本人の成長や予後の安定につながります。われわれは，そのような事例を少なからず経験しているので，ここは強調したいところです。

高校生年齢では，精神疾患や症状の発現がより顕在化する時期です。中学校が同性との関わりに主要なエネルギーを割くのに対し，高等学校では異性との関わりも持ち上がってきます。またジェンダー・アイデンティティの課題も，この時期から顕在化してきます。より大人に近いメンタルヘルス上の問題が関与してくることになるため，スクールカウンセラーも養護教諭も精神医学的な知識や薬物療法の知識がより求められることになります。いわゆる精神疾患は，老人性のものを除けば，ほとんどのものが高校生年齢において出現しうると考えてよいでしょう。

どの学校種においても，メンタルヘルスの問題に関しては，とくにスクールカウンセラーは，適切にそれをアセスメントし，見立てによって必要があるとみなした場合には，時機を逃さず，児童生徒を専門機関につないでいくためのコーディネーションが要求されます。柔軟なネットワークやフットワークを背景にした個別相談の力量が，どの学校種においても求められることになります。

―第2章―
コンサルテーション

1.「コンサルテーション」とは何か

■コンサルテーションはコミュニティ援助の基本

「コンサルテーション」という言葉自体は，ずいぶん耳にすることが多くなってきました。でも，その概念や方法をどれくらい正確に理解しているかといわれたらどうでしょうか。また，いわゆるカウンセリングの手法とコンサルテーションの手法はどのように違うのでしょうか。そして，コンサルテーションは具体的にどのように進めればよいのでしょうか。

「コンサルテーション」は，スクールカウンセリング活動では，ときには「個別相談」よりも重要になってきます。それなのに，カウンセリングについてはそれを学ぶ授業，研修，書物が数多くあるのに対し，コンサルテーションについては，その重要性のわりには，少ないのが現状です。

本章では，まずコンサルテーションとは何かについて頭の中をしっかり整理し，学校コミュニティ場面において援助を行ううえで不可欠な方法であるコンサルテーションを実践できるように，気合を入れて学んでいきましょう！　コンサルテーションの手法を身につけられれば，スクールカウンセリング活動の力量は格段に上がります。

第Ⅰ部ですでに述べたように，コンサルテーションは，個別に直接子どもたちと関わる活動ではなく，**あるケースに関わる大人たちどうし（教職員，スクールカウンセラー，保護者，外部の専門家など）のケース対応に関する話し合い**のことです。一般に学校には数百名の児童生徒が在籍していますが，一人の非常勤のスクールカウンセラーや外部のメンタルヘルスの専門家が，そのすべてを直接カバーすることは実際には不可能です。学校には，日々児童生徒に対応している担任，養護教諭，

部活動顧問などの教職員，また児童生徒への教育対応に対して最終責任を負う管理職の教職員がいます。児童生徒に対してキーパーソンにあたるそのような教職員と，ケース援助に関する話し合いを行うことによって，教職員がケース対応の手立てを得られるような間接的援助をするわけです。学校のすべての児童生徒にさまざまに関わっている教職員への援助を通して，間接的にすべての児童生徒への支援を行う。その結果，教職員の児童生徒への対応の力量が上がることになれば，教職員はいちいちスクールカウンセラーや専門家に相談しなくてもやれるようになる。そうなれば，スクールカウンセラーは，さらにまた別の援助に力を発揮すればよいことになります。こうして学校コミュニティの対応力が増していくこと（つまり，エンパワーされること）が望ましいのです。スクールカウンセラーは，よいコンサルテーションをすることによって，教職員に力をつけてもらい，自分たちの仕事をどんどん減らしていくのが仕事だといえます。ということは，スクールカウンセラーは，究極的には失業をめざしてお仕事しているということになるのかもしれません。

■学校におけるコンサルテーションはチーム対応

　コンサルテーションは，学校心理学においても，カウンセリング，コーディネーションと並ぶ重要な活動とされており，石隈（1999）は，「異なった専門性や役割を持つ者どうしが子供の問題状況について検討し今後の援助のあり方について話し合うプロセス（作戦会議）」と定義しています。

　学校においては，いわゆる外部機関の専門家による教職員への，狭義の「コンサルテーション」よりも，広い意味でのコンサルテーション，つまり，「作戦会議」（専門性が異なる者どうしが「チーム」を組んで行うケース援助についての話し合い）が重要になります（本書のコンサルテーションの定義は，この作戦会議の意味合いの強いものになっています）。

　たとえば，スクールカウンセラーや養護教諭は，一般教諭とは専門性が異なりますが，外部の人間ではなく学校内部の一員です。このような場合，一方がコンサルタントで，もう一方がコンサルティというように立場ははっきりとは分かれません。実際には，それぞれの立場や役割

から得られる情報や経験を交換する「相互コンサルテーション」になるわけです。同じケースに関する相互コンサルテーションが複数のスタッフの間で行われれば、「チーム」での作戦会議になります。

事例レベルの「チーム」は、ケースごとに必要に応じて編成されては解散するというものです（第Ⅰ部を参照）。学校ではそれが臨機応変に繰り返されることになり、それらのプロセスから、異業種の専門家どうしが目的を共有して継続的に協働し合う関係が展開される、それが「コラボレーション（協働）」であるわけです。**「コラボレーション」とは、異なる専門性を有する者が相互方向的に協働作業することで、相互変容的な作用が働いて、よりよい援助サービスを形成し提供していくこと**です。

ところで、「コンサルテーション」という援助形態は、学校場面に限られるものではありません。コンサルテーションについて、共通理解されている定義を述べると、以下のようになります。

「ある領域の専門家（コンサルタント）が、別領域の専門家（コンサルティ）が抱えているケースあるいは状況に今後どう対応していけばよいのかに関して、コンサルタントの専門性からコンサルティに情報提供（作戦会議）や支援を与えること」（森，1999）。これはたとえば、会計コンサルタント、経営コンサルタントといった、幅広い領域のコンサルテーション活動もカバーできる定義です。

これを基本としたうえで、スクールカウンセリング活動におけるコンサルテーションを考える場合、まず、コミュニティ・メンタルヘルス（地域精神保健）活動の領域で確立された「コンサルテーション」について理解しておくことが大切です。

■キャプランによる定義

そもそもコミュニティを支援するための「コンサルテーション」の概念や方法を創案し確立したのは、地域精神保健活動で中心的活躍をしたキャプラン（Caplan, G.）であるといわれています。キャプランがコンサルテーションの考え方の重要性に気づいたのは、限られた時間の中で、専門家の数が十分でない状況において、障害を持つ多くの子どもた

ちを援助しなければならなかった彼自身の経験からきています(Caplan, 1970；山本，1986)。

建国間もないイスラエルにおいて，そこにはほとんど精神科医がいなかったため，キャプランは，いくつもの子どものための施設や病院で精神科医としての診察を依頼されたのですが，それらの施設一つひとつに出向き子どもたちすべてを診療することには時間的にも距離的にも限界がありました。仕方なく，それら子どもの施設で働いているスタッフと話し合うことに力を入れました。ところが，それが結果的にとても効果があったことが判明したのです。限られた時間・空間の中では，直接診察するとすれば少数の子どもしか対象にできません。それよりも，キャプランは，それらの施設で働くスタッフとともに，子どもの理解，現状の分析，より適切な対応等について十分な話し合いをするほうが，子どもを援助することができると考えました。それが結果的に多くの子どもたちに対する専門性の高い援助を可能にしたのです。

このような経験を契機にして，キャプランはコンサルテーションの考え方を発展させ，「**コンサルテーションは，2人の専門家―― 一方をコンサルタント (consultant) と呼び，他方をコンサルティ (consultee) と呼ぶ――の間の相互作用の一つの過程である。そしてコンサルタントがコンサルティに対して，コンサルティの抱えているクライエントの精神衛生に関係した特定の問題を，コンサルティの仕事の中でより効果的に解決できるよう援助する関係をいう**」と定義しました (Caplan, 1961, 1964, 1970；山本，1967, 1978, 1986)。

■コンサルテーションの目的とタイプ

コンサルテーションにおいて非常に重要なポイントを，キャプランは，彼の定義の中ではっきり伝えています。それは，コンサルティが抱えている問題を「コンサルティの仕事の中で」「より効果的に解決できるよう」援助する関係と述べている点です。コンサルタントが援助すべきは，効果的な問題解決という「課題」中心的なことであり，「仕事」に焦点が当てられます。従来のカウンセリングでは，個人の「心理」や「内面」「気持ち」に焦点が当てられ，その「人格」の変容を目的とする

のに対して，その相違は明らかでしょう。

また，**コンサルティ**は，そのケースに対して，コミュニティにおける援助の「**キーパーソン key-person**」であり，重要なリソース（援助資源）となります。そのキーパーソンの対応能力が増進することが，コミュニティ援助において重要な欠かせない要因となるのです。キャプランは，コンサルテーションの目的を，コンサルティ自身のためと，その人が属するコミュニティへ貢献する資源となるためという，2つの方向で整理しています（表5）。

表5　コンサルテーションの目的（黒沢，2004；Caplan, 1970を参考にして作成）

① コンサルティ自身が，現在の仕事における問題への対処と理解を高められるように，コンサルティを援助すること
② その経験を通して，将来類似の問題を克服するための能力を増進すること
（コンサルティの治療と混同してはならない。目的は，その職務能力の向上であって，幸福と健康の増進ではない）

コンサルテーションの目的のひとつ目は，コンサルティ自身の仕事への対処（現在のこと）であり，2つ目は，（もうコンサルタントの援助を受けなくても）**自分の力で自分の所属するコミュニティの中で自分の経験を生かして仕事上の応用問題を解けるようになること**（将来のこと）です。

スクールカウンセラーが教職員を援助するとしても，何かが起きるたびに助言を求められ，教職員自身の判断で対処することなくすべて頼られてしまうようなことになるとすれば，コンサルテーションの，とくに2つ目の目的について十分に達成できていないといえるかもしれません（でも，これくらい頼りにされるほど力量のあるスクールカウンセラーに，一度はなってみるのも悪くはないかもしれませんが）。

このようなコンサルテーションの目的を達成するために，さまざまな領域で行われるコンサルテーションの種類を，キャプラン（Caplan, 1963, 1964, 1970）は4つに類型化しています。学校場面でのこの4つのタイプのコンサルテーションを考えてみましょう（表6）。

学校場面では，たとえばスクールカウンセラーがコンサルタントに

なり，コンサルティが担任で，ケース（クライエント）はその学級の児童生徒であることがよくあります。

表6　コンサルテーションのタイプ（Caplan, 1970を参考にして作成）

① クライエント中心の事例コンサルテーション
　（Client-centered case consultation）
② コンサルティ中心の事例コンサルテーション
　（Consultee-centered case consultation）
③ 対策中心の管理的コンサルテーション
　（Program-centered administrative consultation）
④ コンサルティ中心の管理的コンサルテーション
　（Consultee-centered administrative consultation）

　4つの類型のうち，**① クライエント中心の事例コンサルテーション**であれば，児童生徒に焦点が当てられます。スクールカウンセラーであれば，担任らとチームを組み，児童生徒をどう理解してどのように対応するのがよいのかについて話し合うことになります。スクールカウンセラーも児童生徒と面接するなどの役割分担を含め，ともにケースに責任を負っている状況です。

　②コンサルティ中心の事例コンサルテーションは，①とは異なり，担任をどう支援するかに焦点が当てられます。ここでは，担任自身が児童生徒をどう理解し対応したらよいかについての情報や知見，自信が得られることが重要になります。たとえば月に1回の巡回カウンセラーであるなど，児童生徒に対しては直接接触したり役割を負ったりしないような，より外部的な立場から援助する状況がこれにあたります。

　③と④は，管理職や主任など管理的な立場の者がコンサルティになる場合です。**③対策中心の管理的コンサルテーション**は，問題解決のための組織的な「対策」などについて話し合い，ときには必要な制度の構築やプログラムの導入などに役立つ知見や援助を提供します。大学や専門機関の研究者等が協力する場合の仕事はこれに当てはまるものが多いでしょう。

　それに対し，**④コンサルティ中心の管理的コンサルテーション**は，管理職にある「人」を支援することを主眼におくもので，管理職自身がどうすればよいかについて話し合いを行い，管理職の判断の根拠になる

ような情報，知見を提供したり，ときには管理職に自信を得てもらうような対応が求められます。

　実際には，このように明確に4つに分類できるものではなく，各タイプが重複したり移行したりするものです。しかしながら，一口にコンサルテーションといっても，このようにいくつかのタイプがあり，今行っているのはどのタイプのコンサルテーションかを意識して進めることは，コンサルテーションの質を高めることにつながります。コンサルタント側だけでなく，コンサルティ側も，この中のどのタイプのコンサルテーションを自分たちが求めているのかを意識すると，自分たちのニーズが整理しやすくなるでしょう。

　たとえば③や④などの管理職中心のコンサルテーションは，経験の豊富なベテランの域にあるスクールカウンセラーや専門家に依頼されることが多くなりますし，①であれば，クライエントの見立てやアセスメントが的確にできることが求められます。たとえば精神科の医師などによるコンサルテーションは，そのケースの病気の有無などの診断についての情報提供が中心になり，①にあたるコンサルテーションになると思われます。②で大切になると思われる，コンサルティを元気にする，自信をつけてもらうといった支援は，むしろスクールカウンセラーなどの心理職の役割として重要になると思われます。

■ **コンサルティ側に欠如している問題の領域（コンサルティのニーズ）**

　キャプランは，事例コンサルテーションにおいて，コンサルティがケースに適切に対応できない原因，つまりコンサルティの側に欠如していることが問題となる領域を，4つに整理しています。そこでは，① **知識**，② **技術**，③ **自信**，④ **客観性のそれぞれの欠如**があげられ，初めの3領域以上に，④の客観性の欠如が問題であるとしています。さらに⑤ **役割（の適正さ）の欠如**が，その後指摘されるようになりました（Orford, 1992）。仕事をするうえで，自分がとるべき役割について，それが適正であるか，また，その役割に合法性があるかといった問題も，現在では重要なものとなっています。

　スクールカウンセリング活動において，コンサルティがコンサルテーションを求めるニーズとして，これら5つの領域（表7）があること

を認識しておく必要があるでしょう。

表7　事例コンサルテーションにおける
コンサルティ側のニーズの領域

① 知　識
② 技　術
③ 自　信
④ 客観性
⑤ 役　割

　①の知識の欠如，②の技術の欠如を，専門家として補い提供するためには，実践に活かすことのできる高い専門性と有用な技術がコンサルタントに身についていなければなりません。また，たとえコンサルティに知識と技術があったとしても，③の自信をなくしていれば，それらの知識や技術を思い出したり使ったりして役立てることはできません。コンサルティの自信をいかに回復させるか，また獲得させるかは，コンサルタントの大切な仕事であり，その手腕が求められるところです。

　さらに，④の職業的客観性が欠如すると，客観的な知覚と判断が妨げられてしまいます。コンサルティの何らかの問題がケース状況に投影されると，思い込みや決めつけが生じ，その結果，クライエントの肯定的な特性や変化への可能性に対し悲観的な認知をしてしまうことになります。たとえば，担任が自身の子育てに大きな困難を抱えていたとすれば，似たような状況にある児童生徒に対し，具体的な状況や可能性を検討せずに，非常に悲観的な判断をくだしてしまうことがあるかもしれません。そのような状況のコンサルティに対しては，知識の提供や，技術面での援助，あるいは自信をつけてもらうという方向の援助では十分ではなく，職業的な立場に基づいた客観性を取りもどすために，コンサルタントがとくに認知面への働きかけや援助を行うことが求められます。ここで大事なことは，「自信」と「客観性」は相互に無関係ではなく，「自信」が増すと「客観性」も回復し，逆に「客観性」が取りもどせると「自信」も回復することです。両者は相互に影響し合っているわけです。われわれのコンサルテーションのプロセスの研究からも，コンサルティ自身が，自分のできていることを認められるようになると，そ

れが「自信」となり，ケースに対しても，ケースが実際にやれている側面に気づけるようになり，「客観性」を取りもどしていくといったことが見いだされています（黒沢，2008）。

⑤の役割の欠如とは，たとえば，コンサルティである担任が，自身の本来の役割以外または以上の業務を行っていたり，そもそも担任自身がケースに対して，自身の役割が何であるのかを明確に把握していないがために，疲労していたり，ケースに対する適切な援助が行えていなかったりする場合のことです。たとえば，担任が保護者対応に苦しんでいる場合，担任以上の役割をとっていることが多いものです。コンサルタントが，担任としての適正な役割について明確化できることが，ここでの重要な業務となるわけです。

コンサルタントにとって，コンサルティのニーズがどの領域にあるのかを意識して，何を提供するのがよいかを把握することが，コンサルテーション上達のコツであるといえるでしょう。

2. カウンセリングやスーパービジョンとはどう違うのか

■似て非なる3種の相談・助言活動

「コンサルテーション」は日本語に訳すと，「相談活動」あるいは「指導・助言活動」ということになりますが，「カウンセリング」にしても「相談活動」ですし，「スーパービジョン」も「指導・助言活動」です。

したがって，「コンサルテーション」は，「カウンセリング」や「スーパービジョン」としばしば混同されてしまっているのですが，これらは相互に似て非なる活動であることを理解してください。

まず「カウンセリング」というのは，クライエント自身の問題に焦点を当てて行う相談活動のことです。しかし「コンサルテーション」というのは，相談の焦点はあくまでコンサルティの抱えている「ケースへの対応」にあるのであって，けっしてコンサルティ自身にどんな問題があるかに焦点化されるものではありません。

この辺を履き違えてしまうと，（これは笑い話ですが）コンサルテーションを行っていると称してコンサルタント（たとえばスクールカウンセラー）がコンサルティ（たとえば担任）に，「ところで先生の生育歴

は？」とか「先生のご家庭の問題は？」と問いかけるといったような話になってしまいます。もちろんこれは違います。「私（担任）」個人の話ではなくて児童生徒の話，児童生徒理解の指針や児童生徒への具体的な対応が重要であるはずです。

　また，「スーパービジョン」と「コンサルテーション」とは異なります。「スーパーバイザー――スーパーバイジー関係」と「コンサルタント――コンサルティ関係」とは全然違います。スーパーバイザーとスーパーバイジーは同職種です。一方，コンサルタントとコンサルティは，異業種なのです。

　スーパーバイザーとスーパーバイジーは同職種ですから，ここにはどうしてもそれなりの「上下関係」が持ち込まれます。もちろんスーパーバイザーが「上」で，スーパーバイジーは「下」でしょう。しかし，コンサルタントとコンサルティは異業種ですから，ここには「上下関係」はありません。なぜなら，軸が違うのですから。たとえていえば「ミカンと鮭ではどちらがよりうどんなの？」と言っているのと同じで，こうした上下関係の議論自体がナンセンスなのです。

　それでも，あえて上下関係を持ち込むとすれば，コンサルティの方が「上」となるでしょう。なぜならば，そのケースに責任を持って毎日関わっているのはコンサルティであり，コンサルタントは専門的知識の情報提供や対応への示唆を行うにすぎず，直接そのケースの責任をとる立場にはないのですから。これは，スクールカウンセラーの立場や責任を考えればよくわかります。スクールカウンセラーは確かに臨床心理の専門家ではありますが，学校でそのケースに直接の責任を負う立場ではありません。コンサルタントはあくまで「情報提供」や「示唆」をしているにすぎず，その情報を取捨選択する権利を持っているのはコンサルティのほうです。コンサルテーションはけっして「指導」ではないのです。

　その意味では，養護教諭と一般教諭は「コンサルタント――コンサルティ関係」になりやすいものです。専門性が互いに違うのですから。養護教諭はこのことを明確に意識しておくとよいでしょう。もし養護教諭が学級担任の学級経営の仕方を問題と感じ，そこに直接指導・助言するとしたら，これはもうコンサルテーションとはいえません。そうなると

養護教諭と学級担任の関係は，一気にぎくしゃくし始めるでしょう。担任は，養護教諭に学級経営についてスーパービジョンされる筋合いはないと感じるでしょう。逆も同じです。一般教諭が保健室経営のことで指導的に接したならば，うまくいかないでしょう。

■保護者コンサルテーション

「コンサルテーション」は，教職員に対してだけでなく，保護者に対しても行われるものです。学校において，教職員やスクールカウンセラーが保護者へ行う相談活動は，基本的に「コンサルテーション」であって，「カウンセリング」ではないととらえたほうが，よい関係性が築けます。保護者という表現自体，子どもが学校に在籍していることを前提に，その子どもを保護する立場の者であることを示しています。保護者との相談関係を「コンサルテーション」として考えれば，保護者のことを，"親"という子どもをよく知る専門家，援助のためのかけがえのないリソースとしてとらえやすくなり，よい結果を得やすくなります。

教職員や心理臨床の専門家の中にも，これらを混同している人もいますが，もし「保護者自身を指導・援助しなければならない」（児童生徒がどうこうというよりも）のであれば，これは，保護者が問題を持つ人であるとして「カウンセリング」や「スーパービジョン」を行うという扱いになりがちです。そうではなく，このような場合は，先ほどの表6の4つのコンサルテーションのタイプの2番目のタイプ，「コンサルティ中心の事例コンサルテーション」だと考えればよいわけです。これをきちんと意識して区別することをおすすめします。とくに教職員には，ぜひそのようにとらえて，保護者との面接を行ってほしいと思います。カウンセリングを学んだ教員の場合，保護者「カウンセリング」をしてしまわないように留意しましょう。また，一般的には教員の場合，保護者を指導する，つまり「スーパービジョン」をしてしまいがちかもしれません。これも，もちろん保護者との関係を壊してしまいますので，気をつける必要があります。

スクールカウンセラーなどカウンセリングや心理療法を得意とする者は，保護者個人に焦点を当てた（原因や問題を探したり，あるいは病理を見いだそうとするような）「カウンセリング」感覚で相談活動をし

てしまいがちです。しかし，それをしてしまうと，保護者と連携したり，チームを組んだりすることが困難な関係になり，学校場面での面接は有効に機能しないでしょう。

そうはいっても，実際には，児童生徒よりもむしろ保護者自身をより援助しなければならない事例がないとはいいません。それでも，スクールカウンセラーらは，保護者を児童生徒のかけがえのないリソースとして尊重する姿勢を重視し，保護者への治療的対応は別の相談機関と連携するなどの工夫をしたほうがよいでしょう。保護者へのより詳しい対応については，本書の続刊〈活用編〉で触れますので，参照してください。

■ 3種類の相談・助言活動の構造的特質

「コンサルテーション」および「カウンセリング」や「スーパービジョン」の差異について，構造的特質の観点から整理しておきます。コンサルテーションは，基本的に間接的援助を可能にする「三者関係構造」です。スーパービジョンは，相談者（スーパーバイジー）が，自身のケースへの対応について指導を受けるわけですから，やはり「三者関係構造」が成立します。それに対し，カウンセリングは，直接的援助を基本とする「二者関係構造」になります。（表8，図4参照）。

表8　コンサルテーションの構造的特徴と，他の援助法との比較（黒沢，2004）

相談者と被相談者の関係	コンサルテーション	カウンセリング	スーパービジョン
専門性の相違	異業種	（異業種） （クライエントは，専門家ではない）	同業種
関係性の構造	三者関係	二者関係	三者関係
上下関係	コンサルティが上 （主導権を持つ）	カウンセラーが上 （こころの問題の専門家）	スーパーバイザーが上 （権威ある指導者）
時間感覚	短期的	長期的	長期的

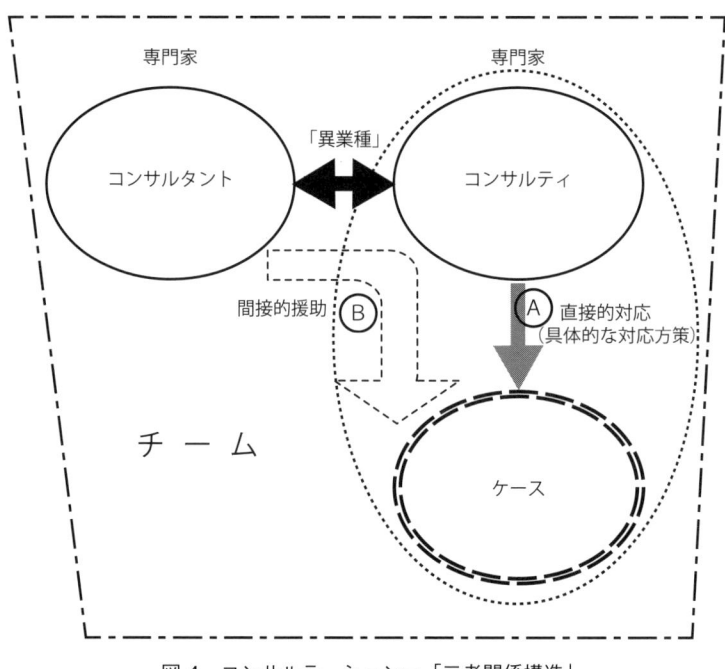

図4 コンサルテーション＝「三者関係構造」

a.「コンサルテーション」の構造的特徴
① コンサルティ（相談する側）とコンサルタント（相談を受ける側）は，原則的に「異業種」の専門家どうしであり，それぞれの専門性が異なることが前提となって行われる活動である。
② コンサルテーションの話の焦点は，コンサルティ自身のことではなく，コンサルティが受け持つケースへの具体的な対応方策（図4のA）のことであり，援助は「三者関係構造」で行われる（チーム対応の場合，コンサルタントの直接対応が発生する場合があるが，それはあくまで補助的なものであり，Aを中心に行われるようにすることが重要である）。
③ コンサルタントとコンサルティは，基本的には「対等」であるが，あえていえば，コンサルティは顧客であり，コンサルティのほうが「上」（主導権を握る）である。
④ コンサルテーションでは，援助関係の目的が明確であり（たとえ

ば危機介入等，対応方策の即時的な見解を見いだすことが主眼になるため），「時間制限」のある「短期的」関係である。

b.「カウンセリング」の構造的特徴
① カウンセラー（相談を受ける側）が（こころの領域の）専門家であり，クライエント（相談する側）は問題を抱える人である。「異業種」であっても，専門家どうしという前提によってではなく行われる活動である。
② カウンセリングの話の焦点は，クライエント自身のことであり，援助は「二者関係構造」で行われる（クライエントが関係するケースへの対応が仮に問題にされたとしても，それはクライエント自身の問題として扱われ，クライエントの心理的次元の問題に還元されて探求される，図5）。
③ カウンセラーとクライエントは，基本的には「対等」であるが，（アプローチによっては）カウンセラーのほうが「上」（こころの専門家としてプロ）であり，クライエントは素人であるという「医学モデル」の影響を受ける。
④ カウンセリングでは，その援助関係の目的が「人格」の変容等，抽象的なものである場合が多く，「長期的」関係をいとわない。

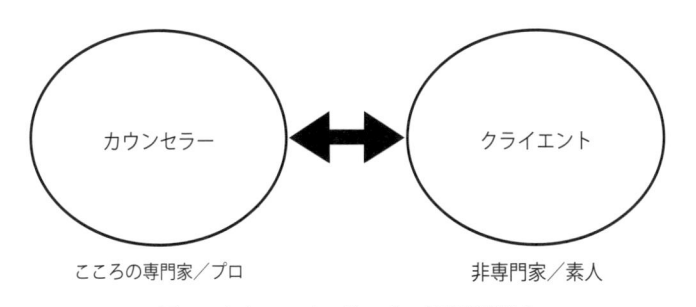

　　カウンセラー　⇔　クライエント
　こころの専門家／プロ　　　　非専門家／素人

図5　カウンセリング＝「二者関係構造」

c.「スーパービジョン」の構造的特徴
① スーパーバイジー（相談する側）とスーパーバイザー（相談を受

ける側）は，原則的に「同業種」の専門家どうしであり，共通の専門性を持つとともに，スーパーバイザーのほうがその専門性に精通していることが前提となって行われる活動である。

② スーパービジョンが「三者関係構造」で行われることは，コンサルテーションと同じであるが，その話の焦点は，スーパーバイジー自身のことの場合もあれば，スーパーバイジーが受け持つケースへの具体的な対応方策（仕事）のこともある。

③ スーパーバイザーとスーパーバイジーでは，「上下関係」があり，指導者の立場で権威を有するスーパーバイザーのほうが「上」である。

④ スーパービジョンでは，その関係は，専門家養成の指導であるため，一定の「長期的」関係になる場合が多い。

3. なぜ教育相談担当教員による担任コンサルテーションが難しいか

たとえば，教育相談担当教員が担任にコンサルテーションするといった，同じ教諭の資格で働いている者どうしの間でコンサルテーションを行うことは，実際は，思うほどたやすいことではありません。

教育相談担当教員と担任は同じ教諭の立場にあり，正確にいえば「異業種」ではありません。「同業種」の者からの専門的助言は，構造的にはスーパービジョンになります。また，「学校教育相談」の専門性ということ自体が，社会的にあるいはその学校内においてどの程度認知されているかが難しいところです。専門性として十分認知されていないのであれば，担任側は，「同業者」から専門家然として言われるものと感じ，余計なおせっかいだ，そんなことを言われる筋合はないといった抵抗が生じても，不思議はありません。

このスーパービジョンもどき以外にも注意すべきことがあります。教育相談担当教員は多くの場合，「カウンセリング」を研修等でよく学んでおり，カウンセリングの技量の高い人も多いのも事実です。だから，担任を，自動的にカウンセリング構造で援助しようとしてしまいやすいのです。コンサルテーションという援助方法が身についていないた

め，慣れ親しんでいるカウンセリング構造に安易に持っていってしまい，残念なことにそのことに気づかないわけです。担任が抵抗を覚えるのは，児童生徒のことを相談しているのに，同僚に自分がカウンセリングされているような対応をされることを快く感じないからでしょう。仮にカウンセリング構造による援助が，そのときは担任に受け入れられたとしても，職場の日常場面をともにする同僚とのカウンセリング関係の存在は，依存や守秘等の問題を引き起こしやすいものです。

教育相談担当教員が担任をコンサルテーションする場合，このような構造的な難しさ，あるいは盲点になるようなことがあるわけです。これらのことをきちんと留意したうえで，コンサルテーションの技術を磨く必要があります。

■教育相談担当教員による担任コンサルテーションのコツ

このような難しさを克服するための留意点，コツをいくつかあげてみます（黒沢，2001）。

a．ワンダウンの姿勢

事実上「同業種」関係の中での専門性は謙虚に表明しなければ受け入れてもらえません。たとえそれがある種の資格や学位に裏づけられた専門性であっても，当該コミュニティ（学校職場）においては，「同業種」仲間になるわけです。コンサルタント（教育相談担当教員）のほうが意識的にワンダウンの（ひとつ低い）姿勢をとること，つまり「同業種」である相手を十分尊重しながら，教育相談担当教員が持つ専門性を謙虚な姿勢で活用することが原則です。

b．相手をほめる，ねぎらう

コンサルティのやれていること，少しでもうまく対処していること，あるいは持っている力，リソース（資源・資質）を指摘して，きちんとほめる，評価する，ねぎらうことです。教育相談担当教員の専門性が何であるかと問われれば，まず，教育相談の技術やメンタルヘルスの知識よりも，同じ職場にいることで，それぞれの担任のリソースや，やれていることをきちんと見いだしフィードバックできること，そのセンス

と技術を磨いていることだと思います。教育相談担当教員が，担任を結果的に元気にすることに貢献できなければ，仮に専門知識を多く持っていても，価値はないでしょう。

　学校職場では，小さな専門家になるよりも，相手を賞賛できる謙虚な素人であるほうが，きっとよいコンサルタントになると思います。

　　c．協働の姿勢（相互コンサルテーション）
　教育相談担当教員が，専門的情報を一方的に担任に提供するものではありません。担任からもケースの情報をもらい，ケースのとらえ方を学ぶことになります。相手もケースに対するその立場の専門家ですから，相互にコンサルテーションする関係であると考えることが重要です。ここから「相互コンサルテーション」，ひいては「コラボレーション」という協働的な仕事に発展していくことになります。相互変容，つまり教育相談担当教員も担任とともによりよく変容し，その学校のスクールカウンセリング機能が総合的によい形態に変容することにつなげていくという発想です。

　　d．チーム援助
　この場合，外部からのコンサルテーションではありませんから，コンサルタントである教育相談担当教員も，ケースへの対応チームの一員です。したがって，それは実際にはコンサルテーションというより，チーム・ミーティングであるととらえられます。あるいはケース対応についての「作戦会議」です。そして，チーム・ミーティングで話し合われるべきことは，チームメンバーそれぞれの役割分担についてであり，一方的に指示や指摘をすることではありません。

　　e．コーディネーター
　コーディネーターとは「調整役」「つなぎ役」のことです。学校内外のソーシャル・リソース（社会資源・他機関）を見立てネットワークする力が，教育相談担当教員に求められます。自分ひとりの力で何かするというよりも，スクールカウンセラーの窓口になり，担任や学校がスクールカウンセラーを使えるようにアレンジしたりすることが，教育相

談担当教員に必要な動きです。教育相談担当教員は，特別支援教育においても「コーディネーター」役を担うことが多く，コーディネーターとしての力量を備えていることが非常に重要です。

■「専門家」としての教育相談担当教員

　小さな専門家より，相手を賞賛できる謙虚な素人のほうがよいと先に述べましたが，しかし，教育相談担当教員は，他の立場の教職員が十分に持ちえない専門的知識やスキルを可能な限り習得し磨いておくことが必要とされます。またその「専門性」を認知してもらえるように，日々研鑽する用意がなくてはなりません。それはカウンセリング・マインドといった姿勢やスタンスのようなものにとどまるのではなく，たとえば発達障害についての知識や対応スキル，事件・事故・災害・精神疾患の発症等への緊急対応や危機介入のマニュアルづくり，あるいは，ソーシャルスキルやピア・サポート等の開発的・予防的心理教育プログラムの指導推進者になる使命があることも忘れてはなりません。

■システム構築者としての教育相談担当教員

　学校の中で，教育相談担当教員のコンサルテーションが機能するようになるためには，校務分掌をはじめとしたシステムのよりよい構築が図られなければなりません。学校システム全体における教育相談担当教員の位置づけや役割の付与についても，きちんと考慮されることが必要でしょう。なぜなら，教育相談担当教員の仕事の領域や権限は，（個人の努力を超えて）設定された立場やシステムに左右される側面を持つからです。また教育相談担当教員の仕事として，外部専門機関との連携システムの構築が重要なものになります。特別支援教育の担当である場合，外部専門家チームやボランティア・スタッフを含む特別支援教育のシステム構築も行うことになります。その場合，特別支援教育対象の児童生徒と，そうではないけれども援助ニーズを有する児童生徒への相談支援システムの兼ね合いやバランスも考えて校内システムをつくる必要があるでしょう（システム構築のテーマについては，さらに第Ⅱ部第5章を参照してください）。

繰り返しますが，コンサルテーション，カウンセリング，スーパービジョン，これら三者の構造的特質の異同がきちんと概念整理されていれば，実践場面において，これらの混同から生じる弊害を避けることができるでしょう。これら構造的特質（異同）の整理は，その対人援助活動を成功させるための有用な概念ツールです。

本書では，「スクールカウンセリング」という表現が一般になじみやすいため，「カウンセリング」という表現を広義に用いていますが，コミュニティのさまざまな立場の者が，それぞれの専門性を活かし合いながら，「協働」（コラボレーション）していく活動が大切であると考えています。その意味では，スクールカウンセリングではなくて，スクールコンサルテーションと呼んでもよいのかもしれません。高須・宮田（2001）は，「キャプランの定義を超えて，教師による生徒に関するすべての教育活動を"教育コンサルテーション"という枠組みで捉える」と表現し，その枠組みでとらえることにより「教育相談と生徒指導という対立が解消されるだけでなく，対象者（児童生徒，同僚教師，保護者）が誰であれ，すべての人がコンサルティとなりうる」と述べています。教育コンサルテーションという考え方を導入する意義については，非治療モデル，コンサルティの主体性の尊重，生態学的視点の3つの利点があげられています。この考えは，われわれの主張していることとほぼ一致してるといえます。

4. コンサルテーションの手順

■コンサルティに自信をつけてもらう

コンサルテーションの定義は，もう皆さんの中に十分にたたき込んでいただけたに違いありません。コミュニティ心理学の大家であるキャプランの説をひもといて，コンサルテーションの4つのタイプを知り，そして，コンサルテーションの目的についても，コンサルティのニーズ領域についても，十分理解に至ったことと思います。

では，ここで復習ミニ・テストです。コンサルティにはどんなニーズがあってコンサルテーションを求めると考えられるでしょうか。その5つを答えてください。

「知識」「技術」「自信」「客観性」「役割」の5つですね。これがスラスラ出てくるようなら，かなりよく学んでいただけたといえます。

さて，**コンサルテーションの目的**について，われわれの言葉でもう一度明解に述べるとすれば，**コンサルティのできること（行動指針）を明らかにし，それをコンサルティが実際に行い，できたことに満足感や達成感が得られるようにする**ことです。

つまり，その目的は，コンサルティに自信をつけてもらうことでもありますが，自信は，実際にやれて本人がそれに満足できたという体験から初めて得られるものです。ほんまの自信は，や̇れ̇て̇な̇ん̇ぼ̇（実際にできて初めて価値になる）で身につくものでしょう。このようなコンサルテーションの目的を達成するためには手順が必要となるかもしれません。次にそれを解説しましょう。

■コンサルテーションの手順

われわれは，スクールカウンセリング活動の実践経験から，効果的なコンサルテーションの手順を10段階にまとめています（表9）。

表9　コンサルテーションの手順（10段階）

---

① コンサルティとケースとの関係，ケースの具体的なイメージを確認する
② 必要最小限の情報確認をする。話は，（コメントなしで）具体的に聞く
③ コンサルティにとって，「ここで何が話し合われたらよいか」を聞く（ニーズ・アセスメント）。そして，表明されたニーズに沿って，相談を展開する
④ コンサルティにとって，「ケースが，最低限どうなっていればよいのか」を確認する（ゴール・セッティング）
⑤ 「ケースにとってのゴールは何なのか」をコンサルティに確認する
⑥ コンサルティにできることは何か（コンサルティの立場でできること，あるいはコンサルティでなければできないことを確認する）。「今までのケースへの関わりで，すでにやれていること，うまくいっていることは何か」を確認する
⑦ コンサルタントにできることは何かを話し合う（専門的情報や，さまざまな介入方略メニューの提示，「たたき台」の提案）
⑧ ゴールへのプロセスに関する具体的な手順を話し合う。
⑨ 必ず，コンサルティをねぎらい（よい面を評価し）支持する。またケースのよい面（よい兆し）を見つけて伝える
⑩ 具体的な行動指針（おみやげ）を提示し，元気になって帰ってもらう

---

① コンサルティとケースとの関係，ケースの具体的なイメージを確認する

　まず，ケースの情報確認をするわけですが，コンサルテーションの場合，コンサルタントがケースのことを直接知らないで話を聞く場合が少なくありません（とくに外部専門家の場合）。そのため，ケースのイメージが具体的に思い浮かぶように，外見（身長，体重，体型，顔立ち，表情，髪型，服装，物腰）をしっかり確認することが大切です。また，コンサルティがケースとどのような関係にあるのかも，知らないのなら確認する必要があります。学校では，コンサルティが担任なのか，学年主任なのか，養護教諭なのかなどの立場によって，実際の関わりも動きも異なります。①で確認することは当たり前のことのようですが，カウンセリングのやり方に慣れてしまっていると，思いのほか，ケースの外見やイメージをわざわざ確認したりしませんし，また，コンサルティの立場などを聞かずに，いきなりケースのことについて聞き始めてしまうことが少なくありません（カウンセリングなら，二者構造のため，クライエントは目の前にいますから，外見などを確認する必要がありませんが，その見た感じから私たちは多くの情報を得て，見立てに活かしているものです）。コンサルテーションでは，業務上の効果的な解決をめざすわけですから，短時間・短期間が勝負です。初めから効率よくケースのイメージ合わせをして，無駄なく状況を把握して進めていくことが求められます。

② 必要最小限の情報確認をする。話は，（コメントなしで）具体的に聞く

　ケースの問題について，一言で語るとすればどのようなことなのか，それをまず確認します。「不登校」「暴力的な言動」「盗癖」「ネグレクトの疑い」など，まず一言で表現してもらいます。そして，その問題に関するこれまでの具体的な経緯について，コンサルティの関わりを中心に要領よく聞きます。そのときに，コンサルティの気持ちに共感し気持ちを明確化するようなコメントを差しはさむと（カウンセリングの技法がよく身についている人ほどやりがちです），話がケースからそれて，コンサルティ自身の「気持ち」に焦点が移ってしまいます。確かに，コンサルティのたいへんさや困難さに共感することは，信頼関係づくりにも大切なことですが，コンサルテーションでは，そのような気持ちに対し

ては非言語的な（うなずきや表情などによる）共感にとどめ，言語的には事実関係を確認し，コンサルテーションに役立つリソースや状況についての情報収集に徹することです。限られた時間でよいコンサルテーションを行うには，具体的な状況把握に基づいた話し合いが必要です。カウンセリングに比べて，一見事務的でドライに感じられるようでも，そのほうが結果的に，コンサルティへのよいサービスになることを忘れないでください。

③ コンサルティにとって，「ここで何が話し合われたらよいか」を聞く（ニーズ・アセスメント）。そして，表明されたニーズに沿って，相談を展開する

①と②で相談の概要が把握されたところで，今回このコンサルテーションで，何が話し合われたらよいかについて尋ねます。たとえば，不登校ケースの相談であった場合，登校できるようになる方策について話し合うものと，当然のように考えてしまいがちですが，実際にコンサルティのニーズを聞いてみると，実は今日の放課後に家庭訪問をするかどうか迷っているので相談したいということであるかもしれません。第Ⅰ部でも述べたように，ニーズは聞いてみないとわからないものです。コンサルタントは，必ずニーズを確認し，ニーズに沿った話し合いをしていくことが求められます。

④ コンサルティにとって，「ケースが，最低限どうなっていればよいのか」を確認する（ゴール・セッティング）

コンサルテーションは三者構造ですから，これからどうなったらよいと考えているか，つまりゴールが，目の前のコンサルティと当該ケースの間で，一致しているとは限りません。

④では，まず，コンサルティのゴールを設定できるように話し合います。コンサルタントは，ケースが最低限どうなればひとまずの目標を達成したことになるとコンサルティが考えているのかを確認します。最低限という言葉をわざわざ入れているのは，ケースがどうなってほしいかは，欲をいえばきりがないからです。実際のところ，ケースが児童生徒で，コンサルティが教職員や保護者の場合，児童生徒に対し，たとえ

ば暴力を振るわないだけでなく，もっと授業態度もよくなり，もっと友人関係も改善して，もっと勉強にも取り組み，といった具合に，あれもこれも改善したらよいと考えるものです。気持ちはもっともですが，このようにコンサルティの目標が拡散してしまっては，コンサルテーションを焦点化して進めていくことはできません。ですから，ここではまずケースの改善に向けての当面のラインを検討し，コンサルティの目標ラインを明確化することが大切です。

結果的には，ケースに対して最低限と考えていた目標ラインの改善が実現すると，おのずと他のことも付随してよくなっていくことが多いものです。

⑤「ケースにとってのゴールは何なのか」をコンサルティに確認する

ところで，ケース自身は自分がどうなればよいと思っているのでしょうか。⑤では，ここまでとは視点を変えて，今度はケースの立場に立って，ケース自身はどうなればよいと思っているのかについてコンサルティに考えてもらいます。

たとえば不登校のケースの場合，コンサルティは学校に登校できるようになること，最低限，相談室に定期的に行けるようになることをゴールだと考えていても，ケースである児童生徒は，学校のことではなく，たとえば暴力的な父親から離れることをゴールとして望んでいるかもしれません。ケースが何をゴールと考えているかについては，コンサルタントから尋ねられてコンサルティは初めて考えるようになることがほとんどです。ケースが自分のゴールをどう考えているのかということは，コンサルティは一度は考えておくべき重要な点です。

④や⑤をコンサルタントに尋ねられ，それをともに話し合って吟味するなかで，コンサルティが「客観性」を取りもどしていきます。

⑥ コンサルティにできることは何か（コンサルティの立場でできること，あるいはコンサルティでなければできないこと）を確認する。「今までのケースへの関わりで，すでにやれていること，うまくいっていることは何か」を確認する

実際に④や⑤のゴールに向けて，コンサルティにできること，コン

サルティでなければできないことについて，コンサルティに尋ねるとともに一緒に考えていきます。また，コンサルティの立場ではできないことも確認します。コンサルティのニーズの領域のひとつに「役割」が含まれていたように，コンサルティにとっての適正な「役割」を明らかにしておくことです。

そして，そのケースへの対応方略を考えるうえで，単に新たに何をすればよいかについてだけではなく，今までの関わりの中で，すでにどの点はうまくやれているのかを見いだすことが重要です。すでに行った解決努力の中から有効なこと，たまたまうまくいったこと，少なくともどんな関わりは悪くないのか，続いてもよいのかを拾い上げて整理していくのです。そこに有効な対応方略がある可能性が高いわけですから。

この作業を通して，コンサルティが自分のやれていることを確認し，「自信」を得ることがもうひとつのねらいです。もし仮に，今までの自分の対応は何ひとつうまくいっていないと，コンサルティが感じているのであれば，いくら新たな対応方略を検討しても「自信」が持てず，うまく前に進めないかもしれません。

⑦ コンサルタントにできることは何かを話し合う（専門的情報や，さまざまな対応方略メニューの提示，「たたき台」の提案）

次に⑦では，今度はコンサルタントにできることを話し合います。コンサルタントはそのケースの問題について，何らかの専門性を持ち合わせているはずですから，ケース理解やケース対応に役立つ専門的「知識」を提供したり，関わり方の「技術」について専門的な経験を伝えたりすることができるでしょう。また，コンサルタントは⑥のコンサルティのうまくいった対応などの情報から，ケース対応についての「たたき台」を提案できるかもしれません。ここはコンサルタントの専門性の本領を発揮するところです。

ただし，理想論やコンサルティの力量に合わないことを提示したり提案したりしても意味がありません。ここでは，③で出されたニーズに沿ったもので，④と⑤において話し合われたゴールのレベルを考慮して，⑥のコンサルティのやれることを活かしつつ，コンサルタントの立場や役割からできること，考えられることを提示することになります。

⑧ ゴールへのプロセスに関する具体的な手順を話し合う

　今までの話し合いを土台にして，そのケースに対して，いつ，どこで，誰が，何を，どうやって行うかの，具体的な手順を話し合います。このコンサルテーションが終了して，コンサルティがすぐにまず何からやればよいのかがはっきりわかっている状態になるようにします。

　たとえば，不登校のケースの家庭訪問に行くのであれば，このあとの休み時間にまずケースの自宅に電話をかけ，もし家族が出た場合，どのように話をするのか，その台詞まで具体的に相談したりします。そして，その次にどうするか，といった具合に，具体的な手順を話し合うのです。

⑨ 必ず，コンサルティをねぎらい（よい面を評価し），支持する。またケースのよい面（少しでもよい兆し）を見つけて伝える

　現場で，日々，ケースに責任を持ち，困難な中でも対応しているのは，コンサルティです。今までのコンサルテーションの流れの中で，コンサルティのさまざまな内的・外的なリソースが見つかっているはずです（見つからないようなコンサルテーションを展開しないでくださいね）。

　それをねぎらい，肯定的な側面を伝えます。これからもそのケースに対応していくのはコンサルティですから，コンサルタントは徹底的にサポートする姿勢を伝えます。コンサルティに「自信」を持って事に当たってもらうためには，コンサルタントが味方として応援していることをしっかり伝えることが重要です。

　さらに，ケースにも何らかのやれている面，よい面があるはずです。なかなかそのような面が見いだせなくとも，ほんの少しの兆しや可能性でもよいので，ケースに関しても肯定的な側面を伝えることが，思いのほか重要です。たとえば，コンサルティが母親なら，自分のよい面やできていることをねぎらわれるよりも，ケースである子どものよい面について伝えられたほうが力になることが少なくありません。これはコンサルティが担任などの場合にも当てはまることが多いです。

⑩ 具体的な行動指針（おみやげ）を提示し，元気になって帰ってもらう

気持ちは救われたが，結局何をやったらよいのかわからない，といった状態でコンサルテーションを終えてはいけません。⑧で話し合ったことを確認し，必ず何か具体的な行動の指針や手順を持ち帰ってもらえるようにすることです。
　また，そんなことはやれそうにないといった重い気持ちでコンサルティを帰しても意味がありません。コンサルテーションが自信のない気持ちやがっかりした気持ちで終わるなら，やらなかったほうがましです。コンサルティが，「これからやってみよう！　なんとかやれそうだ！」と感じられ，エンパワーされた状態で帰れることが重要です。笑いのひとつでもとって，笑顔で帰ってもらいましょう。

　さあ，ここまでやれれば，コンサルテーションの腕は大したものです。教職員コンサルテーション，保護者コンサルテーションの腕をどんどん磨いてください。

5. 学校コンサルテーションの実際感覚

■時間と空間の感覚
　コンサルテーションの実際を考えるときに忘れてはならないことは，時間感覚です。**コンサルテーションは，だいたい15分くらい，長くても30分くらいで行う時間感覚**を持つことが適当です。これに対し，カウンセリングの時間感覚は50分〜1時間ぐらいでしょう。ですから，カウンセリング的な時間の流れに比べて，コンサルテーションは，テンポが早くなります。コンサルタントのほうからポンポンと事実確認や質問を行いながら進め，テンポよく展開できるように時間の流れをつくっていくわけです。
　援助形態でいえば，カウンセリングやセラピーが時間的行為であるのに対し，**コンサルテーションは空間的行為**であるともいえるでしょう。カウンセリング／セラピーは，一般的には，密室的ともいわれるように，限られた対象関係の間で，長く時間をかけて行われるものですが，コンサルテーションは，時間は短く，しかし空間的にはいくらでも広がりを持って行われるものです（だから，ソーシャル「リソース」や「ネット

ワーク」が大事です）。コンサルテーションのほうが，学校コミュニティの時空間的特徴にフィットするであろうことは，容易に理解できるでしょう。

■誰からも声をかけてもらいやすくする

　もうひとつ，押さえておかなければいけないことは，コンサルテーションの前提となる動きです。その意味でコンサルテーションにまつわる仕事は，相談室の中だけで行うものではありません。たとえば，スクールカウンセラーであれ，養護教諭であれ，職員室の中とか，廊下とか，トイレの中でも，それこそいたるところで（児童生徒がいないなどの周囲の状況を瞬時に確認したうえで），教職員とは児童生徒についての話を交わすわけです。こうした「相談室の外」での動きが，とても重要です。少なくとも，スクールカウンセラーは「部屋の中にいて，誰かがやってくるのをじっと待っている」ということでは，コンサルテーションはうまく運びません。とにかく相談室の外に出ていくことが大事です。それが「コミュニティの中で動く」という意味です。相談室の中にこもらないことです。

　第Ⅰ部「9 ジョイニング」のところでも述べましたが，いろいろなところに顔を出しながら，いろいろな人たちと**「関係づくり」**をして，また学校コミュニティを観察し，情報収集し，アセスメントするわけです。そうすることで，その学校に即した適切な対応方針も導き出しやすくなりますし，それとともに外的リソースをたくさん発掘しておくこともできるのです。「関係づくり」ですから，別にスパイをしているのではなくて，**誰からも安心して声をかけてもらいやすくする**わけです。これは，養護教諭の場合も同じで，学校で力を発揮している養護教諭の動きを見ていれば，それがよくわかります。

　スクールカウンセラーの場合，教職員とは，専門性の違う別領域の人間であるわけですが，それでも「仲間」だと感じてもらわなくては仕事になりません。「チーム」のところでも述べましたが，「味方どうし」の関係が，何よりコンサルテーションの前提になるわけです。

　（さらに，本書の続刊〈活用編〉では，コンサルテーション実践に役立つ実用的なモデルやツール，たとえば，「コンサルテーション 11 ス

テップ」ワークシートなどについて紹介します。合わせてご利用ください)

第3章 心理教育プログラム

1.「心理教育プログラム」とは何か

　スクールカウンセリングは個別相談が中心となる活動ととらえている方も多いと思いますが，スクールカウンセリング活動は「**心理教育に始まり心理教育に終わる**」といっても過言ではありません。心理教育によって，まず児童生徒や保護者全体の自己対処力の向上をめざします。しかし，悩みによってはその個別性や深刻度が高いために，集団への全体的な心理教育プログラムでは不十分となるかもしれません。その不十分さを補う対応として個別相談が設定されると考えることもできます。つまり，心理教育プログラムの補完的メニューとして個別相談やコンサルテーションなどが位置づけられるのです。学校における心理教育・健康教育を重視し，全児童生徒の心理的健康の向上をめざすのがスクールカウンセリング活動を担う者の中心的な役割であると，ぜひともとらえてください。

　さて，「**心理教育プログラム psycho-educational program**」とは，「**集団的な関わりを通して，子どもたちのこころの発達および健康を支援していく，通常プログラム化された活動**」のことです。精神保健／心理臨床／教育心理領域における集団を対象とした**問題解決的・予防的・開発的**な教育プログラムといってもよいでしょう。

　問題解決的プログラムは，発生したさまざまな「問題」に対して，どのように認識しどう取り組むことが解決につながっていくかを集団で考え，具体的に実行するプログラムです。学級内でいじめやからかいが発生した場合に，どのように考えていけばよいか学級全員で話し合うといったものがあります。

　予防的プログラムは，問題行動や精神的不調，ときには精神疾患を予防するための正しい知識の習得や自己対処方法などが含まれます。た

とえば，薬物乱用や摂食障害予防のために，薬物やダイエットについての基礎知識を伝えたり，薬物摂取や過剰なダイエット行動の危険性を認識させるためのプログラムなどがあります。あるいは，ストレスについて，ストレスがたまってそれをうまく解消できないことで，イライラや体調不良が生じるといったメカニズムの理解を促し，適切なストレスコントロールの方法を学ぶ**ストレスマネジメントプログラム**が行われることもあります。"うつ"になりやすい考え方など"うつ"のメカニズムを学び，小・中学生の段階から"うつ"の予防をめざすプログラムもあります。

　開発的プログラムとしては，体験学習により心理的な成長を促進したり，新たなスキルを獲得したりするためのさまざまなものがあります。簡単な心理テストを行って自分の性格，あるいは考え方や行動の傾向を知り自己理解を深めるものや，エンカウンターグループのようなグループ体験を通して自己理解や他者理解を深めるものがあります。**対人関係のスキル訓練，キャリアガイダンス**なども開発的プログラムです。

　「学校」という教育の場であるからこそ，さまざまな心理教育の可能性が広がります。卒業後の人生のさまざまな局面において，自分を活かし他者を尊重し，こころの健康を維持・増進できる個人を育てる役割が，今，学校に求められていると思います。そこで学校における心理教育は，今現在の問題へ取り組むための「問題解決的」なものだけではなく，問題発生を予防する「予防的」なものや，学校生活はもちろん，それのみならず将来役立つことをめざす「開発的」なものが重要となるのです。

　ただ，こうした3つの分類は便宜的なもので，ひとつの心理教育プログラムが，必ずどこかひとつに分類されるというわけでもなく，いくつもの目的を合わせ持っているプログラムもあります。たとえば，人と人との出会いを大切にして，お互いを尊重しながらの自由な関わり合いを体験するための**エンカウンターグループ**（☞ p.171 参照）は，基本的には「開発的」な心理教育プログラムとして行われます。しかし，たとえばこのプログラムが学級で行われていれば，学級でのさまざまな問題の発生を未然に防ぐ「予防的」プログラムとして位置づけることもできるでしょう。またエンカウンターグループでの体験がベースにあると，仲間内でこころを開いて話し合うことが可能となり，問題解決的な効果

も期待できるでしょう。

　最近では，仲間（ピア）どうしの関わり合いや支え合いの大切さを学び，実際に支え合いをどのように行っていくかを体験的に学ぶ**ピア・サポート**（☞ p.171 参照）にも注目が集まっています。このプログラムも，ピア・サポーターとなる児童生徒本人の成長を促進するという意味で「開発的」であり，またうまくピア・サポートが機能すれば，いじめを受けていた子どもや不登校気味だった子どもへの，周囲の仲間からの関わりが充実し，いじめや不登校を防ぐ「予防的」な効果も期待できます。また，実際に友人の悩みの相談に応じるなかで「問題解決的」な効果をもたらされるでしょう。

　このように心理教育プログラムは，そのやり方によって多様な効果を生み出すことができます。そしてこれらは，**学校教育から離れた特別なものではなく，日常の教科の授業の中で行うことも可能**です。実際，学級の児童生徒間の関係をよくするために，学級担任が構成的エンカウンターグループを行う場合もあります。また生徒会活動や保健委員会の活動としてピア・サポート・プログラムが実施され，具体的な実践成果を上げているところもあります（中野ら，2002）。

　学校生活や日常生活で受けるストレスに対応していくために，**ストレスマネジメント**（☞ p.172 参照）が実施されることもあります。受験前の準備教育の一環として取り入れている学校もあります。日常生活上のスキルについて学び，不適切なスキルを適切なスキルに変えていくための**ソーシャルスキル・トレーニング（SST）**（☞ p.172 参照）を学校内で行う場合もあります。相手に対して怒りを感じた場合の自分の感情のコントロールをどう体得するかに関する**アンガーマネジメント**（☞ p.173 参照）も学校現場で実施されています。自分の権利と他者の権利をともに尊重し，自分の気持ちや考えを適切に主張していくことを学ぶ**アサーション・トレーニング**（☞ p.173 参照）は，ソーシャルスキルやピア・サポートのトレーニングの一部としても行われています。

　このようなプログラムは，個人ではなく集団で行うことでより大きな効果を期待できます。集団で行うことによって，同じ立場のメンバーどうしの交流が生まれたり，互いに支え合うこと，思いを伝え合うこと

が体験できます。つまり**グループダイナミクス**を活用できるということです。集団がある程度守られた擬似社会空間となり、その中で自分の行動に対するフィードバックをメンバーから受けることで、児童生徒が社会に出ていくための有益な体験を得る場合もあります。こういった集団の力を存分に利用するのが、心理教育プログラムの大きな特徴です。

また、実際に**体験**するということも重要な点です。集団内で考えていくことだけでも体験なのですが、具体的場面を想定して話し合ったり、ときには役割を演じる（ロールプレイ）こともあります。言葉のみではなく身体で感じ体得していくことが、心理教育プログラムの中では重視されるでしょう。

2. 心理教育プログラムの4要素

ここまで比較的よく実施されている代表的な心理教育プログラムをいくつか紹介してきましたが、他にもまだまだたくさんあります。こうした多様な心理教育プログラムを4つの要素、すなわち「対象」「テーマ」「キャスティング」「方法」から整理してみましょう（表10参照）。

1) 対象

心理教育プログラムの「**対象**」が誰であるのか、また何人がそこに参加するのかは、プログラムの内容・進め方をも規定する重要な要素となります。表10では、わかりやすく対象を「児童生徒」「保護者」「教職員」に分け、それぞれの規模を示す項目を並べてあります。

さらに細かく心理教育プログラムの対象を考えるうえで、Durlak（1997）の一次予防アプローチ分類も参考になるでしょう。Durlakは、一次予防のアプローチを、その標的となる集団別に「普遍的アプローチ」「高リスクアプローチ」「転機アプローチ」の3つに分けています（図6参照）。

「**一次予防**」というのは、予防医学上の概念で、**疾患や不調の発生を予防するために行われる、基本的に健康な集団に対する介入**のことです。ちなみに「二次予防」「三次予防」というのもあって、「二次予防」というのは、すでに疾患を持っている人や不調が生じている人を、早期に発

表10　心理教育プログラムの4要素

1) 対象	〈児童生徒〉・全校児童生徒・学年別・クラス別 　　　　　・選択授業・生徒会・希望者 〈保護者〉・全保護者・会合参加者・希望者 〈教職員〉・教職員研修・有志の勉強会・学年会
2) テーマ	〈狭義の心理教育〉＊問題解決的／予防的 ・精神疾患や異常心理に関連したもの（うつ，薬物依存など） ・いじめや不登校など特定の心理に関連したもの ・性格や対人関係，こころの発達など通常心理に関連したもの ・性や心身症など身体的問題に関連したもの（性感染症，摂食障害など） 〈広義の心理教育〉＊開発的 ・児童生徒の相互のサポート力向上（ピア・サポートなど） ・社会生活を送るうえでのスキル向上（SSTなど） ・地域文化・福祉・ボランティア　他
3) キャスティング	・スクールカウンセラー・外部機関の専門家 ・養護教諭・地域で活躍している人々 ・一般教諭・卒業生・児童生徒
4) 方法	〈伝達型〉・講演会・講話・話題提供 〈一部参加型〉・ワークショップ 〈参加型〉・（構成的）エンカウンターグループ，ピア・サポートなど 〈紙面型〉・クラス通信・保健室だより・相談室だより ・掲示・パンフレット 〈インターネット型〉・ホームページ　など

見して早期に介入すること，「三次予防」とは，リハビリテーションおよびすでにある疾患や不調をそれ以上悪化させない，または再発させないための介入をさします。この一次予防から三次予防の概念を学校場面に応用した考え方が，第Ⅱ部第1章「個別相談」で提示した学校心理学の3段階の心理教育的援助サービスです。そして心理教育プログラムは，とくに「一次予防」と密接に関連するものです。

　図6をご覧ください。これは一次予防の概要を示したものですが，この図の「**普遍的アプローチ**」の，**基本的な対象は，そのコミュニティ・メンバー全員**ということになります。「**高リスクアプローチ**」では，**問題発生のリスクが高い人々**がその対象となります。また「**転機アプローチ**」は，**人生の大きな転機を迎えつつある，もしくは迎えている人々**（たとえば新入生や転校生，両親が離婚協議中あるいは別離直後である児童生徒など）への介入のことをさします。

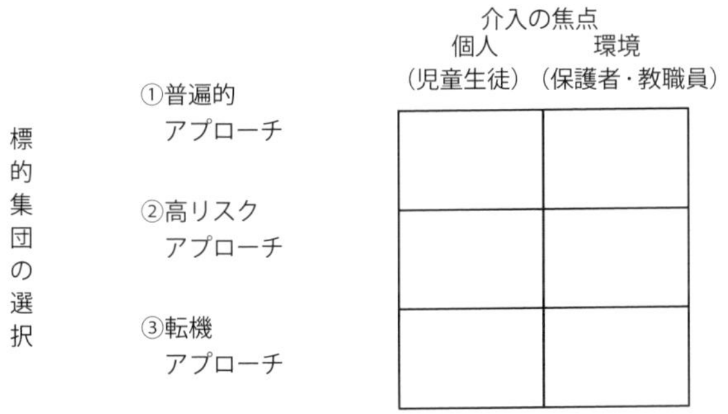

	介入の焦点	
	個人 （児童生徒）	環境 （保護者・教職員）
①普遍的アプローチ		
②高リスクアプローチ		
③転機アプローチ		

（左側：標的集団の選択）

図6　一次予防のアプローチの概要（Durlak, 1997 を一部改変）

　通常「転機」群というのは「高リスク」群ですから，この2つをあえて分ける必要もないのかもしれず，「転機」群は「高リスク」群に完全に包含されます。ただ，「転機」に臨んでいない「高リスク」群というのもあって，その意味で，「高リスク」群のほうが「転機」群と比べて数は多くなります。したがって対象者数でいうと，「普遍」群は全員ですから最も多く，次に「高リスク」群，「転機」群が最も少ないという順になるでしょう。

　「ニーズ」の観点から見ると，「高リスク」群や「転機」群は，ニーズが高いと推測される群であり，そうした人々をピックアップ（抽出）して対応しましょうというのが「高リスクアプローチ」「転機アプローチ」です。この場合，「転機」群にあたる人を抽出する作業のほうが容易です（たとえば「新入生・転入生」など指標が明確ですから）。「高リスク」群の抽出は，何らかの調査や検査・測定を行わないとできない場合が多いので，手間はかかります。「普遍的アプローチ」は全員にアプローチするのですから，抽出作業はありません。これは，今あるいは今までの状態・状況がどうであろうと，すべての人々はニーズを持っているでしょうというスタンスで行われるものであったり，とくにニーズの高い人たちを抽出することが困難な場合であったりするでしょう。

　図6の左右を分ける項目は，「介入の焦点」です。介入の焦点が個人（スクールカウンセリング場面では児童生徒）なのか，環境（同じく保護者，教職員など）なのかということです。このように対象を6つ（保護者と教職員を分けると9つ）の群に分けることが可能でしょう。

参加者の人数は，プログラムの内容や運営形態に大きく影響してきます。基本的に図の下のほうにいくほど参加者数は少なくなり，内容も能動的・集中的なものとなるでしょうが，上のほうにいくほど数が多くなるので，講義や講演会，あるいはニュースレターといった受動的・一般的な形式が採用されることが多くなるでしょう。

　たとえばそれがエンカウンターグループやSSTなど，集団の中で体験したことを共有したり，フィードバックし合ったりするワークのある活動の場合，通常10数人の集団であることが望ましいといわれています。ですから表10でいうと，「有志」「希望者」の集団になります。こうしたグループワークを学級単位（30〜40人）で実施するなら，講義部分を組み合わせたり，ワークをより構成的な形式にしたり，全体をさらに小グループに分けて実施するなど，運営上の工夫をしつつ行うことになります。最近では学級向けにアレンジされたプログラムも多く紹介されていますので，それを参考にするのもよいでしょう。

2) テーマ

　心理教育プログラムで扱われる「テーマ」は，ほとんど無限といってよいくらいの数がありますが，その中でも比較的よく行われているものを前掲の表10にまとめました。少し詳しく見ていきましょう。

■児童生徒対象の心理教育プログラムのテーマ

　昔から学校でよく行われている児童生徒対象の心理教育プログラムのテーマは，「性教育」と「飲酒・喫煙」でしょう。

　「性教育」では従来，妊娠と性感染症予防が中心テーマだったように思われますが，今後さらにそれらを発展させて「**ジェンダー**」についても考えられるようなプログラムになっていくことが望まれます。もしニーズがあれば「性同一性障害」を取り上げるのもよいでしょう。

　「飲酒・喫煙」は，「**乱用・依存**」に関する心理教育プログラムのひとつですが，今後はアルコールやタバコのみならず，その他の乱用薬物についても取り上げていく必要がありますし，さらに「物質」だけでなくゲームやメールなどへの依存も取り上げていくことが望まれます。

　「進路」も，従来から多く取り上げられてきたテーマのひとつです。

このテーマで今後さらに充実させていきたいのは，単に次の進学や就職に関するいわゆる進路指導だけでなく，より幅広い**キャリアプラン**についての，個々人が持っているリソースを開発するようなプログラムです。

「**自己理解**」も，心理教育プログラム上の重要なテーマです。このテーマを，何らかのパーソナリティ検査（たとえば，YG［矢田部・ギルフォード］性格検査［ギルフォードら，1957］，Big-Five［主要5因子性格検査；村上・村上，1999］，TEG［東大式エゴグラム；新版TEG Ⅱ；東京大学医学部心療内科TEG研究会，2006］など）を併用しながら行っている学校もあることでしょう。

「**自己理解**」と「**問題行動**」を関連させたものもあります。その代表的なものが，「キレる」ことの予防や怒りのコントロールを主題とした「**アンガーマネジメント**」で，中学校におけるその実践事例も報告されています（岡山県教育センター，2003など）。

「**自己理解**」と「**対人関係**」が関係してくることも多いでしょう。TEGを用いる交流分析（TA：Transactional Analysis）やアンガーマネジメントはその両方を含んでいるものです。また「**アサーション・トレーニング**」もそうですし，「いじめ」に関する心理教育プログラムもそうでしょう。

とくに「いじめ」は，よく学校で取り上げられているテーマのひとつです。もちろん，実際「いじめ」が発生したときには対応しなければなりませんが，それは，「個別相談」に属する活動となります。しかし，「いじめ」は基本的に「文化」や「風土」の問題でもあります。そこにまったく手をつけず，個別ケースだけを追いかけて対応を繰り返していても，「いじめ」がなくなることはないでしょう。ですから，いじめのない文化や風土をつくることが，心理教育プログラムの目的となります。ピア・サポート活動の真の目的が思いやりのある学校風土づくりとされているのも，そのためです。いじめに有効なものとして，「解決志向」を用いたプログラムも英語圏で注目され，わが国での実践も始まっています。ピアサポートグループ・アプローチ（ヤング，2012）やWOWW（教室でうまくいっていることを見つける）プログラム（バーグ＆シルツ，2005）などがあります。これらは，また本書の続刊〈活用編〉で紹介しましょう。

「いのちの大切さ」は，非常に幅広いものを含む重要なテーマのひとつです。これに関連して「**自殺**」を取り上げることもできます。実際，今，自殺予防は，国を挙げての重要課題となっており（自殺対策基本法2006年施行），学校での取り組みも期待されています。しかし残念ながら，学校でのどのような取り組みが自殺予防に効果を上げるのかは，まだわかっていません。ただ「自殺しないように」と子どもたちに言えばよいのなら話は簡単なのですが，そう言っても逆に「どうして自殺はいけないの？」といった素朴な質問／反論が，子どもたちから返ってきそうです。これに対してどう答えるのか（刑法を持ち出してもだめ。刑法上，自殺は罰せられません）。この問いに正解がひとつあるのではなく，このようなことをみんなで一緒に考える時間が大切になるでしょう。

　一般的に，自殺予防対策としてよく行われていることのひとつは，「**うつ病**」に関する心理教育プログラムです。うつ病と自殺は関連性が高いので，うつ病というものを理解し，その予防方法や対処法を知ることによって，間接的に自殺を予防しようというものです。またご家族が自殺された方に，その体験談を語っていただくという取り組みも，一部で行われています。さらに，人とつながりを持っている人は，そう簡単に自殺しない，逆にいえば，誰ともつながりを持っていない，あるいはそう思っている人が自殺する傾向が高い，ということはわかっていますので，そこから**ピア・サポート**を強化するという取り組みも行われています。

　「自殺」のようにテーマを絞った心理教育プログラムを行うならば，その特別の時間を設けることが必要になるでしょうが，より一般的に「いのちの大切さ」を伝えたいのであれば，ふだんの授業の中に取り入れていくのがよいでしょう。たとえば，小学校1，2年対象の生活科の時間に「身近な動物や植物などの自然とのかかわりに関心を持ち，自然を大切にしたり，自分たちの遊びや生活を工夫する」をテーマに，小学校3，4年対象の理科では「生物を愛護する態度を育てる」，体育では「健康な生活及び体の発育，発達について理解できるように」といったことを目標とした「**いのちの教育**」を，近藤（2003）は行っています。

　また，「**摂食障害**」，中でも「**アノレキシア（拒食症）**」をテーマにした心理教育プログラムは重要なものとなります。アノレキシアは生命に

直結する病気ですし，またいったんなってしまうと，回復するまでに少なくとも半年以上の時間を要しますので，キャリア上のダメージが（とくに高校生では）大きくなります。女子たちはたいてい，ダイエットには興味を持っているでしょうから，それと関連させて事前に情報提供を行い，少しでも予防につながるようにしておくことは大事なことだと思います。

　摂食障害は思春期・青年期前期に発症することの多い疾患／障害ですが，他にもこのころに発症する精神疾患／障害はたくさんあります。最近，一部の学校では，「**メンタルヘルス・リテラシー教育**」というものが行われ始めています。「リテラシー」とは，もともと「読み書き能力」のことをさす言葉でしたが，それが発展し，現在は「情報を受け取る力，情報を発信する力」のことをさすようになっています。したがって「メンタルヘルス・リテラシー」とは，何らかのメンタルヘルス・サービスを受けることができる力，受けたときにそのサービスの内容を理解できる力，また自分のメンタルヘルス状態を人々に伝えられる力，サービス提供機関に自分たちの要望や要求を伝えられる力のことをいいます。こうした力を育て，人々が必要なときに，必要なサービスを受けられるようにして，精神疾患の本格的発症をより早期に防ごうという一次予防・二次予防の活動です。

　このほか，「**地域文化**」や「**福祉あるいはボランティア活動**」に親しむことをテーマにした心理教育プログラムもあるでしょう。

■保護者対象の心理教育プログラムのテーマ

　保護者対象の心理教育プログラムのテーマは，児童生徒対象のそれと比べて，それほどバラエティに富んでいるというわけではなく，ほとんどの場合，「**子ども理解**」と「**親として子どもにどう関わるか**」というテーマに絞られるでしょう。

　そうしたテーマを扱う際，子どもの「**発達段階**」の話や，各段階における「**発達課題**」の話が扱われることが多いです。子どもたちは刻々と変化し，成長していく存在ですので，一くくりに「子ども」として理解するのでは不十分です。保護者が自分の子どもたちの年代を考慮し，そのころの子どもというのはどういうものであり，どういう発達課題を

抱えているのかを理解してほしいのです。そして，現在の発達段階についてだけでなく，その後どういう段階に移っていくかについても（最終的には「自立」まで）理解してもらえるようにしたいものです。そうした理解が土台になって，「ではどう関わるのか」の話に移れるわけです。

このほか，「子どもたちが出す，こころのサイン・からだのサインを見逃さない」などというテーマもよく扱われます。また，同時期に行われている児童生徒対象の心理教育プログラムがあれば，そのテーマと保護者対象のそれとを一致させるというやり方も，有用です。

■教職員対象の心理教育プログラムのテーマ

教職員対象の研修会などでテーマとされるものとして，少し前までは，「不登校など非社会的問題行動」と「いじめや暴力など反社会的問題行動」が多かったですが，最近多いのは「発達障害」になっているようです。このように，児童生徒の間で起こりうるさまざまな精神疾患／障害，および子どもたちの心理や行動に関する知識を蓄え，それらに適切な対応が行えるようになることがテーマとなります。

また，そのときどき，教職員が直面している対応困難な事例に関連する個別テーマが設定されることもあります。

さらには，危機介入や緊急対応が必要なときに，教職員各人がどう動けばよいかに関する心理教育プログラムもあるでしょう。危機介入や緊急対応においては，必ずチーム対応となりますので，どういう考え方に基づいて，どう各人が動くのかに関して，学校内でコンセンサスを得ておくことが必要となります。したがって，これは非常に重要なテーマのひとつだと考えられます。詳しくは第Ⅱ部第4章を参照してください。

ここまで児童生徒の理解や対応に関するテーマについて触れましたが，保護者対応に関するテーマもありえます。そのニーズは，いわゆる「モンスター・ペアレント」が話題になって以来，高まっていると感じます。

教職員自身のメンタルヘルスが取り上げられることもあるでしょう。実際，教職員集団におけるうつ病有病率は非常に高いものであり，自身のメンタルヘルス管理や管理職を含む職員どうしのサポートシステムの充実が望まれています。これも現在，まだ十分に行われているとはいえ

ませんが、今後、より発展させていく必要があるものです。

　児童生徒・保護者・教職員という対象別に、テーマについて述べてきましたが、誰を対象とした心理教育プログラムを行うにせよ、そこで取り上げられる**テーマは、その学校のニーズ（コミュニティ・ニーズ）によって決定される**ものだという点は共通しています。したがって、適切なテーマ設定ができているかどうかは、ニーズをきちんと拾い上げているかどうか（ニーズ・アセスメント）にかかっているということになります。この辺については、第Ⅰ部「6　ニーズとサービス」を参照ください。

3）キャスティング

　キャスティングとは、誰が講師やファシリテーターの役割を担うかということです。

　単発の企画である場合、それは外部講師であることが多くなります。そのテーマに関する専門家、地域の人、あるいはOB・OGなどです。外部講師に依頼する場合は、やはり人脈が大事になりますので、ふだんから人脈を広げておくことが役立ちます。

　最初、単発の企画で、ある外部講師を招いて、その方に再度依頼することになったとしたら、その方はその学校のスクールカウンセリング・システムの中に、少し位置づけられたことになるでしょう。

　逆に、最初からその学校のスクールカウンセリング・システムの中に完全に位置づけられた心理教育プログラムを行おうとする場合、その講師やファシリテーターは、自校の教職員あるいは児童生徒がよいでしょう。教職員であれば、たとえば養護教諭や、特別支援教育コーディネーター、生徒指導・教育相談・進路指導主任、担任などが考えられます。児童生徒なら、生徒会メンバーや、○○係／委員会メンバーなどになるでしょう。

　さて、ここでスクールカウンセラーというのは、「外部」なのか「内部」なのか、なかなか微妙な立場です。一口に「スクールカウンセラー」といっても、いろいろな立場・勤務形態があります。もうほとんど「内部」といってよい活動をしたり勤務形態の人もいるでしょうし、週

1回あるいは月1, 2回, 顔を出す程度の, (「思い」の部分も含めて)「外部」的な人もいるでしょう。

　より「内部」的な（しかも当分はずっとその学校にいるつもりである）スクールカウンセラーが心理教育プログラムの講師を務める場合は，完全にその役を引き受けてしまってよいと考えられます。しかし少しでも「外部」的感覚がそのスクールカウンセラーにあるのであれば，最初は講師役を引き受けるでしょうが，順次その役割を，教職員に引き継いでいくという展望が必要となります。

4) 方法

　心理教育プログラムのやり方についてはいくつかありますが，最も一般的に行われているものが〈**伝達型**〉と〈**紙面型**〉でしょう。

　〈伝達型〉は，「講演会」といった授業あるいは講話形式のものであり，学校においてはなじみの深いものです。

　〈紙面型〉は，「クラス通信」や「○○だより」，「ニュースだより」等，印刷物を配布する形式のもので，この方法もよく学校では用いられています。最近はインターネット上のWEBページが活用されることも多くなってきていますね。

　〈伝達型〉や〈紙面型〉は，以前からよく行われていますので，そのノウハウの蓄積もあって，手軽に実施しやすいという利点があります。しかし，どうしても一方向性の情報伝達にとどまってしまうという欠点もあります。そこで近年，その部分をカバーするため，双方向のコミュニケーションや参加者どうしのコミュニケーションを促進する〈**参加型**〉の心理教育プログラムが広まってきています。一方的な講義・講演だけでなく，参加者をペアや小グループに分け，課題を与えて相互にワークしてもらうワークショップ形式のもの（**一部参加型**）や，学校教職員側は時間・場所・テーマなど，大枠だけを設定して，その運営や内容を参加者に任せるという形式（たとえば**エンカウンターグループ**）も採用されてきています。こうしたグループダイナミックスを用いたアプローチは，今後さらに重視され発展していくことでしょう。

3. 心理教育プログラムの実際の展開

　通常，対象が児童生徒である心理教育プログラムを主催するのは，いずれかの校務分掌（たとえば，生徒指導部／教育相談部／進路指導部／保健部等），あるいは学年団になるでしょう。保護者対象のものの主催団体は，学年団／保健部／進路指導部，あるいはPTA／保護者会であることが多いでしょう。教職員対象のものの場合は，それら各部会以外に，校長が直接主催することもあるかもしれません。

　どこが主催するにしても，心理教育プログラムはまずそれを企画するところから始まります。しかし実は，企画よりも前の段階があって，それは「何か心理教育プログラムをやろう！」という雰囲気を高める段階です。この雰囲気を高めるためには，まず誰か「言い出しっぺ」のような人が必要となります。誰かが言い出さなければ始まりません（もし他に誰も言い出さなければ，読者の皆さんが必要性を言い出す人になってください）。そしてその主催団体メンバー全体にその雰囲気が広まるように持っていきます。それができたなら，ようやく具体的な企画段階に移ります。

　おそらくその企画案も，その「言い出しっぺ」の人が，まず何かを出すことになるでしょう（企画を一から複数メンバーで立てようとすると，まとまらなくなる可能性が高いものです）。

　企画段階でまず決めなくてはならないことは，先ほどの「4要素」のうち1)「対象」と2)「テーマ」です。「対象」を決めるのは，たぶん簡単だと思います。しかし，「テーマ」を決めるのは，とくに「適切なテーマ」を決めるのは，少し難しいかもしれません。先ほど述べたように，「**テーマは，その学校のニーズ（コミュニティ・ニーズ）によって決定される**」のですから，それが「**適切**」であるかどうかは，その学校コミュニティ・ニーズが適切に把握されているかどうかにかかっています。

　「個人ニーズ」というよりも「コミュニティ・ニーズ」です。「コミュニティ・ニーズ」を把握するためには，ふだんからいろいろな人とコミュニケーションをとって，情報を入手しておかなければなりません。なかでも，おそらく，当該学校のコミュニティ・ニーズを最もよく把握

しているのは教職員でしょう。もしそれが十分把握できていたとしたら，企画を話し合う会に出したテーマは，皆に喜んで受け入れられることでしょう。

テーマが決まれば，3)「キャスティング」や4)「方法」の話に移ります。

もし，企画している心理教育プログラムが単発で，そのテーマの専門家が，学校関係者の中にいないのであれば，外部講師を招くことになります。また仮にいたとしても，学校内部の人が講師をやったのでは，参加者に対するインパクトが弱い（あるいは逆に反感を買いかねない）と予想される場合も，最初は外部講師を招くことになるでしょう。スクールカウンセラーは，赴任当初は「外部」，学校になじんでくれば「内部」となりますので，適宜その立場を使い分けられるとよいでしょう。

カリキュラム上，きちんと位置づけられた心理教育プログラムを企画しているのであれば，キャスティングとしては，教職員があてられることになります。

「方法」に関しては，ニーズが「知識」であるならば〈伝達型〉か〈紙面型〉，「スキル」であるならば〈参加型〉が採用されます。

このようにして企画が立てられたなら，あとは実行あるのみです。運営上の細々としたことは，ここでは割愛します。過去に行ったことのある形式／内容のプログラムであれば，ほぼ要領が得られているはずです。もし，取り組むプログラムの形式／内容が初めてのものである場合は，運営担当者の誰かが，他所で行われている類似のプログラムに事前に参加しておき，その運営方法を学んでおくとよいでしょう。

さて，心理教育プログラムは，実施してそれで終わりではありません。どうしても集団を対象としたアプローチは，やりっぱなしになることが多いものですが，やったことをきちんと評価し，次へと発展させていきたいものです。

たとえば，講演会を実施したなら，「よかった，どちらでもない，よくなかった」等の選択肢項目と，自由記述欄が用意された，参加者に対する感想の**アンケート**を配るのもよいでしょう。より目的／目標が明確なプログラムを実施するならば，ねらいが達成されたかどうかを測るスケール（尺度）を，プログラムの事前・事後に使用することもあります。

仮にそこまで厳密にやらないとしても，最低でも，口頭で参加者の感想は聞いておきたいものです。

これら参加者からのフィードバックはとても勉強になります。評判のよかったもの／人は，今後も続けていく価値がありますし，改善点・修正点等もそこから見えてくるはずです。

〈紙面型〉の評価は難しいところですが，雑談の中で記事に関する感想を聞いたりして把握できます。あるいは，たとえば相談室利用者数の増加など，間接的に評価することもできるでしょう。いずれにせよ，〈紙面型〉のものは，出し続けること自体に意味があるものですから，即時的効果をそれほど期待する必要はありません。

4. スクールカウンセラーに向けて

教員にとって，心理教育プログラムの形態は，いつも行っていることですので，あまり違和感がないでしょうし，そのスキルも持っています。しかし，心理臨床の分野でずっとやってきた人の中には，個人への働きかけはよいが，集団への働きかけは苦手だという人も少なくありません。

しかし，苦手だからやらないというのでは，少なくともコミュニティ・アプローチとしてのスクールカウンセリング活動を行うことはできません。**スクールカウンセラーとして活動する限りは，心理教育プログラムは，避けては通れない重要な活動の柱**です。

しかし，とくに新しく赴任した学校において，最初のころは，スクールカウンセラーが勝手に何人もの人を集めて「プログラム」を行うなどということは，やりたくてもできないことです。「プログラム」は，そもそも学校が企画するものですから，スクールカウンセラーが肩肘張って何か「プログラム」をやる必要もないといえます。

しかし赴任後，なるべく早く行わなくてはいけない心理教育プログラムもあります。それをわれわれは「**顔見せ興行**」と呼んでいます。教職員，児童生徒，保護者の前に立って，「今年度からこういう人間がこの学校に入ってきましたので，皆さんお見知りおきを。仲良くしてね」と伝えるものです。これはコミュニティへの「ジョイニング」（第

Ⅰ部「9 ジョイニング」参照）を目的とするものですが，同時にこれはこれで立派な心理教育プログラムなのです。というのも，ある一定の時間（たとえば10分以上）を自己紹介の時間として与えられるのであれば，いくら「顔見せ」だからといって，その間黙って立っているわけにもいきませんから，当然そこで何か話すことになります。何かを話せば，何かのメッセージが発生します。そこに心理教育的な意図を盛り込ませるわけです。たとえば，「皆さん，ぜひ気軽にお話しにきてくださいね」と言ったとしたら，そこに含まれるのは，「困ったときには，一人で抱え込むのではなくて，誰か（たとえば私）に相談することが大事よ」というメッセージであり，専門用語を使えば，聴衆の「被援助志向性の向上」という心理教育的意図になるかもしれません。

　これはどこでも行われる一般的なメッセージ内容ですが，ここにその学校特有のニーズに対するメッセージを入れ込むことも可能でしょう。

　「顔見せ興行」の意義は思いのほか深いものです。何がしかの問題の兆しが表れ始めた早期に，児童生徒や保護者，教職員から気軽に声をかけてもらいやすくなりますから，**早期発見・早期対応**につながる重要な予備的介入と位置づけられますし，危機的な状況になったときにも，そういえばカウンセラーがいたと思い出してもらえる確率も高まりますので，**危機介入**のための重要な予備的介入と位置づけることもできます。われわれはこのような予備的介入を「**種まき介入**」とも呼んでいます。あらかじめいろいろなところに種をまいておいて，後々の問題発生時の対応がなるべくスムーズに効果的に進むことをめざすのです。

　また，一度顔を見せておけば，〈紙面型〉の心理教育プログラム（教職員／児童生徒／保護者向けのニュースレター）にも目を通してもらえる可能性は高まるでしょう。

　「顔見せ興行」ができる機会を早々につくってもらえるように，学校側に働きかけなくてはいけません。対象の順番は，1に教職員，2に児童生徒，3に保護者です。新年度になったら，4月中旬までには職員会議のどこかで話をし，5月上旬までには児童生徒の前に立ち，1学期中には保護者会で話すという段取りが一般的でしょう。

　さて，スクールカウンセラーは，とくにその**活動の初期**の期間は，**教職員や管理職とのコミュニケーションを重視する**べきです。なぜなら，

教職員や管理職が最もよくその学校のコミュニティ・ニーズを把握しているからです。そうした情報収集活動に基づいて，また教職員および管理職との関係を深めておいて，より本格的な心理教育プログラムの実施へと展開させていくわけです。まずはテーマについて，教職員および管理職とよく話し合いましょう。

　そこで決まったテーマによっては，スクールカウンセラー自身が講師やファシリテーターとなることもあります。その場合は，他所でやっている同一テーマの講演会やワークショップに参加して，内容や進め方について，よく準備しておきましょう。自分ではやらず外部の専門家を招く場合，人選や紹介が主な仕事になります。この場合，日頃から人脈やネットワークをどれくらい広げられているかが鍵となります。教職員が講師やファシリテーターを担う場合，その進め方に対してアドバイスできるとよいでしょう。多くの教職員は指導的な〈伝達型〉および〈紙面型〉のプログラムは得意としていますが，〈楽しい参加型〉プログラムについては，十分なネタも持っていなかったり，進め方にもあまり慣れていなかったりするかもしれませんので，そのネタや進め方マニュアルを集めて，提供するのも一案です。

　心理教育プログラムを実施している最中，参加者の様子を観察していることは重要です。その観察から，ケースの存在が浮かび上がってくることもあります。その場合，その場での対応も重要ですが，そこで得られた情報をもとに，その後の個別対応につなげていくのも，心理教育プログラムの重要な機能のひとつです。通常，心理教育プログラムは複数の担当者で運営されますので，実施後にミーティングを行い，プログラム自体の流れの振り返りとともに，気になる参加者はいなかったかどうかを振り返ることも重要です。

　このように，まずは「**顕在的ニーズ**」に基づいたテーマを設定し，何らかの心理教育プログラムを実施し，行ったことを評価し，次に発展させていくわけです。こうして心理教育プログラムの活動が，それなりに根付いてきたならば，今度は「**潜在的ニーズ**」を把握するためのシステムをつくり，それに基づいた心理教育プログラムが展開できれば，理想的です。「潜在的ニーズ」を把握するためには，通常，調査が行われます。ストレス調査票や簡便な心理検査（たとえば，エゴグラム［新版

TEG Ⅱ；東京大学医学部心療内科 TEG 研究会，2006］などや，学級の雰囲気までも包括的にとらえたいなら「Q-U」［河村，2006］や「アセス」［栗原・井上，2010］などもよいでしょう）。その結果に基づいて，さまざまな心理教育プログラムを企画していくことができるでしょう。そこまでせずとも，何か調査や検査を実施し，その結果をフィードバックしに各学級を回ったり，職員研修を行ったりするだけでも，十分に立派な心理教育プログラムとなります。

　このようにして**心理教育プログラムをどんどん学校システムの中に取り入れていく**わけです。ただし，スクールカウンセラーが中心となって，ここまで心理教育プログラムを発展させるためには，かなり学校コミュニティにコミットしなければなりません。週1日勤務では，個別相談活動やコンサルテーションに忙殺されて，こうした仕事にまで手が回らないことでしょう（「顔見せ興行」止まり）。最低でも週2日，それも何年にもわたって継続的に関わっていないと難しいかもしれません。ですから現実的には，公立学校では難しく，こうしたことが行われているのはスクールカウンセリングに熱心な一部の私立学校になるようです。

　しかし，すべてのスクールカウンセラーにとって，心理教育プログラムの観点を持っていることが重要なのです。学校システムに取り入れられた心理教育プログラムの担い手は，本来，学校内部の教職員であるわけです。スクールカウンセラーの仕事は，その方向に向かって現存の学校システムが動き出すように，その火付け役となり，最初の動き出しに参加することです。学校にコミットできる状況のスクールカウンセラーであったとしても，心理教育プログラムに関するすべての仕事を自分の中に抱え込んでしまってはいけません。最初はその仕事を担ったとしても，それをどんどん教職員に振り分けていき，誰もができるように，システム化していく必要があるのです。

第3章 心理教育プログラムあれこれ

エンカウンターグループ

　こころの内面の深い部分での交流を行うことを体験するためのグループです。表面的なやりとりに終わらず，参加メンバーのこころのより深い部分を打ち明け，互いに語り合い，交流体験を共有していきます。カール・ロジャーズ（Rogers, C.）は，自由に語り合うグループを提案しました。枠がないという意味で，「非構成的エンカウンターグループ」といわれます。互いのこころの交流や存在感が深まり，体験的な自己理解，他者理解が進められることが期待される半面，ときに沈黙が続いたり，激しいやりとりが起きたりすることがあるために，ストレスの度合が高くなる危険性が指摘されています。

　一方，決められたメニュー（ゲームやワーク）が用意され，そのメニューにグループのメンバーが実際に取り組み，その体験を語り合い共有するものを，「構成的エンカウンターグループ」といいます。時間の制限や安全性，教育的効果を考えると，学校で実施する心理教育としては，構成的エンカウンターグループのほうが適切な場合が多いと思われます。実際に学校場面でエンカウンターグループといえば，構成的エンカウンターグループをさしていると考えてよいでしょう。構成的エンカウンターグループのなかでも，とくに導入（ウォーミングアップ）に利用されるゲームやワークは，新年度のオリエンテーションや学級の人間関係づくりなどでよく利用されています。

　エンカウンターグループについては，國分（1992, 2000）や片野（2009）が参考になるでしょう。

ピア・サポート

　学校でのピア・サポート（同輩支援）は，イギリスの中学校でのピア・カウンセリングの取り組みから始まりました。その後，子どもがカウンセラー役を担うという狭い活動にとどまらず，子どもたちの，子どもたちによる，子どもたちのための，さまざまなサポートが，ピア・サポート活動として，イギリス，カナダ，アメリカといった主に英語圏の国々を中心に発展しました。カナダやアメリカでは，対立の解消（ピア・メディエーション／コンフリクト・リゾリューション）がピア・サポート・プログラムの中で重要な位置を占めています。

　日本の学校で行われるピア・サポーターのためのトレーニングには，「リレーションづくり（お互いを知る）」「自己理解・他者理解」「かかわり技法」「傾聴技法」「質問技法」「感情に反映する技法」「問題解決の技法」

「個人プランニング」などがあります（森川，2002a，2002b）。その結果，学級や学校に思いやりの風土が醸成されることが大きなねらいです。

さまざまな技法の習得も重要ですが，学校の中で行われるピア・サポート・プログラムの強みは，実際に自分はどのようなピア・サポートを行うかを計画する「個人プランニング」の展開にあります。各々の個人プランニングの内容をピア・サポーターどうしが皆で検討し，より安全で自然に行えるものとなるように改良し，そして吟味した計画を実際の学校内で実施して，その体験をサポーター間で共有するというプロセスを踏めるところがその強みであるでしょう。

吉田（2002）の小学校の実践例では，サポーターが「あいさつをする」「一人でいる子に声かけをして遊ぶ」「けんかの仲裁をする」といったことを計画しました。その際，活動時間や場所，こころがけることなども検討し，無理せず実行できるかについても吟味したことが紹介されています。

そして，作成した個人プランニングを学校内にPRしたうえで実施されました。高学年児童が，低学年児童にやさしく関わり，低学年の児童本人から感謝されたり，その活動に気づいた教員からほめてもらえたりといった体験をする中で，ピア・サポートの意義を体験的に学ぶとともに，その活動のなかで自己肯定感が向上するといった効果も上がったことが報告されています。

［ストレスマネジメント］

ストレスマネジメントとは，ストレスと上手につきあい，適切に対処する力のことです。その対処力をトレーニングによって獲得するためのプログラムが，学校においても行われるようになっています。

ストレスマネジメントは，ストレスへの気づき，ストレスの背景の理解，対処方法の知識，対処方法の練習，実際の日常生活での実践，どのようにできたかの振り返り，といったメニューからなります。対処方法として，こころを静かに落ちつけてリラックスするための呼吸法やリラクセーションのスキルなどがあります。

ストレスマネジメントについては，山中・冨永（1999）や嶋田ら（2010）の文献が参考になるでしょう。

［ソーシャルスキル・トレーニング（SST）］

ソーシャルスキル・トレーニング（SST：Social Skills Training）は，生活技能訓練や社会的スキル訓練と和訳されています。生活技能とは，日常

生活を支障なく送り，よりよいものとしていくために必要とされるコミュニケーションを中心とした技能のことです。SSTでは，この生活技能をロールプレイと相互の話し合いで身につけていくことをめざします。認知と行動の変容をテーマとする意味では，認知行動療法のひとつと位置づけることもできます。

　学校においても，SSTがさかんに用いられるようになってきました。特別支援教育場面で，発達障害の児童生徒など特定のニーズのある集団を対象としたものもあれば，学級単位でより一般的な生活技能の獲得をめざす形で実施される場合もあります。SSTについては，佐藤・佐藤（2006）などの文献が参考になるでしょう。

［ アンガーマネジメント ］

　アンガーマネジメントとは，怒りについて理解し，自分の中に生じた怒りを適切にコントロールするとともに，自分に向けられた怒りに対して適切な対処ができることです（本田，2002）。

　アンガーマネジメントは，ストレスマネジメントのひとつと考えることもできますし，ソーシャルスキルの獲得という意味ではSSTのひとつと位置づけることもできるでしょう。

　怒りをコントロールするためには，怒りのメカニズムを知り，自分の感情と素直に向き合い，自分自身を肯定的に見る力が必要になると同時に，他者に対する不信感を少なくして肯定的に認知する力が重要となります。

［ アサーション・トレーニング ］

　アサーション（assertion）は「自己主張」と和訳されることもありますが，これは誤解を招きやすい訳語で，本来の意味は「自分の考えや意見および気持ちを適切に相手に伝えること」です。

　「適切に」それを伝えられるためには，まず「I'm OK, you are OK」の状態になっていること，「I」「You」のどちらかに「not OK」が入っている状態では，うまく伝わらないでしょう。

　アサーション・トレーニングでは，まず対人関係場面で自分がどの状態にいるのかを理解し，それを「I'm OK, you are OK」の状態に持っていくことを学びます。そして，実際に相手にどう伝えていくのかを，ロールプレイを通じて学んでいきます。アンガーマネジメントと同じくSSTの一技法と位置づけることもできるでしょう。詳しくは，たとえば平木（2009）が参考になるでしょう。

第4章 危機介入

　学校におけるこころの危機はさまざまな場面で生じます。本章では，こころの危機の理論について整理しながら，スクールカウンセリングの活動として，また学校全体の危機介入においてスクールカウンセラーがどのような役割を担うかについて述べたいと思います。まずは，スクールカウンセラーの立場から事例を述べましょう。

　　Eさんは高校2年の女子生徒です。勉強と部活動（ブラスバンド部）に取り組み，充実した生活を送っていました。部活動が忙しく，やや疲れ気味ですが，クラスの友人の前では暗いと思われないように，少し無理して明るく過ごしています。そのために帰宅すると何もせず，ぐったりとソファーで寝込むこともしばしばです。そんな生活を見て，母親は「だらしない」とEさんにきつく当たってしまうようです。
　　Eさんの母親はとてもまじめで，同じことをしつこく繰り返し話すところがあります。くたくたになって帰ってくるEさんを心配するあまり，「ベッドでちゃんと寝なさい」「部活ばかりでなく，勉強は？」と強い口調で繰り返します。Eさんは「何も言わないで」と母親に言い返して必死に距離を置こうとしますが，母親の小言の勢いは止まりません。その勢いに振り回され傷つき，怒りを抱えたままベッドに入り，寝つけないこともしばしばです。
　　Eさんが幼いころには，母親はしつけの中でEさんをどなることもよくあったようです。Eさんは母親が怖くて仕方がない時期もありました。Eさんは，母親に強い口調で言われると，昔の怖かった記憶やそれに対する憤りが頭の中を駆けめぐり，どうしてよいかわからず混乱してしまうのです。
　　寝不足のままやっとの思いで学校に行く日が続いたある日，Eさんは高校のトイレでリストカットをしてしまいました。部活動の仲間から最近身が入っていないのではと責められ，「がんばっているつもりだったのに，もうこれ以上無理」と頭の中がいっぱいになってしまったようです。苦しんだあげく，手首をカッターで切って血が出たのを見たら，頭の中のぐるぐるが止まって少し楽になったのです。

初めの数回は，トイレの中で軽く切っていただけでしたが，ある日，母親と激しく言い合いをした翌日に，ぼーっとしたまま，ざっくりと切ってしまいました。血がかなり大量に流れ，Ｅさんは貧血と大量の血を見てのショックで便器近くに倒れ込んでしましました。

　クラスメートにすぐに発見されましたが，出血量が多かったため，救急車で搬送されました。また，大量の血を見たクラスメート数人がショックを受け，その場に倒れ込み，他の生徒も大勢寄ってきて，学校全体が騒然とした状況となりました。

　救急隊員によって止血の対応をきちんと受け，少し落ち着いてきました。救急車に一緒に乗って病院までついていった担任に，「ごめんなさい」と泣きながら言い，Ｅさんの興奮も少しずつおさまってきました。病院に駆けつけた母親の顔を見るとまた興奮してきましたが，しばらくして落ち着きました。

　幸いＥさんは一命を取り止め，傷の縫合とショックからの回復のために1日入院して退院となりました。ベッドのそばにしばらくいた担任に対して，これまでリストカットを繰り返していたことなど，Ｅさんは今の心情を少しだけ語ることができました。

　しかし，学校側の混乱には大きなものがありました。生徒の中にはショックの大きさから早退する者も現れました。早退したクラスメートの保護者からは，Ｅさんが今後登校することへの不安の声も上がりました。

　担任は校長にＥさんの状況を報告し，また保護者からの声についても情報を共有しました。校長は，数日間Ｅさんを休ませること，その間にＥさんの母親を学校に呼んで話し合うことにしました。

　母親，担任，学年主任，校長の話し合いの結果，Ｅさんに精神科医療機関を保護者同伴で受診してもらい，学校生活が可能という診断書が出るまで自宅待機とすることになりました。

　このリストカット事件の起こった日は，スクールカウンセラーは来校していない日だったのですが，緊急の事態が発生した場合は，保護者を呼んで医療機関につなげることを教職員間で申し合わせていたので，学校の対応はその事前の打ち合わせが有効に動いた結果でした。またカウンセラーは現場を見てショックを受けた生徒の中でカウンセリングを希望する生徒がいるかどうか，個別の声かけを担任に依頼するとともに，そのようなフォローアップ体制を敷いたことをクラスの保護者に十分伝えることを，担任と申し合わせました。

1. 「危機介入」とは何か

　Eさんのケースでは，初期の迅速な対応によって，クラスも徐々に落ち着き，Eさんを受け入れようという雰囲気も少しずつ出てきました。このような，自傷や他害などの緊急な事態に対する迅速かつ協働した対応を，「**危機介入 crisis intervention**」または「**緊急対応 emergency service**」といいます。

　スクールカウンセリング活動において，**危機介入／緊急対応**は活動の五本柱のひとつです。「生徒が今朝，家出すると言って家を飛び出した」とか「グループどうしの乱闘が近々あるらしい」「死にたいと騒いでいる」「錯乱して泣いている」「凶器や薬物を所持している」などといったような「事件・出来事」が起こった，または起こりそうな**危機**に対して，**危機介入**は必要となるのです。

　もちろん，これらはひんぱんにあることではありません（あってもらっては困ります）から，時間でいえば全体の仕事量のそんなに多くを占めているわけではありません。しかし，このような危機的事態に十分な対応ができなければ，安全な教育環境を守るという学校の根幹が問われることとなります。また，児童生徒のこころへの影響も大きいですし，社会的にも大きな問題となりますから，その対応のための備えを万全にしておく必要があります。

　スクールカウンセラーにとっても，危機においてどれだけ動けるのか，まさにその能力が試されるときです。危機介入時に費やされる労力はたいへんなものです。多くの人たちと連携をとり合って（それまでにどれだけのネットワークをつくれているかが試されます），その場その場で的確な判断をして動いていかなくてはなりません（間違うと，生命に関わることもあります）。カウンセリングというと，なんとなくのんびりと部屋の中で話し合いをしているというイメージがありますが，スクールカウンセラーには危機に対して即応的に動くことが求められているのです。

■「みんな」で動く体制づくり

　危機介入のときは，スクールカウンセラーが一人で動くわけではあ

りません（そもそも，スクールカウンセラーが一人でなんとかできるものであれば，それは大した「危機」ではないということでしょう）。**みんなで対応する**。そして，その「みんな」には学校の教職員や保護者だけでなく，病院や児童相談所，教育センター，警察などといった外部機関の人たちまでもが含まれる場合もあるでしょう。ただ，みんなで動くといっても，みんな勝手にバラバラに動いたのでは，事態は逆に混乱するばかりです。みんなが必要な情報を共有しながら，**現場責任者**（**コーディネーター**；スクールカウンセラーがこの立場にならないように気をつけましょう）のもと，役割・持ち場をはっきりさせて動くことが大事です。

　こうした「事件・出来事」は，たいてい突然やってきます。そしてそれに的確に対応するためには，「起こってから考える」では遅いことが多いのです。対応は集団で動くわけですから，ある程度，その援助集団がどう動くかということを事前に話し合っておかなければなりません。それよりも前に，そういうことをみんなで話し合えるような雰囲気ができていることが最低条件です。そして，その「みんな」の数を増やしておく努力が大事で，これが「**ネットワークづくり**」です。

　これら広い意味で児童生徒の健康や学校の安全をおびやかす事態に対して，**学校保健安全法**（2008年改正）では，国や地方公共団体の責務を明らかにし，学校設置者に，児童生徒の安全の確保や危険の防止，危険又は危害発生に対して適切な対処ができるような体制の整備を義務づけました。そしてこの法律に基づいて，学校の安全に対する指導や研修などの推進を定めた**学校安全計画**を，学校において定めることを義務づけています（坂田ら，2008）。

2.「危機」とは何か

　危機介入プログラムあるいはシステムを構築する際に，まず検討しなければならないことが，**「危機」の定義**です。「危機」の定義は，個々のコミュニティの文化によって，あるいはそのコミュニティのニーズによって異なります。したがって，まず，学校コミュニティの中で，何が「危機」なのかを，具体的・操作的に定義し，メンバー間のコンセンサ

スを形成しておかなければなりません。

■ **発達的危機と状況的危機**
　こころの**危機**は，内面で密かに進行し周囲がまったく気づかないというものもあれば，自分を傷つけたり他人に被害を与える**自傷他害**といった激しい形で表れる場合もあります。また暴力に巻き込まれたりストーカー被害にあったりといった犯罪被害という形で危機となる場合もあります。さらに大事故，火事，自然災害など外部から突然に受ける，しかも大規模な危機もあるのです。

　こころの**危機**にはさまざまな定義ができると思いますが，たとえば「**情緒的問題が深刻で，自傷や他害の危険性が高かったり周囲に大きな影響を及ぼすために，日常的な関わりでは応じられなくなり，速やかで組織的な対応が求められる事態**」と定義すると，日常的対応と危機における対応が明確に異なることを示すことができ，実践的です。

　危機の中でも心理的発達の一段階で生じ，その危機を乗り越えることでさらなる心理的成長を果たすことのできる類のものを「**発達的危機 developmental crisis**」と呼びます。一方，犯罪や災害など外的なものから被害を受ける形で危機となるものを「**状況的危機 situational crisis**」と呼びます。

　発達的危機は，キャプラン（Caplan, G.）が**地域精神衛生（保健）活動**（community mental health service）を展開する中で，重要な概念のひとつとして提案しました。危機に早期かつ適切に対応することにより再入院を防ぐことができ，また，適切な危機介入が行われれば，危機を乗り越えたあとに，より大きな心理的成長をとげることができると考えたのです。また，エリクソン（Erikson, E. H.）は，社会心理的発達において，成熟と危機の関係について触れています。青年が自我同一性（アイデンティティ）を獲得するにあたって，同一性危機（アイデンティティ・クライシス）を迎える場合もあるという話は有名ですね。

　しかし近年，発達的危機という枠組みではとらえられない危機，すなわち本人の心理的成長とはまったく関係のない外部から突然襲ってくる危機，たとえば犯罪被害にあうとか災害に巻き込まれて心理的な大きな痛手を受けるといった外的状況によって生じる危機への対応が重要な

課題となっています。そして，そのような外的状況によって生じる危機を**状況的危機**というようになりました。

もちろん，**発達的危機**と**状況的危機**は分けられない場合も多いのです。たとえば，休み時間の教室内で友人関係に悩んだ末にリストカットした場合，本人にとっては**発達的危機**といえるかもしれません。しかし，周囲の級友にとっては突然のショッキングな出来事であり，当然現場は騒然となるでしょうし，この情報は学校内や家庭にまで"うわさ"とともに広がることにもなります。事実とは異なるような「ひどいいじめを受けていた」などの風評です。このような事態は，学校や地域全体を巻き込みかねない**状況的危機**といってよいと思います。発達的危機と状況的危機の2つは明確に分けられない面もあるのですが，ここではまず発達的危機を基本的な危機として整理し，そのうえで状況的危機について発達的側面も忘れないようにしながら説明したいと思います。

■発達的危機のレベル

表11に学校において発生する**発達的危機のレベル**とその対応等についてまとめました。IからVまでに分類しましたが，下にいくほど周囲への影響が大きなものとなります。

表11　発達的危機のレベル（元永，2007）

危機のレベル	対応主体	保護者への連絡	典型的ケース
I　内面のみの危機	本人	なし	死について日記に記し気持ちが落ち着く
II　日常ネットワーク内の危機	友人，家族，担任の人間関係内	なし（日常連絡としてありうる）	死にたいとほのめかし友人に説得される
III　通常カウンセリング内の危機	カウンセラー	なし（本人承諾後はありうる）	カウンセリング内で死にたいと訴える
IV　学校内危機	学校責任者を中心とする対応組織	あり	学校内のトイレでリストカットする
V　学校外危機	地域機関と学校組織との連携	あり	川に突然飛び込み警察に保護される

I　内面のみの危機

「**I　内面のみの危機**」は，**本人以外の誰にも気づかれない危機**です。誰にも語らず本人のみが深刻に悩んでいる，場合によっては本人も悩ん

でいることを明確に認識していない場合もあります。母親が厳しくて，家でびくびくして緊張がとれず，居場所がなく生まれてこなければよかったと思うのだけれど，どの家庭でも同じことだと思っていて，誰にも相談せずに一人で耐えている小中学生の場合などです。

　この場合，本人の内面のみで起こっている危機なのですが，けっして深刻度が低いわけではありません。誰にも助けを求めていないという意味では，自殺や犯罪に結びつく深刻な事態に発展する場合もありうるのです。普通に見えていたおとなしい子どもがいきなり凶悪な殺傷事件を起こすといった場合は，内面のみの危機が極度に深刻化して，激しい衝動行動となって表面化したともいえるでしょう。

　Ⅱ　日常ネットワーク内の危機

　「**Ⅱ　日常ネットワーク内の危機**」は，**本人が自分の危機を日常の対人ネットワーク，すなわち友人や家族，親戚，担任，養護教諭，その他知人等の周囲の人々に語ることができる場合**です。たとえば，「死にたい」と友人にほのめかし，友人が一生懸命本人を説得して本人もとりあえず落ち着く場合などです。友人が一生懸命自分に関わってくれることにこころを動かされ，死ぬことは多くの人にこころの傷を残すことをなんとなく感じ，もう少しがんばってみようと思っているうちに，少し将来の光が見え始め死ぬのを思いとどまったという場合など，潜在的には多いでしょう。最近は「死にたい」とのメールを多数の友人に送信し，騒ぎになるといったこともめずらしくありません。

　死ぬ行為はあきらめたけれど，不安定さはそのまま内面に残り続ける場合もあります。ⅠやⅡの危機はこころの専門家まで届かない危機といえます。これらにいかにアプローチできるかがスクールカウンセリング活動の重要な課題といってもよいでしょう。担任も含め周囲の人への働きかけが重要となります。これらの「**潜行する危機**」が一定割合で存在していることに常に気を配っておくことが大切です。

　Ⅲ　通常カウンセリング内の危機

　それに対して，「**Ⅲ　通常カウンセリング内の危機**」は，**内面の危機を持ちカウンセリングを予約し受けにいく力のある場合**です。カウンセリ

ング場面において，児童生徒は深刻なこころの危機を語ったり，実際に具体的な自殺の予定を語ったり，他人を殺したい気持ちがあるなど，自傷他害に関連した内容を語ることがあります。このような場合，カウンセリングで知った内容を守秘したまま面接を継続するか，それとも必要な人に通告するか，その他の対応を行うか，カウンセラーは重大な判断を迫られます。

たとえば，死にたいと訴えてカッターを持ち歩き，面接前夜も自宅でそのカッターでリストカットしてきたと訴える生徒の場合には，どう対応すべきでしょうか。このような場合，傷の大きさや深さをまず確認し，さらにこの自傷行為をどのような気持ちで行っているかを詳しく聞き，今後この自傷行為を自分でやめるようコントロールできるかをアセスメントする必要があります。さらに保護者や担任に本人がこのことを話しているかを確認し，もし話していない場合はどのような事情で話していないかをよく聞きます。そのやりとりの中で，カウンセラーが家族や担任に伝えると本人に言った場合，どの程度の本人の情緒的混乱が見られる可能性があるかを予測します。

本人の情緒的混乱が強く今後も自殺や自傷の危険性が高い場合は，保護者や担任（担任を通して学校責任者）に伝え，保護者に来校してもらって今後の対応について話し合うことを原則とすべきでしょう。自殺や自傷の危険性について保護者にも伝え，学校責任者にも伝えたうえで，本人をどう保護して事故や事件の危険性をどうやったら少しでも減らすことができるかをみんな（チーム）で考えるということです。この場合，通常カウンセリング内では対応できない危機であるという専門家としての判断があり，次の危機的段階である「Ⅳ　学校内危機」に近い対応となります。あとで述べる「緊急対応」が行われることになるでしょう。

ところで学校責任者や保護者に危険性を伝えるにあたって，本人の同意が得られない場合もあります。守秘義務を守ることはスクールカウンセリングで重要なことなのですが，一方で守秘義務を守ることで事故や事件が発生する可能性がある場合，**秘密開示**を検討しなければなりません。クライエントがカウンセラーに語ったある人への殺意を，カウンセラーがその人に通告せずにいて，実際にそのクライエントがその人を殺害してしまったという事件が過去に起きています。この場合，カウン

セラーは，殺意を持たれているという重要な情報を被害者に通告しなかったことが裁判で問われました（米国 タラソフ事件）。つまり，重大な危険性をはらんだ情報がある場合には，守秘義務より秘密開示が優先されることがあるのです。

　もちろん，必要最低限の関係者に限った秘密開示です。そして，それらの関係者自身にも知りえた情報については守秘義務が発生すると考えるならば，カウンセラーと関係者が秘密保持の約束を結んだうえで情報を共有する，いわゆる**チーム内守秘**という形をとったとみなすことも可能です。この点については，第Ⅰ部の「チーム」についての記述を再度参照してください。また，本書の続刊〈活用編〉もご覧ください。

　なお，カウンセリングにおける秘密保持と秘密開示に関しては，情報公開法と個人情報保護法との関連の議論も重要となります。ある県の教育センターにカウンセリングに通った人に関する記録文書が，情報公開を請求した第三者に一部公開されるという事態が起きました（金沢，2009）。このような個人のプライバシーを侵害するような情報公開がなされないよう，個人情報保護法の精神に基づき，スクールカウンセリング活動におけるプライバシーポリシーを，法的義務はありませんが作成しておくとよいでしょう。こちらも〈活用編〉に具体的判断の参考基準を載せています。

Ⅳ　学校内危機

　「**Ⅳ　学校内危機**」について説明しましょう。本人の危機的問題が学校内の児童生徒や担任，その他学校教職員によって気づかれること自体は，「Ⅱ　日常ネットワーク内の危機」といってよいのですが，その**危機的内容が深刻なために学校内で大きな問題となり，迅速かつ組織的対応が学校組織に求められる場合**，「Ⅳ　学校内危機」と判断できるでしょう。

　本章の冒頭の事例は学校内危機に該当します。ここまで問題が大きくなると，学校内で特別な体制をつくって対応する必要があります。それ以上の事件や事故を防ぐために本人を保護し，保護者や担任（担任を通して学校責任者）に伝え，保護者に来校してもらって今後の対応について話し合うことを原則とすべきです。すなわち，「緊急対応」の必要性が高まります。一方で，リストカットは危機に気づいてほしいという

本人の必死の訴えであると理解し，本人の内面の支援をどう行うか検討する必要があります。

V　学校外危機

「**V　学校外危機**」は，**本人の危機が学校外にまで影響が及ぶ場合**です。学校内で起きた危機がその影響の大きさから外部にまで広がるといった場合や危機の発生自体が学校外で起きた場合などです。たとえば，本人が自殺を企て深夜に川に入水したが，途中でどうしようか迷い，そのまま腰まで水に浸かった状態となり，土手をジョギングしていた人からの110番で警察が駆けつけ保護されたケースなどです。このような場合，警察や家族の判断で精神科に即入院という対応がなされる場合もありますが，警察から家族に引き渡され，家族もそのままそっとしておいて，翌日に本人が学校に登校して担任に前夜の入水の件を話したために，学校で大問題となって危機介入が行われるという場合もあります。

児童虐待は，その緊急度や深刻度から判断して，学校外危機として扱うことが適切な場合があります。まず把握した学校関係者は，必ず学年主任や校長，副校長と情報共有することが必要です。そして校長等が必要と判断した場合は，しかるべき人が児童相談所に通告します。通告する場合に，「通告を匿名で扱ってほしい」「すぐに児童相談所として保護者に接触はしないでほしい」などの通告者側の希望も率直に伝えたほうがよいでしょう。児童相談所はそのような通告者側の事情をくんだうえで，対応を考えます。このあたりの手続きは，児童福祉法や児童虐待防止法に基づいています。児童虐待については〈活用編〉で触れています。

3. 危機介入と緊急対応

「Ⅲ　通常カウンセリング内の危機」の中で通常のカウンセリングでは対応できないとカウンセラーが判断した場合，そして「Ⅳ　学校内危機」「Ⅴ　学校外危機」の場合は，そのまま対応しないでいるとさらに事態が悪化すると予想され，早急に組織的対応が必要となります。このような場合，**緊急対応**（「**危機対応 crisis response**」とも呼ぶ）が行われるこ

とになります。つまり、**危機への関わり（危機介入）**の中でも学校組織を挙げて迅速に行う対応を緊急対応（危機対応）と呼ぶのです。

■**危機介入の3つの要素**

図7に**危機介入**と**緊急対応**との関係を示しました。右方向の流れが危機介入のプロセスとなります。（広義の）危機介入には3つの要素があります。それは、「**予防的介入 prevention**」「**（狭義の）危機介入 crisis intervention**」「**事後介入 postvention**」です。

予防的介入とは、危機的状況が起きる前に、また起きるのを防ぐために行う事前の介入です。前章で触れたアサーション・トレーニングにおける啓発教育や危機介入のためのマニュアルづくりなどはこれにあたるでしょう。予防的介入には、その他組織づくりや緊急時に対する打ち合わせや、地震を想定した避難訓練も含まれます。しかし、現状において心理的ケアも含めた避難訓練を実施している学校はあまりないのではないでしょうか。たとえば「腕から出血しており止血が必要」「泣き崩れて動けない」「心理的ショックを受けて放心状態」といったカードを用意しておき、その役割をする人を決めて、どのような身体的、そして心理的な関わりをするとよいかをロールプレイしながらの訓練であれば、より実践的な予防的介入となるでしょう。

（狭義の）**危機介入**とは、実際に危機が発生したときの介入です。**危機介入**の中には、内面でひそかに生じた危機（表11のⅠ～Ⅲの危機に該当）に対して、相談室で個別に対応される場合もあります。しかし、

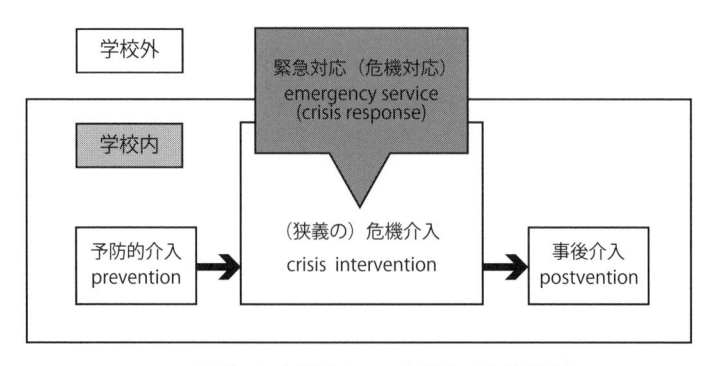

図7　（広義の）危機介入と緊急対応（危機対応）

個別カウンセリングでは対応できない大きな危機の場合（表11のⅣ，Ⅴに該当），組織的でまた学校外の機関の協力など広範な介入が必要となります。これらの組織的かつ地域的な介入を**緊急対応（危機対応）**と呼ぶのです。

そして（狭義の）危機介入（緊急対応を含む）のあとにも，その後のケアとしての**事後介入**が行われます。突然級友が事故死した事態をめぐり，喪失感にひたっている時期から少し日がたって，その級友の思い出を文集にまとめようというメモリアルな作業が提案され，その作業を学級で話し合いながら進めるといったプロセスなどは，事後介入のひとつといってもよいでしょう。ただし，文集作成が適切な介入となるかどうかは十分に吟味する必要があります。3つの介入において，児童生徒のこころの成長や今後への影響を考えた場合，この事後介入において教育的な意義をどう含めていくかが非常に重要となります。

黒沢（2007）が体験した事例では，公立中学校で発生した精神病性の興奮状態が見られた生徒に対する緊急対応が行われ，精神科病院への入院，その後の周囲の生徒への説明や家族への介入，本人退院後の学校復帰に関する支援，そして卒業といった，（狭義の）危機介入のみならず事後介入の重要性が示されています。そしてそれらの事後介入の経験が，その後の予防的介入や危機介入に活かされるというプロセスも強調されています。

■**緊急対応の流れ**

「危機」の明確な定義を行うことが必要という話を前にしましたが，とくにどのような場合に緊急対応が行われるべきかをよく検討しておく必要があります。そのためにも，緊急対応の定義をある程度明確にするとよいと思われます。たとえば，ある学校では以下のような操作的定義をしていました。「情緒的問題が深刻で，自殺や他害の危険性が高かったり周囲の人が対応に苦慮するために，予約制の相談活動など日常的な対応では応じられないケースに対して，速やかにかつ組織的に行われる対応」という内容です。

重要なのは，日常的対応では応じられないということと，速やかに介入しなければより大きな事件や事故が発生する危険性がある事態とい

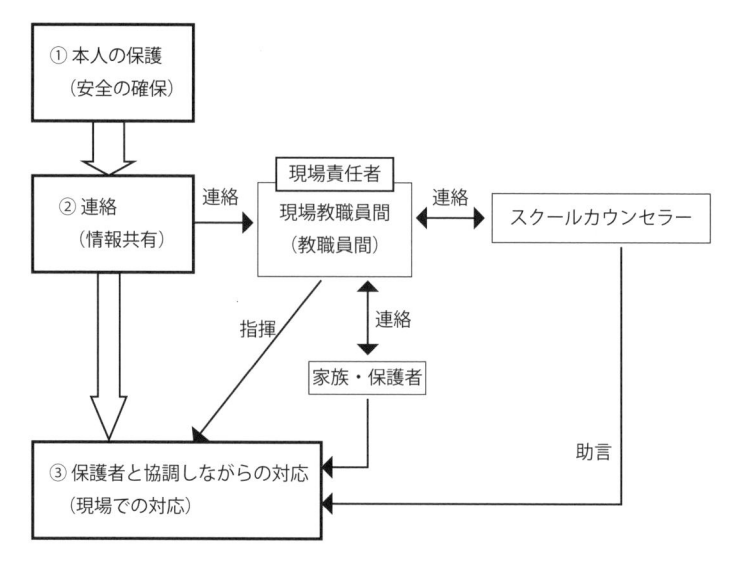

図8　緊急対応（危機対応）モデル

うこと，さらに学校組織（場合によっては地域組織全体）での対応が必要であるという点です。これらの事態に該当する可能性のある問題をあらかじめいくつか話し合って例示しておくとよりわかりやすいかもしれません。

　緊急対応で重要となる原則は，**保護（安全の確保），連絡（状況把握，情報共有），連携（家族や関係機関との協働）**となります。これらの原則に沿って動きながら，児童生徒への初期介入を行っていくのです。通常，静かな個室に連れていくなどして**安全の確保**をしたうえで，本人から事情をゆっくりと聞く一方，校長または担任はじめ協力できる教職員が必要な**情報把握**を行い，これらの情報を校長のもとに集め**情報共有**し，必要な機関との**連携**を行いながら対応を進めていくという流れになるでしょう。ここで重要なのは，**家族との協力関係の確立**とスクールカウンセラーがどのような位置づけで動くかということです。

　それらをもう少し具体的にするために，図8のモデルに沿って説明します。

① 保護

　危機的状態に陥っている本人を保護しないと，その後のさらなる深刻な事態をまねく場合があります。また本人の混乱している状態が周囲の視線にさらされることは，本人も傷つくし目撃した児童生徒が精神的ショックを受ける可能性もあります。まず本人を人目につかない部屋に保護し，同じ目線の高さでそばに寄り添う形で，ゆっくりと落ち着いた口調で語りかけます。本人に安心感を持ってもらうことが重要ですから，なるべく本人が日頃から知っている担任・教科担当・部活動担当等が，対応の中心となるのがよいでしょう。養護教諭がベッドサイドでつかず離れずの対応をする場合がありますが，そのような感じがよいと思います。

　それを支援する形で，さりげなく複数の教職員が対応します。対応する教職員には，部屋の中と外の連絡，水分補給（飲み物などの準備），電話連絡などの側面支援以外に，状況の記録，本人が逃げようとした場合にそれを阻止する役割などもあります。また，学校の日常業務の調整（たとえば対応中の教員の授業を自習にする連絡を依頼するなど）の一端を担うことにもなります。そして，保護した部屋の中にいる対応者が動きやすいよう調整する役割が，**現場責任者（コーディネーター）**に求められます。緊急対応においては，この現場責任者がどう動くかがその後の鍵を握るのです。

　保護した部屋の中では，本人が少し落ち着いてきたころを見計らって，保護に至った理由を丁寧に本人に説明します。自傷や暴れたりした間のことを本人はよく覚えていない場合もあります。ここで本人がやったことを責めてはもちろんいけません。責めるのではなく，「さっき起こったこと」を丁寧に説明し，教職員はとても心配しこのままでは危ないと強く感じたため，今この部屋に一緒にいることを，本人によく理解してもらう必要があります。本人は自分の行った行為を認めたくないがために，「もう大丈夫です」「大げさに騒ぎすぎる」などと言い始める場合もあります。しかし，「大丈夫でない」からこそこのように保護される事態となったのです。そのことを何度も丁寧に繰り返し本人に説明します。

　一方，水分の補給と食事の提供に気を配ります。精神的に危機的な

状態が続くと、十分な水分や食事の摂取がなされず、軽い脱水状態になっている場合があり、それが不安定さを高めているかもしれません。本人の希望を聞きながら、お茶やおにぎりなどを提供します。

これらの対応は、「**心理的初期介入 psychological first aid**」といってもよいものです。「心理的」といっても、心理学を学んだ人でないと行えないわけではありません。ここでいう「心理的」とは、「心理面に配慮した」という意味です。ここで重要なことは、傷ついている人への常識的で温かい関わりを丁寧に行っていくことです。本人をなるべくリラックスさせ、本人が望む一番楽な姿勢で休ませ、おだやかな声かけをし、本人の話に耳を傾ける姿勢が重要です。しかしあまり無理をしてしゃべらせてはいけません。黙っていてもかまわないことを伝え、水分や食事の補給には気を配ります。熱いお茶を飲んでやっと表情がゆるみ落ち着いて話ができるようになったケースもあります。

心理的初期介入は、そこに居合わせた人がまず行うのが原則です。次に本人と日頃からなじみのある人が少しずつ行うことになります。そしてそれを現場責任者が他の複数の教職員とともに支援します。

② 連絡（情報共有）

連絡において、まずは学校管理者に危機についての情報がすみやかに伝えられる必要があります。そのうえでどのメンバーが中心となり対応するのかを決めます。「チームづくり」の段階です。そしてそのチームにおいて今後の対応方針を協議します。問題が大きいほど、多くの学校内教職員が集結して、チームを形成し情報共有を行うことになります。日常業務を緊急に分担し直すことも必要となってきます。教職員間でお互いに支え合いながら対応しているという感覚が持てるかどうかは、初期の情報共有のあり方にかかっている場合も多いのです。

スクールカウンセラーへの連絡もなるべく早い段階で行われるのが好ましいでしょう。そのためには日頃より、スクールカウンセラーは緊急時に連絡をしてほしいことと連絡先を学校のキーパーソンに伝えておく必要があります。別の場所での面接を中断してでも、学校における緊急の情報共有を行わなければならない必要も出てくる可能性があります。スクールカウンセラーは現場の学校スタッフの対応に対して助言を行い、

側面から支援します。

　また，情報共有の中でも保護者への連絡をどのタイミングでどのように行うかが重要なポイントとなります。本人が保護者連絡に対してどう考えているか，日常の関わりの中で得られている保護者に関する情報を十分に考慮したうえで保護者連絡を行います。

　生じた事態を保護者に十分に説明したうえで本人を保護していることを伝えます。そして保護者に来校を要請します。保護者によっては，大いに心配しすぐに来校する場合もありますし，来校の必要性は理解しながらも種々の事情から来校に乗り気ではない場合もあります。また，そもそも問題の深刻度が保護者に理解されていない場合もあります。

　発達障害が疑われている児童生徒で，パニックから周囲の児童生徒に暴力をふるうことが頻発しているときに，たびたび保護者に連絡をして来校をお願いする場合などで，「いちいち電話しないで学校で対処してほしい」「生活するだけでたいへんで，子どものことで動いていたら破綻する」といった反応を保護者がする場合もあります。連絡することが保護者にどのような影響を及ぼすかについて保護者アセスメントを行うことが重要となります。

　また，学校からの保護者への連絡は，それだけで「学校から責められている」「家でなんとかしろとプレッシャーをかけられている」「学校では対応できないとさじを投げられた」と受け取るものです。「一緒に考えていきたい」「学校でのよりよい対応を考えるうえで保護者のご意見もほしい」といった電話する意図を前面に出して強調することも，ときによっては必要となるでしょう。

　なお問題の深刻度によっては，学校内の評議員会，PTA役員，教育委員会その他の機関に対しても，危機に関する情報共有を行う必要があります。自殺未遂をした生徒がいじめが原因と語っているという状況においては，教育委員会に報告することが必須と考えるべきでしょう。危機の内容によっては，マスコミが情報を把握することを予測し，記者会見のあり方を学校教職員内や教育委員会と，誠意を持った対応について協議し調整することも求められるでしょう。

③保護者と協調しながらの対応

　来校した保護者には事情を詳細に説明したうえで，学校における対応について，また家庭での対応について，その内容や留意する点について話し合います。必要ならばその日のうちに，保護者同伴で本人を医療機関に受診させることが適切な場合もあります。少し本人が落ち着いている様子ならば，一緒に帰宅してもらい，自宅でよく休ませ慎重に観察してもらったうえで，後日医療機関や相談機関を受診してもらうことになるかもしれません。問題の内容によっては，登校せず自宅で療養することが適切な場合もあるでしょう。その場合でも，早急に適切な医療機関を受診してもらい，学校が本人に適切に対応するために必要な情報を，保護者から学校に伝えてもらうことが好ましいと考えられます。

　このように，緊急対応時においては協力を要請できる精神科（神経科，心療内科）クリニックや相談機関（児童相談所や教育相談所，民間の相談機関）とふだんからネットワークをつくっておくとよいでしょう。ネットワークづくりについては，第Ⅱ部第5章においても触れていきます。なお，自傷他害の危険性が高く精神疾患が強く疑われる場合，警察に協力を要請し警察の保護のもとで医療機関を受診する精神保健福祉法第24条に基づく対応もありえます（本書の続刊〈活用編〉参照）。

　本人や保護者に医療機関受診への動機が低い場合は，保護者の承諾を得たうえで学校側から予約をとり，教職員同伴で受診するということも必要になるかもしれません。スクールカウンセラーが同伴受診の役割を担う場合もありうるでしょう。しかしその際も，あくまで保護者からの要請に応える形で教職員が同伴したこと，いずれは保護者が同伴することが好ましいことを，ポイントとして押さえながら対応することが重要です。

　緊急対応時の連携先としては，医療機関や児童相談所，教育相談所（民間の相談機関を含む）のみではなく，警察，保健所など地域のさまざまな機関をあげることができます。これらの機関に相談に行ってもらうためにも，本人や保護者にとって役に立つということを十分に強調する必要があります。機関紹介に対して保護者は「学校が見放した」「自分の子どもを特別視した」と被害的な感覚を持ちやすいものです。そのような意図で紹介したのではなく，今後も学校で有意義な生活を送って

もらうために紹介した機関の支援が必要であることを強調すべきです。そのためにも，紹介機関を利用したあとも，本人や保護者と学校が密接に連絡をとり合うなどのフォローアップの活動が大切です。

　本人の危機は保護者の危機でもあります。学校から支援されている感覚や安心感を保護者に持ってもらうことが非常に重要でしょう。機関との連携は家族を支援するという文脈の中で行われる必要があります。ところで，保護者の協力が得られそうにない事態の中で，緊急対応が行われる場合があります。たとえば，児童虐待があることが明らかになった場合などです。この場合はあとで述べる状況的危機ともみなされますが，本書の続刊〈活用編〉で触れましょう。

　ここであげた緊急対応の流れはあくまでも基本的なものです。実際には，保護を抜け出して本人が強引に帰宅してしまった事例や，自宅で問題が発生して家族がどう対応すればよいか学校に電話をかけてきた事例，本人を保護したものの保護者になかなか連絡がとれないまま時間が過ぎてしまった事例，来校した保護者が本人を医療機関に連れていくと約束して本人を引き取ったもののそのまま帰宅してしまい本人が家を飛び出し行方不明になってしまった事例など，さまざまな事態が起こりえます。刻々と変化する事態に即応しながら，学校責任者が適切な判断をできるようスクールカウンセラーが十分に助言役に徹することが重要となります。

　繰り返しになりますが，**緊急対応は，校長や現場責任者の指揮のもとで行われる**ことになります。スクールカウンセラーが中心にならないように気をつける必要があります。なぜならば，そうなってしまうと「こころの問題だからスクールカウンセラーが対応すべきだ」といった「責任のなすりつけ」が起こりやすくなりますし，スクールカウンセラー自身も対応可能な限界を超えてやってしまう巻き込まれやすいメンタリティーを持っている場合があるからです。

　対応できないことを抱え込んでしまうことによって，スクールカウンセラー自身が危機的になってしまうことが，実はしばしば発生しているのです。緊急対応（危機対応）は，校長の指揮下で行われるべきことであること，スクールカウンセラーは助言的立場でいること，必要な局面においてのみカウンセラーとして動くものでもあることなどを，明確

に意識しておく必要があるでしょう。

■ **通常対応への移行を視野に入れる**

緊急対応に対して，通常のカウンセリングや教育活動の中で対応できるものを**通常対応**と呼ぶこともできます。危機介入の多くは通常対応の中で行われることになります。それほど深刻でないけんかへの介入は，日常の教育活動の一環として行われるでしょう。ところが危機のレベルが大きくなり通常対応での対応が難しくなった場合，すみやかに緊急対応に切りかえることが重要です。また危機のレベルがより大きく，学校外の地域機関の支援が必要なときに緊急対応となるでしょう。

これらの緊急対応はその後の経過において危機のレベルが小さくなるとともに事後介入へと移行します。そして**事後介入はなるべく通常対応として行われるのが望ましい**でしょう。つまり，緊急対応は将来の通常対応に円滑に移行するためにいかに問題を最小限にとどめるかという視点で行う必要があるわけです。

ところで**危機の機は「機会」の機**ともいわれます。つまり危機は危ういときであるとともに成長のチャンス（機会）でもあるのです。長年にわたって親との疎遠な関係に不安をいだいていた子どものリストカットをきっかけにして，親がその危機に気づき，親と子の間で真剣な話し合いが始まるようなこともあります。逆に子どもが必死にリストカットで訴えるのに，「死ぬつもりはない」「演技だ」と言って，保護者や周囲が危機に気づかないときもあります。**危機を危機と認識しないときが最大の危機**となるのです。

4. 状況的危機について

さて，発達的危機に対して，事故や事件，犯罪，災害などの外からの予測できない状況によって被害を受けたために発生する精神的な危機を，**状況的危機**と呼びます。残念ながら近年，子どもの安全をおびやかすこの種の危機が目立ってきています。表12に**状況的危機**の種類とその対応等についてまとめて示します。

表12 状況的危機のレベル

危機のレベル	危機の内容	問題のレベル	具体的ケース
Ⅰ 当事者間危機	加害者と被害者間の危機	関係者のみで対応可能である	けんか ふざけ合っていての軽いけが
Ⅱ 学校内対応危機	学校内の加害者と被害者，保護者，学校組織を含めた危機	学校の組織的対応が必要である 保護者への対応も必要	学校内のけんかによる軽いけが いじめ 学級崩壊
Ⅲ 学校外対応危機	学校外に加害者または被害者がいる危機 違法行為に発展した危機	警察等の地域関係機関の介入が必要 学校の関連部署の組織立った対応が必要	学校外の集団でのけんか 悪質ないじめ 児童虐待の被害 違法薬物の使用
Ⅳ 学校秩序危機	問題の重大性から学校の秩序自体が揺らいでいる危機	教育委員会や他の地域関係機関の組織的な学校支援が必要 学校全体の組織的な対応が必要 警察の強力な介入	外部侵入者による児童生徒傷害 学校内での飛び降り自殺 教師への暴行傷害
Ⅴ 地域危機	地域全体に大きな影響を及ぼす危機	火事，大規模な自然災害などで地域全体の強力な介入が必要	火事による死傷者 大地震による多数の児童生徒の死傷 通学バスの重大事故

■状況的危機のレベル

Ⅰ 当事者間危機

「Ⅰ 当事者間危機」は，学校内で発生した対人上のトラブルや事故であり，基本的に当事者（加害者と被害者）間の話し合いや，必要に応じて担任が入っての話し合いで解決することが可能なレベルです。この問題自体は危機としては深刻ではないのですが，**その後の重大な危機発生の予防的介入として重要**な場合があります。慎重に状況を把握し当事者の本音を推測しながら対応する必要があります。

Ⅱ 学校内対応危機

「Ⅱ 学校内対応危機」は**学校内のみで対応が可能**ではあるのですが，事件や事故によって被害者が精神的なダメージを受けて危機的状況とな

り，**学校組織内での何らかの対応が必要となる場合**です。児童生徒間のけんかから仲間はずれにされ精神的なダメージを受け，授業を受けられなくなり欠席がちになったケースはここに該当するでしょう。

多くの場合，加害者と被害者がいて，何が起きたかの事実確認や加害者への措置（または処分），加害者への教育的な指導，加害者への学校としての対応について被害者に十分に説明することなど，単に状況的危機に直面している被害者へのこころのケアのみではない，さまざまな組織的対応が必要となります。保護者への対応が重要となるのもこの危機の段階です。

これらの初期対応を誤ると，事態の深刻さや話題性によっては，学校外への機関への通報やマスコミに取り上げられるなどの事態が生じ，学校外危機対応へと問題が広がり複雑化する場合もありえます。校長または学校現場責任者の管理のもと，組織的な対応が求められます。典型的な加害者と被害者への心理的介入について，本書の続刊〈活用編〉で触れます。

加害者や被害者への心理的な個別対応を行うにあたっては，怒りの感情のコントロールに焦点を当てたアンガーマネジメントによる危機介入の方法もあります。また，個々の子どもの問題として見るだけでなく，学校や家庭の中で問題が増幅する要因やシステムがあることについても考え，そこに介入する視点も重要になります。

学校内対応危機として，学級崩壊の問題があります。

> 小学校低学年担任のF先生は，自分の納得がいかないとパニックになるG君とその彼を意図的に刺激しからかうH君，I君，その結果けんかになり騒ぎになると興奮して席を立つ数人の男子児童，そしてそのような騒ぎをおさめきれないF先生を軽蔑して，言うことを聞かず態度の悪いJさんはじめ数人の女子児童への対応で，くたくたになっています。
>
> F先生はこのクラスをなんとかしようと全力で取り組んでいます。しかし力が入りすぎてしまい，頭ごなしにしかることもしばしばです。そんななか，からかわれたG君が興奮して走りだした際に，そばにいた女子児童Jさんを突き飛ばし，Jさんが転んでけがをしてしまいました。幸いけがはすり傷程度ですんだのですが，突然ぶつかられてびっくりしたようで，また日頃から騒がしいクラスに嫌気がさしていたこともあり，あのクラスには行きたくな

い，と休むようになったのです。

　Jさんの母親は，それまでも「クラスが騒がしくて勉強にならないと娘が言っている」とF先生に抗議の電話をしていましたが，今回はG君にけがをさせられ，それでもG君を登校停止にしないのかと，話を聞いた父親が怒っており，校長に直接電話をしてきて，学校が何の対応もしてくれないならば，知り合いに弁護士がいるので法的手段に訴える，と言ってきました。

　校長はこのような電話があったことを伝えるためにF先生を呼び出しました。そしてF先生からG君の母親に連絡して被害者（Jさん）に謝る必要があると指示しました。また今後このようなことが絶対にないように，G，H，I君を厳しく指導するようにと，F先生に校長は伝えました。

　しかしF先生からの電話に対して，G君の母親は，「HやIが自分の息子をからかわなければ息子はよい子である。今回Jさんをけがさせたのはよくなかったが，うちの息子だけが謝るというのでは不十分である。HやIにも何らかの謝罪をさせるべきである」という意見でした。そして，もし自分の意見が受け入れられなければ，いじめへの対応がよくないということで教育委員会に訴える，と意気込んでいます。

　このような事例は，学校内対応危機といってよいでしょう。そもそも，担任のF先生が危機的状態です。校長のF先生への対応は，ちょっと冷たすぎますね。保護者連絡など一部は校長が引き受けてもよかったのではと思います。というより，校長が陣頭指揮をとり，副校長，学年主任，学級担任，養護教諭，スクールカウンセラーが，連絡をとり合い分担しながら進めたほうがよかったでしょう。このように，ここには問題を増幅してしまう要因が複雑に絡み合っていたことが見て取れます。

　Ⅲ　学校外対応危機
　「Ⅲ　学校外対応危機」は**学校内のみでは対応が不可能で，警察や教育委員会，児童相談所など地域関係機関と連携しながら，協力して対応する必要のある事態**です。学校内で発生したけんかによって激しい傷害を受けた場合，悪質で持続的ないじめによって不登校となり人権的な問題があると専門家に判断された場合，家庭内の身体的虐待によって生傷が絶えない場合，生徒の大麻などの薬物使用が明らかとなった場合などです。

　これらの場合，学校が事態を迅速かつ十分に調査するとともに，地

域関係機関になるべく早めに通報・連絡を行い，協力して問題の対応にあたる必要があります。地域関係機関と連携するのですが，その機関に対応をまかせきってしまうのではなく，学校としてどのような対応を行うか，とくに被害者への精神的ケアと加害者への措置（処分）と教育的指導，再発防止のための対応策などを迅速かつ的確に行う必要があります。

またこれらの場合は，必要に応じて目撃児童生徒や保護者に対して適切な説明を行うことになります。とくに再発防止策については，学校に対して安心感を持ってもらうための当面の安全策と中・長期的な視点での策とを分けて，まずは当面の安全策について早急に策定する必要があるでしょう。

いじめの問題は，社会的な関心の高まりから，学校外対応危機として扱わざるをえないケースも出てきました。いじめられた児童生徒の保護者が教育委員会に善処を求めてきた場合などです。いじめられたことにより不登校になったと，保護者がいじめた本人の転校を要求することもあります。このような場合も，校長を中心としたチームを編成し対応する必要があるでしょう。

児童虐待は，学校外で本来本人を保護すべき家庭という場が機能していないという意味でも深刻です。虐待を予測させる情報をつかんだ場合は，ただちに校長に報告し，できれば対策会議を行い，児童相談所との連携を最優先に検討してください。本書の続刊〈活用編〉にその流れを示しました。

IV 学校秩序危機

「IV 学校秩序危機」とは**問題の重大さから学校全体に強い衝撃を与え，学校の秩序や教育的環境そのものが揺らぎ，危機的状況となるような事態**のことです。悪質ないじめが原因で発生した自殺，学校内で発生した殺傷事件，外部からの侵入者による殺人などが典型的には考えられるでしょう。教員への暴行傷害や学級崩壊も教員や教育に対する信頼が揺らぐという意味ではここに含めてよいと思います。

このような場合，教育委員会や警察などの地域関係機関が当然関与しますが，学校全児童生徒や全保護者さらに地域社会に与える影響には

大きなものがあります。そのため安心できる学校秩序を回復するためには，学校全体で総合的に事態に取り組む必要があります。被害者やその保護者への対応はもちろんのこと，事故や事件の目撃者，また被害者の友人，同級生に対する精神的ケアが必要となるのです。

また学校全児童生徒に対する説明や保護者に対する説明も求められます。押しかけるマスコミへの対応や事件現場を繰り返し報道するマスコミによって間接的被害も起こりえます。また対応に追われる教職員など関係者へのこころのケアも必要となるでしょう。このような事態への対処中に教員が過労となり抑うつ状態となる事態も起きやすいのです。

このような心理的衝撃度の強い事態発生に対して児童生徒が示す心理的反応を，教員や保護者が理解し適切な対応をすることが重要です。子どもの心的外傷に対する反応については〈活用編〉で触れています。これらの説明と対応方法について，保護者や教員に対して心理教育プログラムとして実施することも，学校秩序危機のような大規模な危機の場合には必要となるかもしれません。

大規模な状況的危機が発生すると，対応する教職員自身が大きなストレスを受けます。惨事の光景を見ることで二次的なトラウマを受けることもあるでしょう。児童生徒が死傷した場合，児童生徒を守れなかったことを周囲から非難されたりマスコミから攻撃されることもあります。もちろん守れなかったことへの深い自責の念を抱えることもあるでしょう。

このような教職員への心理的支援については，**ディブリーフィング**と**ディフュージング**といった関わり方も参考になります。ディブリーフィングは，心的外傷を受けた人の支援を目的に，心的外傷体験を語り，個別または集団において生じている感情や身体感覚を共有していくことであり，どのようなこころ構えで心的外傷体験と向き合っていけばよいかを見いだしていくものです。もともとはトラウマを受けた本人を対象としていましたが，子どもに対して行うのは，こころの傷つきを深めてしまうという理由で，日本人にとっては好ましくないといわれています。児童生徒に対してではなく，教職員への支援の中で慎重に行われるべきでしょう。

一方ディフュージングは，同じく心的外傷を受けた人の支援のため

に行うものですが，ディブリーフィングとは違って心的外傷体験を直接語るのではなく，雑談したり一緒に作業したりして交流し，自然な形での気持ちの表現を大切にしていくものです。日常生活での関わりの中で行うことができます。自然な形で傷つきが語られるならば，それをしっかりと受け止め共有していきますが，語ってもらうための時間を不自然な形でつくるようなことはしません。心的外傷に関係のないテーマで行う構成的エンカウンターグループは，ディフュージングとしての活動といえるでしょう。また，ストレスマネジメントプログラムや通常の授業の中においても，ディフュージング的要素を取り入れることもできるでしょう。

V　地域危機

「V　地域危機」とは，**地震や水害，火山噴火，台風被害，地域で発生した大規模爆弾テロなど，地域全体が大きな危機となった場合**です。2011年に発生した東日本大震災は，第二次世界大戦終結後の日本において，最大級の地域危機となりました。地域全体が危機的状況となった場合，学校はまず在籍している児童生徒の安否を確認する作業に追われます。児童生徒は生存していても，家族が犠牲者となったり被害を受けたりして，精神的な危機に陥っている場合もあります。それらの状況の把握にまずかなりの時間をさくことになるでしょう。

児童生徒の災害や事故に対する反応はさまざまです。子どもの場合はとくに，大人から見ると自然に振る舞っているけれども，内心は普通にするだけで精一杯ということもしばしばです。表面上は元気だからといって，安心してはいけません。子どものふだんとは違う様子に対して敏感でいる必要があります。

一方で，学校は災害避難所として使用され，地域災害支援のセンター的な役割を担うこともあります。それに何より学校の教職員自身が災害や事件の被害を受ける場合も多いのです。地域危機の状況において，学校がどのような組織的な対応を行うかについては，さまざまな形があるかと思います。そのなかで，スクールカウンセラーはコミュニティの一員としての役割を担うことを忘れてはなりません。

■状況的危機への介入

ここで状況的危機に対する介入プログラムについてもう少し詳細に述べておきましょう。基本的な形は発達的危機に対するものと同じです。ただし、より包括的で組織的な対応が求められます。上記で定義された危機が発生した場合、危機介入チームのメンバーに対し、事態の発生が連絡され、それぞれが持ち場につきます。そして、マニュアルに従った系統的な対応がとられます。この際重要となる点は、前述した**現場責任者（コーディネーター）が明確になっていること、チームのメンバーの役割が明確であり、かつメンバーがそれに忠実であること、メンバー間の情報伝達がスムーズに行われること**、の3点でしょう。

それでは、危機介入チームはどのようなメンバーで構成されるのでしょうか。スクールカウンセリングの先進国である米国においても、危機介入は、スクールカウンセリング・プログラムの最重要部分のひとつとされています。その重要性は年々増加しており、大学院によっては、危機介入だけでひとつの単位科目になっているところもある（新福，1999a）ほどです。米国では、**新年度の開始時に校長とスクールカウンセラーが危機介入法について話し合い、あらゆる危機を想定した具体的な介入プランを作成し**、これを**全教職員に説明して同意を得**たうえで、**危機介入チームを編成し**、準備しておくのが**一般的**です。スクールカウンセラーは、自ら作成した危機介入ハンドブックを携えて、学校に赴任する（新福，1999b）とされています。

Brockら（2001）の提案する危機対応について紹介しましょう。彼らは学校におけるさまざまな危機に対する**危機対応チーム**の準備と実際の運用について詳細なマニュアルを作成しています。危機対応チームは、**危機対応コーディネーター**を責任者として、**危機介入担当，マスコミ担当，警備担当，医療担当**と役割担当者をあらかじめ決めておくことになります。ここで、**危機対応**とは学校全体の組織的対応のことであって、**危機介入**は実際に危機に陥っている人や集団に対して心理的介入を行う人のことをさしています。

米国ではこのようなシステムが、各学校で準備されていることに対して脱帽です。いえ、脱帽している場合ではありません。実際このような準備が各学校で一般化しない限り、危機には対応できないでしょう。

なぜなら，危機は，いつ起こるかわからないだけではなく，個人，学校，地域のどのレベルにまたがって起こるかが予想できないからです。危機介入における事前準備の重要性を，まずは概念で十分に理解すること（わが国においては概念理解すら十分に浸透していません），そしてきちんと「準備」することが大切です。

日本の学校領域においても少しずつ緊急対応システムが整備されつつあります。その中のひとつに「緊急支援プログラム」と呼ばれるものがあります（福岡県臨床心理士会，2005）。それは，危機に遭遇した学校に臨床心理士が派遣され，校長の指揮のもと，学校内**緊急支援チーム**を組織し，危機的状況への支援を行うというものです。

危機にはさまざまなレベルがあり，その危機に対して学校やスクールカウンセラーが通常業務の範囲内で対応できるものを，「通常対応」と呼び，その範囲を超える大きな危機へ，通常では行わない対応をせざるをえない場合，それを「緊急対応」と呼ぶことはすでに触れました。緊急対応においてさまざまなソーシャル・リソースの活用が求められるのですが，もし緊急支援プログラムが活用できる環境にある場合は，そのリソースを有効に使いましょう。ただ，このような緊急支援プログラムが全国のすべての地域で利用できる形にはなっていません。各地域の教育委員会や臨床心理士会が，緊急支援プログラムに類した仕組みをどのように整備しているかを事前に確認しましょう。

大切なことは，これらの緊急支援が外部の専門家などの人材が送り込まれることによって行われるとしても，その受け入れの体制を学校内でどうつくっていくか，学校外緊急支援チームとの連携に関する調整，学校外緊急支援チームが去ったあとの継続した学校内でのケアをどう展開するかについて，校長そしてスクールカウンセラーのやるべきことはたくさんあるということです。学校外緊急支援チームにまかせっきりにせず，児童生徒の心理的成長を促進する通常対応をどう回復させるか，そして危機を経て通常対応をより充実したものにできるかが大切なことと思います。

ところで，とくに状況的危機に追われる教職員やスクールカウンセラー自身が大きなストレスにさらされることになるため，教職員やスクールカウンセラーに対する支援が重要となる場合もあります。これは

危機対応時の支援者の支援として重要との指摘がなされています（元永，2007）。惨事ストレスは児童生徒のみならず教職員にも強く振りかかります。危機介入時の教職員のストレスへの対処が不十分なために，状況判断のミスや教職員間の葛藤の高まり，ときに教職員の不祥事につながる危険性もあります。危機に関わるすべての人のこころの健康を保つための配慮が，スクールカウンセラーに求められているといってよいでしょう。

第5章 システム構築

1.「システム」とは何か

　「チーム」と「システム」とは違います（ここでいう「システム」とは，いわゆる「システム理論」の「システム」，すなわち構成要素間の相互作用や力動のことではなく，もっと単純に「体制」とか「組織」のことをさしています）。

　われわれのいう「システム」とは，より恒常的・継続的なものであり，それは「**明文化**」されており，「**人**」をいれる「**いれ物**」，あるいは**人を動かす「仕組み」**のことをさします。

　われわれは，**スクールカウンセリングのシステムそれ自体を構築すること**（すなわち「**システム構築 system organization**」）を，重要な活動の柱のひとつと考えています。確かに「援助」というのは，「人」がするものではあるのですが，あまりに「人」依存の活動（「○○さんだからできる活動」）になってしまうと，その人がそのコミュニティの中にいる間はよいのですが，いなくなった途端，その人の担っていた部分がまったく機能しなくなってしまいます。これでは継続性というものが担保できません。またクオリティ・コントロール（品質管理）もできません。

　たとえば，前任のカウンセラーが退任し新しいカウンセラーが赴任したことで，それまでの機能が果たせなくなったり，活動が衰退したりしては意味がありませんし，突然新しいことを始めたりしては混乱が広がるだけです。外部機関との連携でも，最初は「人」依存の形でソーシャル・リソースとのネットワークが広げられていくのでしょうが，とくにそこで重要となったソーシャル・リソースに対しては，学校内の「担当係」がきちんと設定され，それが代々引き継がれていく（したがって代が替われば，新任の担当係はその当該ソーシャル・リソースの「人」

に挨拶にいく）ことが重要となります。

　また学校の中で早急に対応しなければならない問題が生じたときに，担当者がその場にいなかったり，すぐにはその担当者と連絡がとれなかったりする場合もあるでしょう。そのような場合でも，その場にいる人がすぐに適切な対応を行えるようにしておくことが重要で，個人の不在や多忙のためにサービスの内容が乱れるような事態は，避けたいわけです。

　このように対人サービスにおいては，一定のレベルの質を保ったサービスが継続されることが重要となり，「システム」はそこを補強するもの，人が代わってもサービスが継続される仕組みであります。「個人」の力は，システムを通じて常時，コミュニティに還元されていくといいかえてもよいでしょう。

　学校におけるサービスには，「指導（guidance & teaching）サービス」と「（心理教育的）援助（support）サービス」の2つがあるといわれていて（石隈，1999），わが国の学校では，「指導サービス」のほうはとてもよくシステム化されています。年間の授業や特別活動の日程がしっかりと決まっており，教科書があり，学習指導要領があり，たくさんの研修があり，やり方もかなりきっちりと決まっています。組織的には，学校内に校務分掌があり，学校外には教育委員会を中心とした組織があります。文書もすごくたくさんあります（きっと，先生方は児童生徒と過ごす時間がないほど，事務処理に膨大な時間をとられていらっしゃることでしょう）。もちろん物理的には，「教室」と「職員室」などがあります。

　ところが「（心理教育的）援助サービス」のほうは，どうでしょうか。近年ようやく，公立中学校にはスクールカウンセラーの全校配置がなされるようになりましたが，これにしても「スクールカウンセラーを1人，週1日程度派遣しますよ」ということと，「活動報告をあげましょう」ということだけが決まっているといってよく，いつ，どこで，何を，どのようにやるのかについては，ほとんど何も明文化されていないし，学校によっては相談室もない，つまりシステム化されていない所がほとんどです。

　学校では今まで，「（心理教育的）援助サービス」は，担任や養護教諭，

あるいは教育相談担当となった先生方の「本務」に付け加えられた副次的な仕事（極端ないい方をすると「おまけ」）であったわけです。ですので，そもそもやるやらないからして個人の自由ですし，そのやり方となるとまったくもって個人の勝手，その質は個人の資質に委ねられてきたわけです。つまり，子どもたちが学校の中で「援助サービス」が受けられるかどうか，受けたとしてもその質は，どの先生に当たるかの運次第（!?）といわざるをえない状況であるといえるでしょう。

さすがにこれではまずいので，スクールカウンセリング活動それ自体をシステム化していく活動，すなわち「システム構築」の活動を，われわれはスクールカウンセリング活動の五本柱の1本の柱に据えているわけです。

われわれは，システム構築を他の4本の柱の上位に位置するものと考えています。「個別相談」「コンサルテーション」「心理教育プログラム」「危機介入」といった他の4つの活動はすべて，それが十分に機能するためにはシステムが必要だからです。また，それ以外にも必要となるシステムがあるでしょう。

システムは，構成メンバー個々に対して周知徹底され，その全体像が頭の中で十分イメージされ，理解されていることが重要となります。その理解があって初めて，自分の位置づけ（立ち位置）もわかり，チームメンバーとの連携や役割分担もスムーズにいくようになるのです。そして，システム内容の周知徹底，そのイメージや理解の促進，さらにはその継続性を担保するために，「文書化」や「明文化」が大事になってくるのです（元永，2010）。

2. どんな種類のシステムをつくる必要があるか

さて，では，どのようなシステムを考え，構築していく必要があるでしょうか。表13に，われわれの考える必要なシステムの種類を示します。

表13　システム構築の視点

1) 学校システム
2) 個別相談システム
3) コンサルテーションシステム
4) 心理教育システム
5) 危機介入システム
6) 地域システム
7) 評価システム

以上7つにまとめてみましたが，順に詳しく見ていきましょう。

1）学校システム

　これは文字どおり，学校組織の全体システムのことですが，まずはスクールカウンセラー／教育相談担当教員の校務分掌図（組織図）上での位置づけの話をしましょう。「人」は組織にきちんと位置づけられなければ，きちんとした活動はできませんし，他者との関係もとれません。

　ここでは便宜上「スクールカウンセラー」を取り上げて，校務分掌への位置づけを考えてみましょう。それは校務分掌図（図9）に示されることになります。スクールカウンセラーの位置づけとしてよくあるのは，以下の3つの型です。それぞれメリットやデメリットがありますので，少し考えてみましょう。

①管理職直属型
　スクールカウンセラーは管理職直属となる，学校組織内での位置づ

```
        校長
         │
        副校長
         │
    ← スクールカウンセラー（委員会）
        〈①管理職直属型〉
  ┌──┬──┬──┬──┬──┐
 教務 生徒指導 進路指導 保健 スクールカウンセラー
      ↑                      （教育相談）
   スクールカウンセラー        〈②分掌並列型〉
   〈③分掌ぶら下がり型〉
```

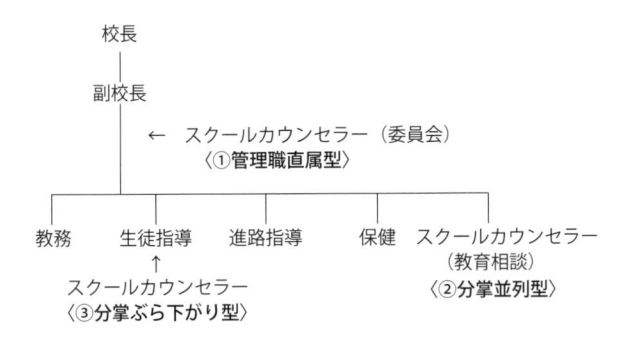

図9　校務分掌におけるスクールカウンセラーの位置づけ

けは他の2つと比較して高くなる型です。こうしておくと，他の分掌の主任を集めて委員会を構成して会議を開くなどの活動も容易になり，学校全体の意思決定に直接関われることになります。したがって，さまざまな新しい活動を一からつくって，学校全体で展開することも可能となります。

一方で，学校挙げての活動は，教職員個々の負担を増やすことにつながりますし，活動への理解が得られないままこれを進めていくと，管理職やスクールカウンセラーが学校の中で孤立することになります。管理職との関係も重要で，細かいことは全部現場に任せてもらえるようであればよいのですが，何をするにも管理職の承諾が必要となると，活動の小回りがきかなくなってしまいます。

② 分掌並列型

教務，生徒指導，保健といった他の分掌と並列的な立場にスクールカウンセラーが位置づけられるもので，たとえば「教育相談」といった新たな分掌をつくり，そこにスクールカウンセラーが所属するという形です。

もし他の分掌との関係がうまくいくのであれば，機動性の高い活動が行える型であるといえます。また，独立したひとつの分掌を形成するのですから，学校の全体会議に担当主任が出席できるようになり，そこで発言権が認められるようになるでしょう。

しかし，各分掌間の交流が乏しかったり，ひとつの分掌だけが強力な力を持っていたりする学校の場合，スクールカウンセラーのところに情報が集まらないなど，孤立する危険性も出てきます。

③ 分掌ぶら下がり型

既成の分掌のどこか（生徒指導部や保健部が多い）にスクールカウンセラーが所属するタイプです。分掌内での話し合いの機会は，他の型と比べてつくりやすいでしょうから，メンバー間の共通認識も持ちやすく，その共通認識に基づいてすぐに動ける，機動性の最も高い型です。個々の事例への対応に関しては，この型が最も機能するでしょう。また，既成の組織体制を大きく変える必要がないので，スクールカウンセリン

グ・システム導入の際には，最も簡便な方法であります。

　一方で，ぶら下がっている分掌の学校内での力関係や連携のあり方が，そのまま直接スクールカウンセリング活動に影響することになります。もし，その分掌の学校内での発言権が弱かったり，管理職を含む他の分掌とのつながりが悪く，孤立しているところにスクールカウンセラーがぶら下がったり，分掌間内で対立があったりするならば，スクールカウンセリング活動も制限されるでしょう。さらに，ぶら下がった分掌の主任など中心メンバーのスクールカウンセリングに対する理解が乏しいとなると，活動は非常に困難なものとなるでしょう。

　このようにどの型にもメリットとデメリットがあります。大切なことは，各々の学校の既存システムを査定し，入っていきやすい，そして連携のとりやすい位置づけ（型）とは何かを判断することです。当該学校のキーパーソンとよく話し合って決めていくとよいでしょう。とくに新たにスクールカウンセリング・システムを導入しようという学校に参入する場合，この判断が重要となります。すでに学校システムが決まっている学校に参入する場合には，各々の型の特徴をよく理解しつつ，その中でどう動くのがよいのかを考えて動くことです。

■その他の学校システム

　何といっても学校における中核システムは職員会議です。したがって，職員会議にスクールカウンセラーが，たとえば月に1回は出席して，スクールカウンセリングの月例報告を行うといったことがシステム化されれば，完全にその活動が学校に根付いたことの証しとなるでしょう。月例報告だけでなく，その他スクールカウンセリング関連の議題を職員会議で取り上げてもらったり，話題となっている児童生徒に関するコメントを求められたりすれば，もうその活動は十分に根付き機能していることになりますね。

　校務分掌以外にも，学校には，PTAや学校評議会といった定常的な，また不登校対策委員会や特別支援教育推進委員会などといった一時的なさまざまな組織があります。スクールカウンセリング・システムは，これら他の組織のことも視野に入れつつ構築されていかなければなりません。

とくに「特別支援教育」活動は、行政的に、教育相談部門とは別のところが動かしていることがほとんどなので、これとどう関連づけていくのか、現在重要な課題となっています。

基本的にスクールカウンセリング・システムというものは、既存の学校システムの上に乗せていく、あるいはつながっていく形で、構築されていくわけです。既存の学校システムは、すべて、法的根拠を持っている、あるいは何らかの文書に基づいているものです。教育の基本的理念とそれを支える行政の役割については「教育基本法」、このもとに「学校教育法」があって、ここで学校および教職員についての基本事項が定められています。さらに「学校教育法施行令」や「学校教育法施行規則」が、その内容をより詳細に定めています。

そして、学校種別ごとの標準的な教育内容を定めたものが、「学習指導要領」です。この中の「保健体育」や「技術家庭」「社会」「公民」「道徳」などの科目において、メンタルヘルスや心身発達に関する事項が述べられています。また、「学校保健法」は、児童生徒の健康診断や心身の健康管理のあり方、学校医等専門職について言及していて、ここに養護教諭が位置づけられています。あとの話とも関係しますが、「心理教育プログラム」は、これらの事項との関連を意識しながら行うと、学校現場に受け入れられやすくなり、新たなものも構築されやすくなるでしょう。

スクールカウンセリングがきちんとシステム化されれば、学校要覧といったパンフレット等にも記載されることになり、保護者や地域住民にも配布されていきます。とくに私立学校においては、こうした学校外に向けて発信できるものをつくることは、重要な経営戦略となるでしょう。

学校外にも組織はあります。もちろん「教育委員会」があります。法律的には「地方教育行政の組織及び運営に関する法律（地教行法）」があって、自治体の「教育センター」や「適応指導教室」などは、この地教行法が設置根拠となっているわけです。

このように学校内外には活動の根拠となる法律や法令がたくさんあるのですが、ことスクールカウンセリング活動となると、そこには十分な法的根拠がないのです。スクールカウンセラー活用事業は、国が3分

の1の補助金を出してはいるものの，基本的に都道府県が任意に実施している事業です。公立学校のスクールカウンセラーの身分自体も，地方公務員法に規定する非常勤嘱託員（特別職）であって，法的根拠は弱いです。そもそも臨床心理士の資格自体が，国家資格ではありません。

　こうした法的整備の遅れから見ても，**わが国ではスクールカウンセリングはシステム化されていない**ということは，明らかな事実です。だからこそ，各学校において，スクールカウンセリングの体制をきっちりと明文化し，それを既存の体制の上に乗せていく作業が重要となるわけです。

2）個別相談システム

　これは主に相談室の運営システムのことで，1本目の柱〈個別相談〉を支える屋台骨のことです。これにはハード面とソフト面とがあります。

　ハード面とは物理面に関することで，相談室をどこに設置するか，部屋の構造・インテリア・備品・室内配置などをどうするかといったことです。

　一方，**ソフト面**とは運営面のことです。相談室には運営方針や目的などがあるわけですが，その方針に沿った，あるいはその目的を達成するのに必要な，受付方法，面接時間（帯），対象者の設定，相談室利用のルール，記録の種類，記録方法および保管方法，相談室担当教職員の役割，学校への報告の内容および方法などが，ここに含まれます。

　ソフト面として，個人情報保護に関する基本的考え方と実際の運用方法などについても，明文化しておく必要があるでしょう。さらに，相談室内のことだけではなく，相談室運営会議と相談室の関係，教育相談担当教員との関係，養護教諭との関係，管理職との関係など，その他学校教職員との連携についても，その仕組みが明示されるとよいでしょう。

　ハード面とソフト面は，車の両輪のようなもので，相互に密接に関わっています。すなわち，どんな相談室にしたいのかによって，相談室のハード面のあり方も変わってくるでしょうし，逆にハード面のことが先に決まっていて，そこでできる活動が決まってくるということもあるでしょう。また，相談室の学校への根付き度，すなわちこれから相談室をつくろうという最初期の段階なのか，それとももう十分に相談室が児

童生徒の間に浸透している段階なのかによっても，適切なハード面のあり方は変わってくるでしょう。

①ハード面

まず，**相談室の根付き度とハード面**との関連を見てみましょう。**スクールカウンセリング導入間もない時期**においては，相談室の学校内の位置として，保健室や職員室から離れていない位置にあるほうがよい場合が多いものです。実際，保健室の隣に部屋を確保している学校は多いでしょう。この時期においては，スクールカウンセラーが，他の教職員や部署との連携を深めることが最重要課題となるため，お互いに行き来しやすく顔を合わせやすい，つまり**保健室や職員室と物理的距離の近い所に相談室を置く**わけです。

逆に，**学校内にスクールカウンセリングが十分に根付いているのであれば，相談室はむしろ保健室や職員室から離れたところにあったほうがよい**かもしれません。というのも，保健室と相談室が近くだと，同じ児童生徒が両方を独占してしまって，他の児童生徒の足が遠のいてしまうこともあります。職員室の近くだと，職員室には近づきたくない児童生徒を，相談室は吸収できなくなるでしょう。学校のスクールカウンセリング活動が，すでに定着期に入っているのであれば，多くの児童生徒が，多様なサービスを使い分けられるように，各々の場所を離しておくほうがよいのです。もちろん，今いったような事態は，導入初期のころにも発生する可能性があるわけですが，導入初期にはそれよりもスクールカウンセラーと他の教職員との連携のほうを重視したほうがよく，それが十分にでき上がった円熟期になったら，今あげたリスクを回避するために，物理的距離を離していくのです。

さて次に，**相談室の内部**をどうするかの話ですが，これは**相談室をどのような場にしたいかに大いに関わってきます**。相談室運営の仕方には，大きく分けて「**サロン的展開**」「**個別相談中心**」「**両方**」の3つがあります。

「**サロン的展開**」とは，児童生徒は相談室に予約なしで自由に出入りしてよく，基本的に皆と一緒になごめるような部屋として運営するやり方のことです。いわば，児童生徒の「居場所的空間」です。もし相談室

をこのように展開するのであれば，それなりの広さのスペースが必要となります。また備品としても，皆が集える大きめのテーブル，椅子，少し離れてゆったり座れるソファ，書籍，絵や漫画を描いたりできる紙や色鉛筆・クレヨンといった筆記用具，将棋やオセロなどのゲーム，ぬいぐるみや玩具などがあってもよいでしょう。

部屋にゲームや玩具などを置く場合，どのような意図でそれらを置くのかを，学校側とよく話し合っておく必要があります。それをしておかないと，「相談室が遊びの場になっている」「学校内にそのような場をつくってよいのか」といった批判が出てくることでしょう。ある種のこころの問題に対しては，遊びを媒介とした関わりや，遊びを通した対人関係の再構築を行ったほうがよい場合があることを，学校側とよく共有しておくことが大切です。

一方，「**個別相談中心**」の運営とは，相談室を個別相談の場とし，居場所的空間としては用いないやり方です。個別相談を行う相談室をどのような設計のものにするかは，人によってさまざまな意見（あるいは趣味）があります。部屋の広さをどうするかもそうですし，普通に机と椅子を置くのか，それとも低めのテーブルとソファにするのか，どんな椅子やソファを何脚置いて，どんな配置にするのか，壁紙の色，壁に掛ける物や机に置く小物など，相談室を訪れるであろう人々のタイプ，もちろん予算のことも考えてつくっていく必要があります。

カウンセラー用の事務机は，面接机とは別に最低ひとつは必要で，また記録等書類保管用のキャビネットも必要でしょう。事務机やキャビネットは，面接室の隣にある独立した（しかし廊下に出なくても行き来できる）部屋に置いてあるのが理想です。それが無理で一室の中に面接机と事務机の両方を置く場合，面接場所から事務机は見えないような仕様（たとえば衝立を置くなど）にしておくことをおすすめします。

相談室の電話は内線電話ではなく，直通の外線電話が引かれているのが理想です。それは保護者からの電話をカウンセラーが直接受けられるようにするためです。保護者がカウンセラーに電話をしたいと思っても，職員室や代表電話を通してだと，電話をかけるのに躊躇するという保護者は多いものです。ただ現実的には，相談室のために外線電話を1本引くのは難しいことも多いため，専用の携帯電話で代替するなどの案

も考えられます。

　もちろん，インターネットに接続可能なLAN回線につながっているパソコンが相談事務室に設置されていれば，いうことはありません。

　さて，**サロンも個別相談も両方の機能がある**というのが，学校にある相談室の**理想型**です。しかし，この両方の機能を持たせるためには，ハード面も充実させていかなければなりません。というのも，**サロンと個別相談を一室でまかなうのには無理がある**からです。サロンと個別相談では，用いられる部屋の構造が異なりますし，同じ部屋を曜日や時間帯で使い分けるという方法は，利用者側に混乱が起こったりして，運用が難しいものです。

　したがって，一室に両方の機能を持たせようとするならば，部屋の中にブースをつくり，ここを個別相談に，広い部分をサロンに使うという形になるでしょう。しかしこれでは，個別相談に来た児童生徒は，サロンに集まっている子どもたちからじろじろ見られながら，奥のブースに移動するといったことが起きてしまい，ブースに入りにくくなります。また，消防法の規定によって，ブースの上部は開けておかなければなりませんので，ブース内の話し声が外に漏れ出る事態も考えられます。このようなこともあるので，サロンの部屋と個別相談の部屋は，できれば別々に用意したいものです。完全に別の場所につくるのもひとつの手ですし，隣室で外から別の扉を使って入れる（中での行き来もできる）構造でもよいでしょう。いずれにせよ，サロンと個別相談両方の機能を持たせようとすると，相談事務室も必要となりますから，部屋は最低3部屋（スペース）必要ということになります。

　②ソフト面

　もし**サロン的展開**をめざすとするならば，その機能を十分に果たすためには，通常，**少なくとも週3日は開室する必要がある**でしょう。そうすると，部屋を開けている日や時間帯をカバーする**マンパワーも必要**となるということです。スクールカウンセラーが直接サロンを経営するのであれば，週3日以上の勤務（1人でなくともよい）が必要で，実際，私立学校ではそのような体制をとっているところがあります。しかし公立学校では，スクールカウンセラーは基本的に多くて週1日勤務

ですから、スクールカウンセラーだけで相談室をサロン的に展開することは難しく、その他の相談員あるいは臨床心理学専攻の実習生の協力を得ながら行われることになります。これは、「相談室登校」の受け入れを行う場合においても、同様に必要となります。

このように複数のスタッフでサロン運営を担う場合、スタッフ間でサロン運営の方針や役割分担を統一させておくことが大事です。各々が違うことを言ったりやったりして、児童生徒や教職員に無用な混乱を招くことのないよう注意しましょう。また連絡ノートをつくり、担当者はその日の出来事が他のスタッフにしっかりと伝わるよう、申し送りを徹底させます。

さて、**個別相談**に関しては、その**予約方法**についてしっかりと取り決めておかなければなりません。担任や養護教諭を通して、予約を受け付けるのであれば、担任等からスクールカウンセラーへの連絡をどうするのか、予約台帳の管理は誰が行うのかなども決めておく必要があります。もちろん児童生徒からの直接予約を受け付けることも多く、その場合の方法としてよく見られるのは、相談室の入口にポストを用意しておき、相談申込用紙をそのポストに投函してもらうやり方です。相談時間確定のお知らせは、相談室入口のボードに申込番号で示されます。保護者からの面接予約は、相談室に直通電話があれば、そこでなされます。なければ、通常は担任経由でなされるでしょう。

個別相談実施時間帯ですが、授業時間帯にも行うのか、それとも休み時間や放課後だけに限定するのかについても、学校内でよく話し合っておく必要があります。原則として授業時間帯の個別相談は行わないこと（担任の許可がある場合は除く）としている学校が多いようです。

相談室登校を受け入れるのかどうかにも判断が必要です。相談室が一室の場合、相談室登校を受け入れると、相談室がサロン化し他の児童生徒が利用しにくくなるという事態が起きますので、別室が必要になります。別室を週何日も開けるとなると、先ほど述べたようにマンパワーの問題が発生します。これらをどうするのかを含めて、学校側とよく話し合う必要があります。

予約方法・相談受付時間帯・相談室登校については、方針を管理職や相談室担当教員および養護教諭とよく話し合い、そこで決まったこと

を文書にして全教職員に配布し，全校での共通理解としましょう（文書については，本書の続刊〈活用編〉参照）。

個別相談の**記録**の問題も重要です。面接記録や来談者の個人ファイルをどのような形式で行い，それをどう保管するのか，それは誰が閲覧してよいのか，についてよく話し合ったうえで決めておかなければなりません。**一般的なやり方としては，心理臨床領域で用いられている形式で記録され，保管は相談事務室の鍵のかかるキャビネットの中，見るのはスクールカウンセラーのみ**，という形です。ただ，この形だけだと，学校の他のスタッフの誰とも，児童生徒あるいは保護者のことに関する情報が共有されないということになってしまいますので，**これとは別に情報共有のシステムをつくっておかなければなりません。**

個別事例に関する情報をどのように学校側と共有するかは，守秘のことも関係してきますので，とても重要な問題です。公式に学校側に情報提供する場合，**情報提供書**（担任や校長に対する対応に関する文書）のようなものが用意されるとよいでしょう。また**活動報告書**（年次または学期ごとの活動報告）なども必要でしょう。

行政に提出する活動報告書は書式が決まっていますが，学校独自の，管理職等に提出する活動報告書の場合，何を報告するか，その内容についてよく話し合っておく必要があります。個人情報保護や守秘のことがありますので，通常は来談者の属性や相談内容の項目別概略といった「数字」が報告されます。事例の「内容」については，報告の必要があるものを選別し，口頭で報告し，文書には残さないほうがよいと思われます。

活動報告書には，こうした個別相談の報告だけでなく，コンサルテーション，心理教育，危機介入などに関する報告も含めたほうがよいでしょう。また，連携した地域関係機関の一覧を示すのもよいでしょう。こうした報告を行うことによって，スクールカウンセラーは多彩な活動を行っているのだということを学校上層部にアピールするとともに，システム構築を促進することができるからです。ただ，こうしたことを報告するためには，やったことを記録しておく必要があります。**スクールカウンセラーが日々つける活動記録票には，面接だけでなく，コンサルテーション**（ケースに関する会話であれば，教職員や管理職との立ち話

もコンサルテーション）や会議参加，教室や保健室巡回なども記録しておきましょう。そしてまずは，そういうことが記録できる活動記録票のフォーマット（本書の続刊〈活用編〉参照のこと）を作成することです。

相談室の**広報活動**をどう行うかについても，きちんと話し合っておきましょう。たとえば，年度初めに相談室利用のしおりを配布する，全校朝会でスクールカウンセラーが自己紹介をする，相談室だよりを毎月（あるいは各学期）1回発行する，などです。相談室だよりにおいて心理教育もできますので，ぜひこれは発行したいものです。

相談室運営委員会をどのようなメンバーで組織し，いつ開催するかも考えなければなりません。たとえば，管理職1人，スクールカウンセリング担当教員3，4人（各学年の教員が加われば理想的），養護教諭，スクールカウンセラーといったメンバー構成で，毎月1回開催するような感じです。この運営委員会で，相談室の運営システムについて話し合ったり，個別ケースについてや学校全体の状況について情報共有したりするとよいでしょう。

3）コンサルテーションシステム

コンサルテーションシステムとは，コンサルテーションの持ち方についての決まり事のことですが，コンサルテーションを「個別」と「集団」とに分けて，その持ち方について考えてみましょう。

① 個別コンサルテーション

個別コンサルテーションとは，**ある特定のケース（児童生徒あるいは学級）に直接関わっている教職員・保護者**だけが集まって，**今後の対応方針についての作戦会議を行うもの**のことですが，これは通常，とくに「何日の何時から何時まで，コンサルテーションを行います」といった定期的な枠はつくらずに，必要なときに「随時」，「どこでも」にしておいて実施する形態をとります。だから「枠はつくりません」という「枠」，「随時どこでもコンサルテーションは行います」という「枠」をつくっておいて，それを全スタッフ間で共有するという感じです。

時間は関係者が集まれるときは「随時」ですし（緊急の場合は，集まれなくても電話でやりとりすることがあります），場所も本当に「ど

こでも」です。どこかの部屋に関係者が集まってコンサルテーションが行われることが，もちろん一番多いですが，その部屋は必ずしも相談室とは限りません。職員室や保健室，あるいはどこかの空き教室であるかもしれません。廊下やトイレ，体育館や運動場で立ち話ということもあるでしょう。また，必ずしも学校内とも限りません。児童生徒宅ということはよくありますし，どこかの喫茶店，場合によっては居酒屋ということさえあるでしょう（その場合は周りに話が漏れないように気をつけましょう）。また，先に述べたように，そうしたある意味「ゲリラ的」コンサルテーションの実施記録も，スクールカウンセラーはきちんと記録しておきましょう。

ただし，**保護者コンサルテーションに限っては，「予約制」にしてきちんと「枠」をつくっておいたほうがよい**です。中には突然学校に来てコンサルテーションを求める保護者もいますが，1, 2回ならまだしも，頻回にそうされると，こちらも対応しきれません。また電話で相談を持ちかけてくる保護者もいるでしょうが，極力，来校をお願いしましょう（状況によりどうしても来校が難しい場合，こちらから出向くなどして，最低でも一度は直接お会いしてお話をうかがいたいものです）。

②集団コンサルテーション

集団コンサルテーションとは，**あるケース**（それは個人であったり，ある児童生徒・保護者グループであったり，学級・学年という集団であったり）**を取り上げつつ，それを直接には関わりのないスタッフ（場合によっては保護者）も交えて，皆で一緒に対応について考え，勉強し合うもの**のことをいいます。集団コンサルテーション活動は，心理教育プログラムと，その目的・形態・内容面で多くの部分重なってきますが，ここでは便宜上，学校内の実際のあるケースを取り上げてディスカッションしていくものを集団コンサルテーション，より一般論に関する情報伝達やスキルアップ・トレーニングのことを心理教育プログラムと，二者を区別しておきます。

さて，先ほど述べたように，（とくにスッタフ間での）個別コンサルテーションは，枠なしで機動的に行うのがよいのですが，**集団コンサルテーションとなるときちんとスケジュール化して行うのがよい**というこ

とになります。そもそも集団コンサルテーションは，多くのスタッフ（場合によっては保護者）が一堂に会して行われますので，事前にそのスケジュールが明らかにされていないと，皆が集まることもできません。また，年間スケジュールに組み込んでおかなければ，次年度に引き継がれなくなります（要するに「システム化」されないということです）。

　集団コンサルテーションとして，最も多く行われている形態は「事例検討会」でしょう。小規模な学校では，そこに全教職員が参加する形をとっているでしょうし，中・大規模な学校では，生徒指導部会，保健部会，各学年部会などに分かれて実施されているでしょう。相談室運営（あるいは教育相談）委員会がつくられていれば，そこでも当然，事例検討会は行われます。

　事例検討会の時間を新たに設ける取り組みもよいですが，生徒指導部会や保健部会，各学年部会というのは，どこの学校にもありますし，そこできっとケースについても話し合われていることでしょう。そういうときに，**スクールカウンセラーがその部会に顔を出し，集団コンサルテーションを行う**という取り組みもよいでしょう。ただ，それにはまず，そういう場にスクールカウンセラーが呼んでもらえるような雰囲気を学校内につくり上げておかなければなりません。「先生もちょっと来て」などとスクールカウンセラーが教職員から気軽に声をかけてもらえるような関係になることが大切です。

　もちろん最初からそうはなりません。最初は「あの，ちょっとお邪魔しても大丈夫でしょうか？」と，末席に座らせていただいて，静かに会議を聞かせていただく。そしてまずは，「この人は居ても，少なくとも邪魔にはならないな」と感じていただく。それから，そのケース対応について，教職員の方々のお役に立ちそうな情報をこちらが持っていれば，それを邪魔にならない程度に会議中あるいは会議後に出していきつつ，「いてもらったほうが役に立つな」という感じを育てていければよいでしょう。

　そんなふうに活動していき，たとえば，毎学期初めの学年会にはスクールカウンセラーがお邪魔して話し合う，といったことが定着したならば，とてもすばらしいですね。毎月の学年会に養護教諭とスクールカウンセラーが参加する仕組みをつくっている学校もあります。そこでは，

児童生徒に対する細やかな理解と対応（早期発見・早期対応や適切な事後対応）が行われているようです。

このような「出前」集団コンサルテーションを，どのようなタイミングで，どのように展開するのかを，相談室運営（あるいは教育相談）委員会，または実務者連絡会のようなところで話し合えたらよいでしょう。

いくつかの学校を担当し巡回してサービスを提供する，**巡回型スクールカウンセラーの場合，教職員とのコンサルテーションが主要業務**となります。この場合こそ，**学校内での事前準備**が重要となります。どの教職員がどの児童生徒のことについて相談するのか，その割り振りを学校内の担当者はきちんと行っておかなければなりませんし，もし児童生徒の学級内での様子の観察も組み入れるならば，その段取りもしっかりやっておかなくてはなりません。少ない訪問回数の中で十分にコンサルテーションが機能するような体制づくりをしておきましょう。

このような「事例検討会」的なもの以外にも，集団コンサルテーションの仕方があります。よくあるのは，**事前に児童生徒に対して何らかの調査（アンケートやチェックリスト）を実施しておいて，その結果についての教職員に対するフィードバックを中心に，今後の児童生徒対応について話し合う**という形式のものです。調査の中身としてよくあるのは，ストレスや心身の状態についてのチェックリスト，あるいはいじめに関するアンケートでしょう。その結果に基づいて，ケアが必要そうな児童生徒をピックアップし，今後の関わりをどうしていくかを話し合うわけです。

さて，個人にしろ集団にしろ，とにかく**参加者が，これからのことに対して希望を持ち，エンパワーされ，終わったときに皆が笑顔になっているようなコンサルテーション**をしたいものです。コンサルテーションは，スーパービジョンではないので，ケース提出者を厳しく指導するものではありませんし，事の原因追及や犯人探しをするものでもありません。これからこんなふうにやっていくとうまくいきそうだ，というアイデアを皆で出し合う場です。このことをもう一度，第Ⅱ部第2章「コンサルテーション」にもどって確認しておいてください。

4）心理教育システム

　心理教育プログラム活動を，学校内でどのように展開していくかについてのシステムです。以前よりは，教職員個人の熱意で，少しずつメンタルに関する授業も行われるようにはなってきました。しかし，それらの授業が学校の年間予定の中に組み込まれなければ，それは単にその教職員の個人的な，そして受け継がれることのない単発の活動で終わってしまいます。有意義な心理教育的授業は，広げ，誰もができるようにし，システムの中に組み入れていかなければなりません。また，そうしないと取り組みの効果の面からいっても，十分なものは出てこないでしょう。

　第Ⅱ部第3章で述べたような**心理教育プログラムは，一回実施して終了などということは，あまりにもったいない**ことですし，それでは**効果（とくに持続的効果）も期待できない**でしょう。したがって，何回かの心理教育プログラムが，**学校の年間計画の中にしっかりと組み込まれ**，それらの中でもとくに効果が出たものについては**毎年行われることが重要**となってきます。教務主任との打ち合わせが大切です。

　もちろん，初めから心理教育を年間計画の中にばっちりと組み込んでもらえるわけではありません。そもそも，新しいプログラムの導入は，学校スケジュール全体の圧迫要因となります。何回かの試行を重ね実績をつくって初めて，児童生徒のために役立つことが認められ，年間計画の中で位置づけられることになるのです。

　また，学校の年間計画に位置づけられるためには，その学校の**教育目標と心理教育プログラムの内容との関連性**が明確になっている必要があります。たとえば「相手を思いやるこころを持とう」というのが教育目標であるならば，その目標につながる心理教育プログラム，たとえば意見が対立して相手を非難したくなったときにどのように相手の気持ちに気づき理解していくかについて，また自分の気持ちをどう主張していくかについて，ストレスマネジメントやアサーション，ピア・サポートなどの対立解消のためのプログラムが検討されることでしょう。

　単年度の目標に限らず，複数年度にわたる目標を意識してプログラムの計画を考えることも重要でしょう。たとえば中学校の3年間における長期計画を検討し，中学1年・中学2年・中学3年で実施するプ

ログラムを設定していくのです。「相手を思いやる気持ちを育む」という教育目標を3年間にわたって考えていくならば、中学1年では「相手を思いやる」ことの基本的姿勢について理解を深め、中学2年では意見が対立して相手を非難したくなったときの相手理解のあり方について体験的に学び、中学3年では自分の思いを伝えることと相手を思いやり理解することの相互作用について体験的な学習をする、といった継続したプログラムの設定も可能となります。

■対象別心理教育システム

児童生徒に対する心理教育プログラムを学校の年間計画の中に組み入れていく最も現実的な方法は、「道徳」の時間の活用であろうと思われます。これなら他のスケジュールを圧迫したり、児童生徒・教職員双方の負担増となるリスクも最小限に抑えられるでしょう。道徳の時間に、スクールカウンセラーに参加してもらうというのもよいアイデアですね（実際それを行っている私立学校等もあります）。

保護者に対する心理教育プログラムは、保護者会という年間計画の中で、どのように展開できるかが知恵の絞りどころでしょう。もしスクールカウンセラーがいるなら、入学式での教員紹介の中でスクールカウンセラーのことも紹介していただき、そこでスクールカウンセラーは一言挨拶して顔を覚えてもらう（そのためには当然スクールカウンセラーは入学式に出席していなければなりません）。そして最初の保護者会で、何か講演を行うという形がよいでしょう。講演が評判を得て、次回からの保護者会への講演依頼がくるようになればしめたものです。とにかく、仮に入学式は無理としても、遅くとも5月連休ごろまでには、一度スクールカウンセラーは何らかの保護者の集まりに顔を出しておきたいものです。

その他、紙ベースのおたよりの中で、保護者に対する心理教育を行うこともよくされています。

教職員対象の研修は、単発的なものを要請されることが多いと思いますが、それが年間計画の中に位置づけられるためにどのような仕掛けが必要か、常に考えておくことが大切でしょう。学校内のすべての教員が集まっての研修会はそうたびたび実施できるものではありません。学

年単位や生徒指導部会といった部会単位での集まりを利用しての研修が，年間スケジュールの中に位置づけられるかどうかです。定期的な集団コンサルテーションと心理教育プログラムをミックスさせるというスタイルも有効でしょう。

■包括的プログラム

さて，これらの児童**生徒・保護者・教員の三者を対象にしたプログラムを連動させ，相互作用にも配慮した包括的プログラム**の実施も可能です。たとえば，「相手を思いやる気持ちを育む」という目標が中学校で設定された場合，生徒にはその目標をめざしたプログラムを実施するとともに，保護者には，生徒向けにそのようなプログラムを実施していることを伝え，家庭で観察しておいてほしい点や子どもをほめるポイントなどを伝えられれば効果的です。また，教員向けプログラムでは，生徒や保護者向けプログラムの実施に先立って，どのようなプログラムを生徒や保護者向けに実施するかを説明するとともに，教員が日常の生活指導の中で，相手を思いやった生徒の行動をどう発見し，どう取り上げると効果的かといった体験的プログラムを実施すると，他のプログラムと連動し相乗効果の上がるシステムとなるでしょう。

■スタッフ間／組織間の連携

包括的プログラムならもちろんのこと，対象別心理教育プログラムにしても，決してスタッフ一人の力で行えるものではありません。必ずコアとなる複数のスタッフが協力し合って，準備・実施にあたります。非常に高い行動力を持っている人がいて，その人一人だけでも心理教育プログラムを行えるという場合もあるかもしれません。しかし，「システム構築」の観点を踏まえるならば，その場合でも，なるべく多くの人たちの協力のもと，企画段階から事を進めていくことです。

また，複数の人間というだけではなく，複数の組織（たとえば分掌）が協力し合って，事を進めることができるならば，さらによいでしょう。「学校システム」が「管理職直属型」であるならば，スクールカウンセラーは最初からその観点で活動しやすいでしょうが，「分掌並列型」や「分掌ぶら下がり型」である場合，どうしても活動が，その分掌の単独

事業になりやすいものです。最初のうちは仕方がないですが，最終的には，分掌間をまたいだ活動にしていくという方向性を，しっかり持っておくことが肝要となります。

心理教育プログラムの講師として，外部機関の専門家を招くことも多くあるかと思います。この場合も，その専門家の所属する機関との連携を視野に入れておくことが大事です。個人契約に基づく心理教育プログラムは，単発のものに終わりやすく，学校システム内に定着しにくいものです。

■記録

どのような心理教育プログラムであれ，何かを実施した際，その記録を残しておくことが，システムとしてそれを学校内に定着させるためにも重要なこととなります。よい活動を行っても，記録がなければ消えてしまいます。使用した資料はきちんと保管し，終了後にレポート（報告書）が作成されていればベストです。写真や録音・録画がなされていれば，さらによいでしょう。これらは広報活動の素材ともなり，より多くの人々に活動が知られるようになると，その活動はどんどん発展していきます。また，記録は，後述する「評価」を行う際の重要な資料となります。

5）危機介入システム

これは，「危機」が発生したときに，人々がどう動いていけばよいかを規定するシステムのことです。「備えあれば憂いなし」という言葉がありますが，危機介入システムは，この「備え」にあたります。もちろん，この備えの想定を超えた事態が発生することもあります（東日本大震災などのように）が，想定外の事態にもある程度対応できるようなシステムが構築されていれば，いうことはありません。

危機介入の詳細については第Ⅱ部第4章ですでにふれましたが，ここでは再度，「**システムがないと，危機介入はできない**」ということを確認しておきたいと思います。まず，危機介入には，**必ず複数の（場合によってはかなり多くの）人間が同時に，そして即時に**動きます。そこではあまり考えている時間はなく，瞬時の判断で，多くの人がある一定

の方向性に向かって，役割に応じた行動を次々ととっていかなくてはなりません。それができるためには「マニュアル」が必要となるでしょうし，実際は常にマニュアルが手元にあるわけでもなく，またそれを読んでいる暇もないかもしれませんから，マニュアルを頭や身体にたたき込む訓練がなされている必要があります。さらに，通常その「多くの人」には，学校外の人々や機関も含まれてきます。したがって，そうした広範囲のネットワークを事前につくり上げておく必要があるわけです。こうしたことすべてが「システム」であり，それがなくては危機介入はできません。

　もちろん完璧な事前準備などありえません。そもそも「**危機**」というものは，**現状システムの不備をついてくる**ものなのです。「危機」は来ないに越したことはありません。しかしそれはいつか必ず来ますし，私たちは危機に遭遇しつつ，その「不備」を痛感し（そのことを東日本大震災や原発事故によって痛感させられています），そしてまた危機介入システムを発展させていくということの繰り返しになっていくのです。

　さまざまな「危機」に対して，今までそれなりの対応システムが構築されてきました（藤森, 2009）。学校保健安全法において，学校における安全管理や安全に関する活動などを定めた「学校安全計画」の作成が義務づけられています。また，危険等が発生した場合の教職員の対応について，「危険等発生時対処要領」を学校が定めることをこの法律は求めています。さまざまな災害や事故に関しては，こうした法律や要項に基づいて，何らかの対応マニュアルが作成されている学校もあるでしょう。しかし，こと「メンタルヘルス」の領域に関しては，ようやく少しずつといった現状ではないでしょうか（クレーム対応マニュアルならまだあるでしょうか）。実際に数多くのメンタルヘルスに関する危機に私たちは遭遇してきたにもかかわらず，この現状です。私たちは過去の事例に学べていないのです。なぜでしょうか？　そもそもメンタルヘルスの領域に関しては「危機意識」そのものが薄いようです（数多くの生命が失われているにもかかわらず）。また「事例」は多く包み隠されます（だから学べないのです）。そして，メンタルヘルスの領域にも「システム」が必要だという認識が薄いのです。スクールカウンセリングが果たすべき役割は，したがって，まさにここ（危機介入システムの構

築）にあるといっても過言ではないくらいに，これは重要な活動だと思われます。

■ **緊急対応マニュアルの作成**

ここで簡単に，作成するとよいであろう「緊急対応マニュアル」の要項の一例を紹介しておきましょう。

①「危機」の定義

緊急対応マニュアルの1ページ目は，通常，「危機の定義」です。つまり，このマニュアルでいっている「危機」とは何か，どういう状況のときにこのマニュアルが使われるのか，ということについての説明の部分です（たとえば，「自傷他害の怖れがある状況」）。

②危機発見から保護，連絡，対応（搬送）までの流れ

緊急対応は，まずはその危機状況の発見から始まります。たとえば，危機の定義が「自傷他害（自殺や暴力）の怖れ」である場合，第一発見者はどのように当事者を保護するのか，「緊急対応チーム」はどう形成されるのか，保護者や関係機関との連絡，そして自宅あるいは医療機関等への搬送といった項目を中心とした発見当日の（せいぜい2日間の）動きの流れを示します。

③指揮系統図

「緊急対応チーム」の組織図です。通常，トップはもちろん校長ですが，現場の責任者をどう配置するか，学校状況に応じて組織図をつくっておきましょう。ここに掲載されている責任者には，危機発見後，即時に連絡が行き渡ることとなります。ここにスクールカウンセラーも載せてもらえるよう，日々精進しましょう。

④連絡先一覧

緊急対応時に必要となりそうな外部機関の連絡先リストです。危機が起こってから調べているのでは，対応が後手後手になってしまいますし，仮に連絡がとれても「一見さんお断り」などということにもなりか

ねません。日頃の「営業」の腕の見せどころです。

⑤注意事項
対応上の留意点を整理しておきましょう。

なにも最初から完璧なマニュアルをつくる必要はないし（というより，それは無理です），細かく分厚いものをつくっても実際には機能しない（電化製品や自動車の分厚いマニュアルなんて読まないものです）ので，とにかく何か簡単なものをつくってみましょう。あとは，経験を積みながら随時修正していけばよいのです。

■訓練

　災害や事故に対する避難訓練のような大々的な訓練は，メンタルの領域においては実行するのが難しいですし，またする必要もないでしょう。しかし小さな訓練は，日々行われていなければなりません。
　幸いといってはなんですが，「小さな危機」というものは，かなりの頻度で日常の中で起こっています。それを逆に活かして，小さな危機事例対応を一つひとつ丁寧に検討し積み上げていくこと，これが訓練となるのです。
　小さな危機対応は，「大事にならないでよかった」と，しばしばやりっぱなしになりますが，これでは蓄積が生まれません。小さな危機でももしあれば（たとえば，自殺のほのめかし，いじめや虐待の兆候など），教職員は率先してそのケースをミーティングに出し，どの対応がよかったのか，どこに改善の余地があるのか，より大きな事態が発生した場合はどうするのか，などを話し合っておくとよいでしょう。こういう話し合いの積み上げの中から緊急対応マニュアルもつくられていくわけです。ただ，こういうことが話し合われる「場」がなければ，仕方がありません。したがってシステムづくりは，まずその話し合いの場づくりから始まります。
　日々の活動の積み重ねによって，ある程度の緊急対応マニュアルができたならば，全校規模の研修会を開催し，最終的な議論を行い，マニュアルの周知徹底を図ることになります。

■ 3つの"vention"

　危機介入システムを構築していく際に，留意しておかなければならないことのひとつは，われわれのいう「**危機介入**」は，「**(狭義の)危機介入 crisis intervention**」にとどまるものではなく，「**事後介入 postvention**」および「**予防的介入 prevention**」をも含む概念であるという点です（これがすなわち「3つの"vention"」）。つまり，危機介入システムは，この3つの"vention"**すべてに対して構築されていなけ
ればならない**ということです。

　「(狭義の)危機介入」が功を奏して，とりあえず事態が収拾の方向に向かったとしても，これで仕事が終わったわけでは決してありません。緊急事態の当事者は，その後ある一定期間，学校を離れることになることも多いですが，その間も動揺は周囲に広がっていますので，そこに対するケアをどうするのか考えておかなければなりません。また，いったん学校を離れた当事者も，いつかは学校に復帰するでしょうから，その受け入れ準備を進めておかなければなりません。復帰してからも，しばらくは細心の注意が必要です。これらがすべて「事後介入 postvention」です。事後介入も通常，チームで動きますので，システムが必要となります。

　こうしたことがすべて終わったあとも（あるいは同時並行的に），まだ仕事は終わっておらず，それは「こうした事態がまた起こらないための方策」，すなわち「予防的介入 prevention」の仕事です（東日本大震災のことを考えても，危機介入にはこの3つの仕事があることが，よくわかります）。

　3つの"vention"の中でも，3つ目の予防的介入が一番なおざりになりがちなので注意しましょう。「喉元過ぎれば熱さを忘れる」で，そうやって放っておくと，またいつか同じようなことが起こるかもしれません。

　先に「危機というものは，現状システムの不備をついてくるもの」と述べましたが，事後介入までほぼ一段落した段階で，一度，今回の危機介入事例を最初から最後まで整理し，現状の危機介入システムのどこに不備があったのか，また，そもそもこうした危機状況を生み出す学校要因とは何かについての洗い出し作業をしておいたほうがよいでしょう。

もちろんこれは，犯人探しや責任追及のために行うためのものではなく，今回の一件から何を教訓として学ぶのか，そして今後の予防対策として何を行っていけばよいのかの提言をまとめるためのものです。その提言が学校全体のコンセンサスとして認められたならば，それを順次実行していく，これが予防的介入となるわけであり，こうして危機介入システム全体が発展していくわけです。

■ **スクールカウンセラーの役割**

危機介入システムにおけるスクールカウンセラーの役割は，一言でいうと「非常に大きい」です。

なぜなら，**スクールカウンセラーは学校における唯一の「メンタルヘルス」に関する専門家**だからです。「危機」に対して適切に対応するためには，かなりの専門知識が必要となりますが，それを持っているのがスクールカウンセラーです。また，危機的状況においては，しばしば医療機関との連携が必要となりますが，そのネットワークを持っているのもスクールカウンセラーです。さらにまた，「危機介入システムの構築」が重要であるということを理解しているのがスクールカウンセラーです。

すなわち，**システム構築から実際の危機介入まで，そのすべてに対して専門知識や専門技術を提供するのがスクールカウンセラーである**ということです。実際に責任を持って動くのは学校教職員や管理職であるわけですが，その動きが適切なものとなるように，側面的に，その都度，専門知識や技術を提供していくのです。

それを可能とするためには，スクールカウンセラーはまず事前の勉強をしっかりとしておかなければなりませんし，学校に入ってからは，その学校にしっかりと根付かなければなりませんし，実績を上げていなければなりません（実績がないと，危機が起こったときに皆から頼ってもらえません）。また，危機はいつ起こるかわかりませんので，いつ起こったとしても（勤務時間外であっても）適切に対応しなければなりません。さらに，外部機関とのネットワークも，ふだんからしっかりとつくっておかなければなりません。

こうした要件をすべて兼ね備えているスクールカウンセラーは，そ

うはいないかもしれません。しかしながら、スクールカウンセラーとして仕事をしていきたいと思うのであれば、こうした要件を自分が満たせるよう日々努力していかなければなりませんし、採用する学校側も、もし自分たちでスクールカウンセラーの人選ができるのであれば、こうした人材を選ぶのがよいだろうと思います。

われわれはいつも思っているのですが、「危機」こそ、そのスクールカウンセラーの実力を測る最高の機会なのです。

■記録

記録は、緊急対応や事後介入の最中において、それらを適切に進めていくうえでも重要となるものですし、それらが一段落したあとに、今回の事例を振り返り、必要な部分に対しシステムの改変を行う際にも重要なものとなります。

危機介入時の記録のつけ方に、とくにフォーマットがあるわけではありません。情報は基本的に、その場で対応した個人が持っているものです。したがって、各個人が（危機介入時には何度も開かれる）チーム会議の際にそれらの情報を持ちより、ひとつにまとめていく作業を継続していくわけです。とりわけ緊急対応時には、「時刻」というのが重要な情報になりますので、対応している最中も、何かがあったらすぐに時計を見て、その時刻をメモしておく習慣を身につけておきましょう。

6) 地域システム

当然のことですが、学校は決して、単独に、社会や地域の中で「浮遊」しているものではなく、**学校外にあるさまざまなものとつながりを持って存在する**わけです。したがって、システム構築のことを考える際には、学校「内」システムだけではなく、**学校「外」システム**（ここではそれらを総称して**「地域システム」と呼びます**）の構築についても、常に視野に入れておかなければなりません。

ここまで、「個別相談システム」「コンサルテーションシステム」「心理教育システム」「危機介入システム」と、五本柱のうち4本の柱について、別個にシステム構築の際のポイントを整理してきました。「地域システム」の話は、今まで取り上げてきた**4本の柱の、どれにも関わ**

ってくるものです。個別相談活動の中で，学校外部の機関や関係者とつながることがあるでしょう。コンサルタントや心理教育プログラムの講師を外部から招へいすることも多いでしょう。危機介入は，学校の中だけではできません。したがって，われわれのいう「スクールカウンセリング活動」は，何をするにしても，「地域システム」の中で動いていくものだという認識が重要となります。

■**地域にあるさまざまな社会資源**

　地域システムを構成する「社会資源（ソーシャル・リソース）」には，本当にさまざまなものがありますが，スクールカウンセリング関連でいうと，それらは教育関係・医療保健関係・福祉関係・司法矯正関係・その他の5つに大きく分けられるでしょう。

　教育関係では，まず教育委員会があります。その他，他の学校（特別支援学校を含む），適応指導教室，教育センターなどの公教育機関，また，サポート校，フリースクール，塾，予備校といった私立教育関連機関もあります。

　医療保健関係では，病院，クリニック，精神保健福祉センター，保健センターなどがあります。場合によっては，健康保険組合や医療保険会社などと連携しなくてはならないかもしれません。

　福祉関係で，最もよく接触するのは児童相談所です。その他，児童養護施設，福祉事務所，保育園，民生委員，役所の福祉窓口，社会福祉協議会，NPO法人などがあるでしょう。こうした社会資源とのつながりをよくするために，スクールソーシャルワーカーを導入している地域や学校もあります。

　司法矯正関係では，警察，少年補導センター，少年院，家庭裁判所，少年鑑別所などがあります。

　その他のものとして，町内会，消防団，地域サークルなどがありますし，ライフラインを支えている組織（電気，水道，ガス）をここに含めてもよいでしょう。同窓会が有力なサポートシステムとなっている学校もありますね。その他，個人的につながりのある人をも含めると，地域には無数のパーソナルネットワークが張りめぐらされているといってよいでしょう。

■ **地域システム構築のプロセス**

　では，そうした多彩な地域システムをつくっていくために，どうしていけばよいのでしょうか。学校内システムならまだしも，地域システムというのは，絶対にいきなりはできませんし，また強引にそういうものを導入したとしても機能しないでしょう。地域システムの構築は，通常，個と個のつながりからスタートします。第Ⅰ部「4 連携と協働（コラボレーション）」で，「**連携とは face to face のつながりの中から生まれる協働作業のこと**」と述べましたが，これが地域システム構築の始まりでもあるのです。

　たとえば，虐待を受けている児童がいたとします。その家庭は生活保護を受けていました。ということは，すでに福祉事務所の人たちが関与しているということです。場合によっては，すでに児童相談所や民生委員も関わっているかもしれません。さらにどこかの医療機関もすでに関わっているかもしれません。もちろん学校は，その児童と関わっています。こうした**ケースを介して，それぞれの機関の担当者が顔を合わせる機会が生まれる**ことでしょう。顔合わせの回数は，そのケースの困難度に比例して多くなっていくかもしれません。こうしてまず個人レベルでのつながりを強化していくわけです。一度つながってしまえば，また新たなケースが発生した場合でも，今度は電話一本でその人とつながれることでしょう。また，学校の別の教職員に，その人を紹介することもできるようになります。相手方からも，その機関の別のスタッフを紹介してもらえるかもしれません。このようにして，個人のつながりから機関のつながりへと発展していくわけです。たとえば，複数の児童への対応で，学校と児童相談所が連携することが続き，「定期的に連絡会を開きましょう」ということになったり，担当者が変わるたびに，新しい担当者との顔合わせが行われるようになったならば，これで地域システムはほぼ完成です。

　今，虐待ケースを例にあげましたが，これはそのケース内容がどんなものであっても，連携先がどこであっても（たとえば，医療機関や司法矯正機関でも）同じです。また，いわゆる「問題事例」を介してではない場合，たとえば，教員がある職人と出会い，個人的に交流を深め，学校で授業や講演会，ワークショップを開いてもらおうということにな

個人的なネットワークが生じる
↓
そのネットワークを複数回利用する
↓
そのネットワークを他スタッフも利用する
↓
ネットワークのメンテナンスのための仕組みづくりがなされる
↓
システム構築の完成

図10　地域システム構築のプロセス

り，それがその学校の心理教育プログラムへと定着していくような場合でも，同様のプロセスとなります。このようにシステム構築を行う際の一連のプロセスを図にしたものが図10です。

　第Ⅰ部「4 連携と協働（コラボレーション）」で，「**営業が命**」とも述べました。それは地域システム構築の始まりが，こうした個人的つながりから発生するためです。スクールカウンセリング担当者は，**自分自身の持つネットワークをふだんから広げておくこと**が大事です（新規に参入するスクールカウンセラーは，ひとつでも多い手土産を持参するよう心がけるべきですし，参入後もどんどん開拓していくことです）。また，自身のネットワークを広げるだけでなく，**学校スタッフが，各々どんなネットワークを持っているか**について，日頃から関心を持って観察し，そこで得られた**情報を整理しておくこと**も重要です。

　このように，**最初は個人のつながりから始まるわけですが，最終的にはそのつながりを，誰もが継続的に使えるように持っていくこと**，これが地域システムの構築となります。

7）評価システム

　もしかすると，何か新しい活動というのは，最初は「思いつき」で始まることもあるかもしれません。しかし，そうして始まった活動であっても，それを**継続するのか中止するのかの判断**は，いつか必ず迫られますし，またその**活動をより洗練・発展させたい**と思うこともしばしば

あるでしょう。それらを行う際には，**行った活動をきちんと検証する作業**が必要となりますが，この作業が「**評価**」です。「評価」なしのやりっぱなし活動というのは，決してほめられるものではありません。

■「システム」がないと，「評価」はできない

そこで「評価」をしようということになるのですが，「評価」は，評価のための「**システム**」がなければできません。まず，「評価」を行うためには「**データ**」が必要となりますが，その「**データ**」をどうやって**集める**のか。小人数に対する一時点データならば，誰かが一人で，ちょこちょこっと「思いつき」でデータ収集することも可能かもしれません。しかし，私たちが「評価」のために必要とするデータとは，**対象が多人数**で，しかもそのほとんどが**継続的・系時的データ**です。その種のデータは決して一人で集めきれるものではありませんから，そこに「システム」が必要となってくるのです。

「**データ収集システム**」は，評価のために絶対に必要なものですが，それだけではだめで，集めたデータの「**分析システム**」もそこには必要となってきます。データ収集というのはたいへんにコストのかかる作業です。それなのに何もアウトプットが出てこなかったというのでは，笑い話にもなりません。ここで大事なことは，「データ収集」をしてから「分析システム」について考えるのでは，順序が違うということです。本筋としては，「**まず分析システムをつくっておいてから，データ収集を始める**」です。少なくともそのほうが「効率的」です。というのも，一口に「データ」といっても，世の中にはたくさんのデータが存在しているわけで，その中の何が必要なデータであり，何は不要なのかを，あらかじめ考えておいて，必要なものだけを収集することにしたほうが効率的だからです。実際，「分析システム」の構築は，ここから始まります。まず考えなくてはならないことは，「**結果として何を導き出したいのか**」です。それが決まって初めて「**どんなデータが必要となるのか**」も決まります。それが決まれば，「**そのデータをどうやって集めるのか**」の話に移れます。それからデータを収集する。収集したら，そのデータを実際に分析する。この順です。データを実際に分析するのは，データ収集後ですが，「分析方法」については，データ収集前に決めて

おいたほうがよいです。分析方法の中身については，「分析担当者に一任」でもかまわないのですが，事前に皆でしっかりと話し合っておかなければならないことは，「結果として何を導き出したいのか」から「そのデータをどうやって集めるのか」までであり，「分析システムを構築する」というのは，そういうことを皆で話し合う場をつくる，という意味です。

「評価」を行う際，もうひとつ必要となるのは，分析結果の「**公表システム**」です。**いつ，誰に対して，どのような形で，分析結果を公表するのか**。ここをきちんと決めておくことが大事です。私たちはどうしてもデッドラインのない仕事は後回しにしてしまいがちな傾向がありますので，公表システムをつくっておかなければ，データは集めたものの分析はできなかったという結果に終わりかねません。何をするにしてもデッドラインは大事です。また，誰に対して，どんな形式の（「形式」であって「中身」ではありません）報告をするのかが事前に決まるということは，「分析システム」はできたも同然ということでもあります。

さて，ここまで述べてきた「データ収集システム」「分析システム」「公表システム」いずれに関しても，「学業成績評価」については，すでにどの学校においても万全に整備されています。だから「教科学習」に関して学校は機能しているのです。そしてその学業成績評価システムによって導き出された「数字」は，児童生徒個人に対する評価のみならず，「学校評価」としても用いられていることでしょう（塾や予備校では，「講師評価」にも用いられています）。

わが国の学校に，スクールカウンセリング活動がまだ十分根付いていないのは，「心理社会的発達」や「メンタルヘルス」といった領域に関する評価システムが学校内に十分できていないからである，といいかえることも可能でしょう。したがって，この領域の評価システムを構築すること自体が，その学校でのスクールカウンセリング活動を発展させるだろう，もっというと，それなくして少なくとも「発展」はありえないだろうと，われわれは考えています。

■どんなデータが必要で，それはどのようにして収集されるのか

第Ⅰ部「11 評価」のところで，ロッシら（2004）が，「評価」を5

つの階層，すなわち1）ニーズ・アセスメント，2）プログラム理論の評価，3）プロセス評価，4）効果評価，5）効率評価に分けて論じていることを紹介しましたが，どの階層の評価を行うのかによって，必要となるデータの種類も異なってきます。

データの種類は，大きく分けると4つあるのですが，まずそのひとつは「ニーズ」に関するデータです。これはもちろん「1）ニーズ・アセスメント」において収集されるデータです。ここで収集されたニーズデータは，「2）プログラム理論の評価」で使われますし，「3）プロセス評価」の一部（「ニーズのある集団にサービスがきちんと提供されているか」の評価）においても使われるでしょう。

ニーズデータは，何か「調査」を行うことによっても，もちろん収集されますが，新たな調査を実施しなくても，既存の「指標」というのも大事なニーズデータとなります（たとえば，「不登校児童生徒数」「いじめ認知件数」「中退率」など）。また，人々とのふだんの何気ない会話の中からもニーズは収集できます。これは結構大事なことで，何か「こういうニーズもあるのだな」と気づくことがあったら，ぜひそれを記録しておき，皆で共有していきましょう。

どの方法を用いるにせよ，人々のニーズは毎年（あるいは学期ごと，月ごとにも）変わります。したがって，それらを継続的に収集できるようにするために，システムが必要となってきます。

2つ目は「**支援活動（あるいはプログラム）として，実際にどんなことが，どんなふうに行われたのか**」に関するデータ（**モニタリングデータ**）です。これは「3）プロセス評価」において用いられます。要は，やったことを記録しておくということです。記録自体は個々人の仕事ですが，何人もの人によってつけられた記録が，最終的には集約されてデータ化されることになりますので，そのシステムをつくっておく必要があります。省力を考えるならば，記録を入力すれば，それが即データとなるようなコンピュータシステムがあるのが理想（データ保護には万全を期さないとなりません）ですが，そこまでいかなくとも，すぐにデータ化できるような何らかの記録方式（フォーマット）はつくっておきたいものです。

3つ目は「**アウトカム（成果）**」に関連するデータです。何か活動を

行うとき，そこには必ず**「目的」（何をどうしたいのか）**というものがあるわけです。その目的をどの程度達成できたのかというのが「4）効果評価」ですが，それを行う際に必要となるのは，**「量的」**に（数字で）**表された，「目的」と関連するデータ**です。それも，**活動を行う「前」と「後」の数字が「両方」必要**になります。ストーンら（2007）が提案した「MEASURE法」においても，目標は具体的に目に見えるデータ（たとえば，不登校率や欠席率，遅刻／早退率，問題行動発生件数，中退率）で，それらの目標データの変化をめざして活動が行われます。「目的」が抽象的なものである場合も（たとえば，「学校の皆がもっと元気になる」など），それは何らかの形で数量化される必要があります（たとえば，「元気度」を1〜5点で評定してもらう，など）。

アウトカムに関連するデータは，「5）効率評価」でも用いられます。

何をアウトカムとし，それをどう測定するのかは，「2）プログラム理論の評価」の階層において，話し合われます。つまり活動を行う前から，どんなデータをどういうふうに収集するかを決めておくということであり，これが「システム」です。

最後は**「コスト」**に関するデータです。これは「5）効率評価」で使われます。「効率」とは，アウトカムとコストの比（たとえば，費用対効果）のことですので，アウトカムデータだけでなく，コストに関するデータも同時に必要となります。コストの指標としてよく用いられるのは，「経費」「（費やした）時間」「（提供者および参加者の）心理的負担」の3つです。「経費」や「時間」のデータは，きちんと記録が整理されていれば収集できます。「心理的負担」に関しては，簡単なものでよいですが，調査が必要となります。

これらのことを念頭に置いていただき，「自分たちは何を見たいのか」によって，必要なデータの種類を見分けてください。簡単にいうと，活動やプログラムの初期開発段階では，ニーズデータやモニタリングデータがより重要となり，ある程度活動やプログラムの中身が確定されてきたならば，アウトカムデータやコストデータが重要となる傾向があります。「評価」というと，往々にして人々は，すぐにアウトカムデータを欲しがりますが，この領域の活動の成果は，出るにしても，しばしば数年後ということが多いでしょうから，アウトカムデータについては，最

初はこれならすぐにでも結果が出そうだと思われるものを中心にしておき，まずは基本的なニーズやモニタリングデータをしっかり集めて「3) プロセス評価」を行い，活動やプログラムの内容・手順を洗練させていくことに集中するのがよいでしょう（黒沢，2007）。

■分析システム

「分析システム」の構築は，「2) プログラム理論の評価」の階層において，その多くがなされることになります。そこで何をするのかというと，たとえば最近注目されている包括的な評価アプローチのひとつであるGTO（Getting to Outcomes）（チンマンら，2010）では，「**結果を達成するためのプログラムの計画，実施，評価の重要な要素を体系的に統合すること**」を「**アカウンタビリティ**」と定義し，その重要な要素を表14に示すように10個に整理しています。

表14　アカウンタビリティのための10要素（チンマンら，2010を一部変更）

1. **ニーズ／資源**：コミュニティの重要なニーズと状況は何か？
2. **ゴール**：ゴール，対象となる人々，目標（期待される成果）は何か？
3. **ベストプラクティス**：どの科学的根拠（エビデンス）に基づくプログラムが，ゴールを達成するために有効か？
4. **適合**：選択されたプログラムをコミュニティの状況に適合させるために何をしなければならないか？
5. **キャパシティ**：プログラムを実施するために必要なキャパシティは何か？
6. **計画**：このプログラムの計画はどのようなものか？
7. **プロセス評価**：どのようにプログラムや実践の実施状況の質を測定するのか？
8. **アウトカム評価**：プログラムはうまく作用しただろうか？
9. **CQI**：継続的な質の向上の方略をどのようにプログラムに組み込むか？
10. **継続・持続**：もしそのプログラムが成功したのなら，どうすればそれを持続できるだろうか？

＊　CQI：Continuous Quality Improvement

GTOは「包括的な」評価アプローチですから，表14には評価に必要となる可能性のあるすべての要素（それが10個）が盛り込まれています。実際にはこの10個全部を行うのではなく，この中で自分たちは今，どの評価をやろうとしているのかを明確にして，評価デザインを設計していくことになります。

たとえば，「これからどんな活動やプログラムを行っていく必要があ

るのか」ということを知りたいのなら,「1. ニーズ／資源」が中心となりますし,「これから〇〇に関する活動やプログラムをやってみよう」という段階ならば,「2. ゴール」から「6. 計画」までが中心に話し合われるでしょう。それが実践に移される段階になったなら,「7. プロセス評価」が中心に行われ,活動やプログラムが終了した時点,およびどこかのフォローアップの時点で,その後のアウトカム変数が収集されます(フォローアップ調査を行うのかどうかも,計画立案時点で話し合われていなければなりません)。もうすでに実践されている活動やプログラムに対する評価を行うのであれば,「7. プロセス評価」から「10. 継続・持続」が中心となるでしょう。

　データ分析に関しては,まず決めておかなければならないことは,**「誰がデータを分析するのか」**です。分析担当者として一番よいのは,もちろん「評価理論」に通じている人ですが,そこまでいかなくとも,ある程度統計学に通じている人である必要があります。それはたとえば,情報や数学や理科や社会の先生かもしれませんし,スクールカウンセラーかもしれません(スクールカウンセラーは,基本的に,大学院においてある程度統計学は学んでいるはずです)。それでもどうしても学校関係者にはそういう人が見つからないという場合は,外部委託も考えなければならないかもしれません。

　ここで大事なことは,データ分析自体はデータが集まってから行われるものですが,**分析担当者**(それが内部であれ外部の人であれ)は,**活動やプログラムの計画立案の段階から,メンバーの一人として,チームに加わっていなければならない**ということです。実際にデータ分析を行う際に最も重要となってくるのは「データ構造」(どんなデータがどのように収集されているか)なので,ここがしっかりしていないデータをいきなりポンと渡されても,分析担当者としては困ってしまうのです。だから「データ構造」をつくる段階から,分析担当者は話に加わっていなければなりません。もうひとつの理由は,データ分析とは確かに「数字をいじる」作業ではあるのですが,数字だけをいじっていても仕方がないので,分析担当者も,その活動やプログラムの目的やねらい,およびその評価の目的やねらいを,しっかりと理解したうえで分析を行わなければならないからです。

「評価」というのは，基本的に「研究」的行為です。とくに「データ分析」という作業はそうで，それを担当する人は基本的に「研究者」です。一方，活動やプログラムを実際に動かしていくのは「実践者」です。「研究者」と「実践者」は，物事の発想の仕方からして，かなり根本的に違う別「人種」だと考えておいたほうがよいようです（ときには両者の間に対立が起こることさえあるほどです）。しかし「評価」は，この2つの異なる「人種」の人たちの協働作業があって初めて成立するものです。両者の相互理解と協働を促進するために，話し合いの最初から両者は同じテーブルに着いていることが重要なのです。

■公表システム

活動やプログラムの実施期日が決まっていないということは，ほとんどありえない話ですが，評価の分析結果を，いつ，どこで公表するのかが決まっていないということは，これはありがちな話です。そうである場合，しばしば結果は公表されませんし，そもそも分析自体がきちんと行われないかもしれません。したがって，「**公表システム**」をきちんとつくっておくことは，意外と重要な評価システムの一要素となるのです。

「**いつ**」（それは，各活動やプログラムの実施直後かもしれないし，学期末や年度末かもしれません），そして「**どこで**」（それは，○○委員会でかもしれないし，職員会議かもしれないし，生徒集会や保護者会かもしれないし，場合によっては学校外かもしれません）**公表される**のかを決め，あらかじめそれを**学校スケジュールの中に組み込んでおく**ことです。「いつ」を決めることは，分析作業を促進させますし，「どこで」を決めるということは，「誰に」を決めることとほぼ同義ですから，それが決まれば，結果公表の内容や形式，そして表現様式までもが決定していくものです（たとえば，職員会議での公表の仕方と，児童生徒向けの公表とでは，内容も形式も表現様式もまったく異なります）。つまり，公表対象が決まることによって分析の外枠がある意味決定するわけで，あとはその「枠」の中に文字や数字を埋め込んでいくだけの作業（「だけ」といっても，まだまだ手間はかかりますが，何をどう分析するのかは決まったも同然）になります。

通常，結果の公表は１回ですが，結果内容が豊富であったり，インパクトの強い結果であったりする場合は，何回かに分けて結果が公表されたり，結果を公表する対象がどんどん広がっていったりすることもあるでしょう。また結果の公表は，それ自体が「心理教育プログラム」の一環となります。

■「評価」と「実践」は表裏一体
　先ほど，研究者と実践者は異なる２つの人種であるといういい方をしました。確かに個々人の得意／不得意の面から見た場合には，人は大まかに分けてこの２つのタイプに分かれるだろうと思います。しかし，「現象」の面から見た場合には，「評価（研究）」と「実践」とは一枚のコインの裏表，表裏一体であるといえます。とくに学校現場ではそうです（これが「研究所」だったり「地域ボランティア」だったりすれば，また話は別ですが）。よい実践の裏には，必ず何らかの評価的視点が存在していますし，評価的視点があるところの実践は，やはり発展していきます。ないところは，はっきりいって，どちらもないですね（つまりコインそのものがないわけです）。**実践と評価は同時並行的に進められていき**，行われた実践はどこかできちんと「評価結果」としてまとめられ，そこから「これはこのまま続けていこう」「これはこういうふうに修正したほうがよいだろう」「こういう新しい取り組みもこれからは必要となるだろう」という知見を得て，さらに活動や体制を発展させていく，この繰り返しになるわけです。

■エンパワメント評価
　このように評価と実践は裏表ですが，ただ，**評価のほうはかなり意識しておかないと，なかなか「まとめ上げる」までいかないものです。**実は，**よい実践というのは，そこここで行われています**（とくに「個人ベース」の実践であれば，どの学校でも必ず行われています）。しかしその実践に対する評価がきちんと行われておらず，個人ベースでのよい実践が広がっていっていない所が多いのです（何がよかったのかがきちんと整理されておらず，またそれが公表されていないがために，有益な情報の共有が皆とできていないのです）。また，メンタルの領域はきわ

めて茫漠とした領域ですので，何かよい実践をしている方も，はたしてこんなやり方でよいのだろうか，これではたしてちゃんと成果を出せているのだろうかと疑心暗鬼になっており，結局その実践が継続しないということもあります。ここを支えていくのが評価，すなわち「こういうことを，こういうやり方でやって，それがこういう成果を出しました」と明確にして，「実践者」を勇気づけていき，その実践をコミュニティ全体に広げていき，実践をさらに発展させていく作業，これが評価であるわけです。とくにこの点を意識して行う評価のことを，「エンパワメント評価」（安田・渡辺，2008；チンマンら，2010）と呼びます。評価はもちろん，「切り捨て」にも用いることができますが，われわれがやりたいのはそういう評価ではなく，皆が元気になり，活動が発展していくような評価，すなわちエンパワメント評価であるわけです。

■フィデリティ項目（または指標）

また**評価は，突き詰めると，「フィデリティ項目」を明らかにするために積み上げていく研究**だということもできます。「フィデリティ項目」とは，第Ⅰ部「11 評価」でも説明していますが，「○○という成果を出すためには，××は**必ず**やらなくてはならない，または△△の体制は**必ず**つくっておかなければならないという**各要素**」のことです。「やった（つくった）ほうがよい」とか「やって（つくって）みるのもよい」などというものは，たくさんあるのでしょうが，ここでいっているのは「**絶対に**」必要な要素，すなわち「**必須要素**」のことです。しかし，これは「絶対だ」とか「必須だ」などとは，決して安易にいえるものではありません。そこで，ちゃんとした「研究」の積み上げが必要となるわけです。

研究を積み上げていって，各々の活動におけるフィデリティ項目が確定すれば，それらを指標としてその活動のプロセス評価ができることになります。ここの活動はどの程度，そのフィデリティ項目を満たしているか。これが「**フィデリティ（「実践度」または「忠実度」）**」と呼ばれるものであり，一つひとつの評価研究は，これができるようにために，あるいは，これをめざしてなされるわけです。ですので，評価研究の究極目標は，「これは，どの程度できていますか？」という質問項目の載

った簡便な1枚のシートをつくることだといえるでしょう。

スクールカウンセリング活動におけるフィデリティ項目とは何なのかということは，わが国ではまだ十分にわかっていません（米国ではたとえばMEASURE法がありますが，社会制度が異なるので，それをそのまま日本に持ってくるわけにはいきません）。それもこれも，わが国ではまだスクールカウンセリングに関する評価研究が積み上げられていないからです。

本書でいろいろと述べてきたことは，このフィデリティ項目についての，現段階でのわれわれのアイデア群です。個々の活動に関してもそうですし，全体として「五本柱」だというのは，われわれとしては5つのフィデリティ項目があるといっているつもりなのです。しかし，これもまだ「アイデア群」にとどまっていて，まだ簡便な「シート化」までには至っていません（「コンサルテーションの11ステップ」や「緊急対応マニュアル」など部分的にはできつつありますが）。これは，皆さんの協力を得つつ，今後開発を進めていかなければならない大きな課題です。

■システムを評価するシステム

ここまで，学校の全体システム（いわゆる校内体制），四本柱それぞれのシステム，地域システム，評価システムをどう構築していくかの話をしてきました。お読みいただいておわかりのように，要は，何をするにしてもシステムが必要になるということです。

評価するにしてもシステムが必要で，結局のところ，**評価というのは，最終的に「システムがどの程度でき上がっているか」を評価すること**につながるということになります。先ほどフィデリティの話をしましたが，それもシステムの完成度の評価であるわけです。つまり「システムを評価するシステムができているか」，これが最終的に構築すべき評価システムであります。

3. システム構築におけるスクールカウンセラーの役割

さて，システム構築の（同時に本書全体の）まとめです。これまで

述べてきたように，**スクールカウンセリング活動のすべてのことは，システムで動いていくわけであって，システムをつくること自体がスクールカウンセリング活動である**ということもできるくらいです。そして，そのシステム構築を行うためには，**ある一定の構想のもとに，たくさんの人々と話し合い，さまざまな活動を展開していかなればならない**ということです。これは決して何かの仕事の片手間にできることではありません。学校教職員は，皆各々の専門性に基づいた仕事を，日々精一杯忙しくやっているわけで，スクールカウンセリング活動に，多くの時間を割けるものではありません。だから，それを担うのは，スクールカウンセラーなのです。

　われわれはスクールカウンセラーというものを，スクールカウンセリング活動に関連するさまざまな知識を持ち，さまざまな活動を行っていける，そして最終的にシステムを構築していく，ひとつの独立した「専門職」であるというふうに考えています。心理面接だけをやっているのがスクールカウンセラーではないと。このようにあまりに多大な期待を「スクールカウンセラー」というものにかけているため，本書をお読みになったスクールカウンセラーの方の中には，もうほとんど溺れかけている方もいるかもしれません。でも，がんばってください！ 溺れかけても，手足を動かしていればなんとかなりますよ！ 本書が，その手足の動かし方について，ほんの少しでもお伝えできていれば幸いです。

[文献]

第Ⅰ部

アンダーソン,H.［野村直樹ほか監訳］ 2001 会話・言語・そして可能性：コラボレイティヴとは？ セラピーとは？ 金剛出版

東豊 1993 セラピスト入門：システムズアプローチへの招待 日本評論社

バーグ,I. K. & ミラー,S. D.［斎藤学監訳,白木孝二ほか訳］ 1995 飲酒問題とその解決：ソリューション・フォーカスト・アプローチ 金剛出版

Caplan, G. 1964 *Principles of Preventive Psychology.* Basic Books.［新福尚武監訳,河村高信ほか訳 1970 予防精神医学 朝倉書店］

デービス,T. E. & オズボーン,C. J.［市川千秋,宇田光訳］ 2001 学校を変えるカウンセリング：解決焦点化アプローチ 金剛出版

Gysbers, N. C. & Henderson, P. 1994 *Developing and Managing Your School Guidance Program* (2nd ed.). Alexandria, VA: American Counseling Association.

伊藤亜矢子・松井仁 2001 学級風土質問紙の作成 教育心理学研究,49, 449-457.

神田橋條治 1999 精神科養生のコツ 岩崎学術出版社

河村茂雄 2006 学級づくりのためのQ-U入門：「楽しい学校生活を送るためのアンケート」活用ガイド 図書文化社

久木田純・渡辺文夫編 1998 エンパワメント：人間尊重社会の新しいパラダイム 現代のエスプリ,No. 376.

栗原慎二・井上弥編著 2010 アセス（学級全体と児童生徒個人のアセスメントソフト）の使い方・活かし方 ほんの森出版

黒沢幸子・森俊夫・有本和晃・久保田友子・古谷智美・寺崎馨章 2001 スクールカウンセリング・システム構築のための包括的ニーズ調査（その1）：教職員用包括的ニーズ評価尺度 CAN-SCS（T-version）の信頼性と妥当性 目白大学人間社会学部紀要,1, 11-26.

ミニューチン,S.［山根常男監訳］ 1984 家族と家族療法 誠信書房

森俊夫 2004 解決志向ブリーフセラピー：そのスタンスと学校教育相談 月刊学校教育相談,18（2）, 28-51.

森俊夫・黒沢幸子 2002 森・黒沢のワークショップで学ぶ解決志向ブリーフセラピー ほんの森出版

元永拓郎 2010 新しいメンタルヘルスサービス：システムをどう作るか？ 新興医学出版社

Orford, J. 1992 *Community Psychology:Theory and Practice.* John Willey & Sons.［山本和郎監訳 1997 コミュニティ心理学：理論と実践 ミネルヴァ書房］

ロッシ,P. H., リプセイ,M. W. & フリーマン,H. E.［大島巌ほか監訳］ 2005 プ

ログラム評価の理論と方法：システマティックな対人サービス・政策評価の実践ガイド　日本評論社
佐々木雄司　2002　生活の場での実践メンタルヘルス：精神衛生学体系化へのチャレンジ　保健同人社
鵜養美昭・鵜養啓子　1997　学校と臨床心理士：心育ての教育をささえる　ミネルヴァ書房
山本和郎　1986　コミュニティ心理学：地域臨床の理論と実践　東京大学出版会

第Ⅱ部

■第1章

American Psychiatric Association（米国精神医学会）［高橋三郎・大野裕・染矢俊幸訳］　2003　DSM-Ⅳ-TR　精神疾患の分類と診断の手引（新訂版）　医学書院
Benesse教育研究開発センター編　2010　第2回子ども生活実態基本調査報告書　小4生～高2生を対象に　研究所報, vol. 59, ベネッセコーポレーション
バーグ, I. K. & シルツ, L.［ソリューションワーカーズ訳］　2005　教室での解決：うまくいっていることを見つけよう！
保坂亨　1996　子どもの仲間関係が育む親密さ：仲間関係における親密さといじめ　現代のエスプリ, 353, 43-51.
保坂亨　1998　児童期・思春期の発達　下山晴彦編　教育心理学Ⅱ：発達と臨床援助の心理学　東京大学出版会　pp. 103-123.
石隈利紀　1999　学校心理学：教師・スクールカウンセラー・保護者のチームによる心理教育的援助サービス　誠信書房
黒沢幸子　1999　中学校の事例："学年共和国"のエイジェントとして　小川捷之・村山正治編　心理臨床の実際 第2巻：学校の心理臨床　金子書房　pp. 238-248.
黒沢幸子　2002　指導援助に役立つ スクールカウンセリング・ワークブック　金子書房

■第2章

Caplan, G.　1961　*An Approach to Community Mental Health*. Grune & Stratton.［加藤正明監修, 山本和郎訳　1968　地域精神衛生の理論と実際　医学書院］
Caplan, G.　1963　Types of Mental Health Consultation. *American Journal of Orthopsychiatry*, 33, 470-481.
Caplan,G.　1964　*Principles of Preventive Psychology*. Basic Books.［新福尚武監訳, 河村高信ほか訳　1970　予防精神医学　朝倉書店］
Caplan, G.　1970　*The Theory and Practice of Mental Health Consultation*. Basic

Books.

石隈利紀　1999　学校心理学：教師・スクールカウンセラー・保護者のチームによる心理教育的援助サービス　誠信書房

黒沢幸子　2001　相談係が担任にコンサルテーションする際の原則　月刊学校教育相談，15（10），20-23．

黒沢幸子　2004　コンサルテーション面接　楡木満生・松原達哉編　臨床心理学シリーズ4　臨床心理面接演習　培風館　pp. 188-205．

黒沢幸子　2008　学校コンサルテーション・SFAモデルの利点と課題：訓練ワーク3　事例の検討から　ブリーフサイコセラピー研究，17（1），18-36．

森俊夫　1999　コンサルテーションとは何か？　月刊学校教育相談，13（5），62-69．

Orford, J.　1992　*Community Psychology: Theory and Practice*. John Willey & Sons. ［山本和郎監訳　1997　コミュニティ心理学：理論と実践　ミネルヴァ書房］

高須俊克・宮田恵一　2001　ブリーフセラピー・モデルによる教育コンサルテーション　ブリーフサイコセラピー研究，10，43-49．

山本和郎　1967　精神衛生コンサルテーションの方法と日本における問題点　精神衛生研究（国立精神衛生研究所紀要），15，59-68．

山本和郎　1978　クライシス・インターベンション：危機介入　水島恵一・岡堂哲雄・田畑治編　カウンセリングを学ぶ　有斐閣

山本和郎　1986　コミュニティ心理学　東京大学出版会

■第3章

バーグ，I. K. & シルツ，L.［ソリューションワーカーズ訳］　2005　教室での解決：うまくいっていることを見つけよう！

Durlak, J. A. 1997　Primary prevention programs in schools. In T. H. Ollendick & R. J. Prinz（Eds.）*Advances in Clinical Child Psychology*, Vol. 19, Plenum Press.

ギルフォード，J. P.［辻岡美延・矢田部達郎・園原太郎構成］　1957　YG性格検査　日本心理テスト研究所

平木典子　2009　改訂版アサーション・トレーニング：さわやかな〈自己表現〉のために　金子書房

本田恵子　2002　キレやすい子の理解と対応：学校でのアンガーマネージメント・プログラム　ほんの森出版

片野智治　2009　教師のためのエンカウンター入門　図書文化社

河村茂雄　2006　学級づくりのためのQ-U入門：「楽しい学校生活を送るためのアンケート」活用ガイド　図書文化社

國分康孝編　1992　構成的グループ・エンカウンター　誠信書房

國分康孝編　2000　続・構成的グループ・エンカウンター　誠信書房

近藤卓編　2003　いのちの教育　実業之日本社

栗原慎二・井上弥編著　2010　アセス（学級全体と児童生徒個人のアセスメントソフト）の使い方・活かし方　ほんの森出版

森川澄男　2002a　ピア・サポートとは（理論編）中野武房・日野宜千・森川澄男編著　学校でのピア・サポートのすべて：理論・実践例・運営・トレーニング　ほんの森出版

森川澄男監修　2002b　すぐ始められるピア・サポート指導案&シート集　ほんの森出版

村上宣寛・村上千恵子　1999　主要5因子性格検査の手引き　学芸図書

中野武房・日野宜千・森川澄男編著　2002　学校でのピア・サポートのすべて：理論・実践例・運営・トレーニング　ほんの森出版

岡山県教育センター　2003　中学校におけるアンガーマネージメントの試み　岡山県教育センター紀要

佐藤正二・佐藤容子　2006　学校におけるSST実践ガイド：子どもの対人スキル指導　金剛出版

嶋田洋徳・坂井秀敏・菅野純・山崎茂雄　2010　中学高校で使える人間関係スキルアップワークシート：ストレスマネジメント教育で不登校生徒も変わった！　学事出版

東京大学医学部心療内科TEG研究会　2006　新版TEG Ⅱ　金子書房

山中寛・冨永良喜編著　1999　動作とイメージによるストレスマネジメント教育　基礎編：子どもの生きる力と教師の自信回復のために　北大路書房

ヤング，S.［黒沢幸子監訳］　2012　学校で活かす いじめへの解決志向プログラム：個と集団の力を引き出す実践方法　金子書房

吉田益美　2002　豊かな人間関係を育てるピア・サポート：学校でのピア・サポートのすべて　ほんの森出版

■第4章

Brock, S. E., Sandoval, J., & Lewis, S. 2001 *Preparing for Crises in the Schools: A Manual for Building School Crisis Response Teams* (2nd ed.). John Wiley & Sons.

福岡県臨床心理士会編　2005　学校コミュニティへの緊急支援の手引き　金剛出版

金沢吉展　2009　守秘義務と情報公開　佐藤進監修　津川律子・元永拓郎編　心の専門家が出会う法律：臨床実践のために［第3版］　誠信書房

黒沢幸子　2007　危機介入事例からみたスクールカウンセラーの活動　精神科臨床サービス，7, 30-33.

元永拓郎　2007　援助者・救助者のストレス　こころの健康，22（2），58-65.

坂田仰・河内祥子・黒川雅子　2008　図解・表解　教育法規："確かにわかる"法規・制度の総合テキスト　教育開発研究所

新福知子　1999a　アメリカで学んだスクールカウンセリングの内容，（第1回）スクールカウンセリング専攻科，月刊学校教育相談，13（5），70-75.

新福知子 1999b アメリカで学んだスクールカウンセリングの内容.（第4回）危機介入プランの内容. 月刊学校教育相談, 13 (9), 68-73.

■第5章
藤森和美編著 2009 学校安全と子どもの心の危機管理 誠信書房
石隈利紀 1999 学校心理学――教師・スクールカウンセラー・保護者のチームによる心理教育的援助サービス 誠信書房
黒沢幸子 2007 学校コミュニティにおけるシステマティックな評価研究 コミュニティ心理学研究, 11, 44-55.
チンマン, M., イム, P. & ワンダーズマン, A.［井上孝代・伊藤武彦監訳］ 2010 プログラムを成功に導くGTOの10ステップ 風間書房
元永拓郎 2010 新しいメンタルヘルスサービス：システムをどう作るか？ 新興医学出版
ロッシ, P. H., リプセイ, M. W. & フリーマン, H. E.［大島巌ほか監訳］ 2005 プログラム評価の理論と方法：システマティックな対人サービス・政策評価の実践ガイド 日本評論社
ストーン, C. B. & ダヒア, C. A.［井上孝代監訳］ 2007 スクールカウンセリングの新しいパラダイム 風間書房
安田節之・渡辺直登 2008 プログラム評価研究の方法 新曜社

エピローグ

　長い長い年月を重ね，ようやくこの本を皆さんにお届けできることになりました。執筆作業は足掛け10年となりましたが，それまでのわれわれ3人の現場での試行錯誤や諸先輩や同僚，後輩とのチーム作業と議論は，20〜30年の時空を経てのこととなります。

　日本の学校において，不登校やいじめなどが目立つようになり，学校教育を変えていかなければという機運は，1980年代にかなり高まっていたと思います。さまざまな制度改革が行われ始めたわけですが，急速に進む価値観の多様化や個性化重視の傾向に有効な手を打てない時代の流れの中で，私たち国家はスクールカウンセリングという方法を学校の中に導入することとなりました。1995年のことでした。もちろん，それまでにも教員や養護教諭の方々がその機能を担うべく，個人的にも組織・体制的にもさまざまな価値ある取り組みや努力を行ってきています。

　このスクールカウンセリングという方法は，しかしながら多くの人の指摘どおり，当時の学校関係者や専門家が十分に理論化しまた実証化したうえで導入したわけではありません。喫緊の課題に対処するうえで，まさに見切り発車のような形で，活動が始まったといっても過言ではないでしょう。

　それから20年近くの時が経ちました。本書は，この間の学校関係者たちの問題提起，スクールカウンセラーとして格闘した専門家たちの実践経験，その他の関係者の人々の議論，そして何より当事者である児童生徒，また子どもを見守り育てる保護者，それらの声や汗をぎゅっと凝集して，その本質的智慧を「明解」に綴ったものです。

　これまでにもさまざまなスクールカウンセリングに関する本や論文

が出されています。しかし，それらの多くは，個別相談に重きを置いていたり，逆に組織的対応に焦点が絞られていたのではないでしょうか。本書は，個別相談を重視しながらも，組織的動きにも重きを置き，その他多様な活動を含め，その仕組みをつくるというコンセプトを提案しています。このシステム構築も含めたスクールカウンセリングの包括的な考え方を明示した点が，本書の大きな特徴といってもよいかと思います。

　もちろん，子どもたちの成長がひとつでないように，スクールカウンセリングの進め方もさまざまだと思います。本書に記されたことへの異論もあることでしょう。この考えは性分に合わないな，と感じることもあるかもしれません。それら一つひとつは，皆さんにとって「私はこうしたい」という願いの産物であり宝物であると思います。ぜひともそれらをこころの中で大切にして，次の時代の子どもたちをはぐくみ豊かな未来をつくることに生かしていただきたいと思います。時代は常に動いており，現場に持ち込まれることは，常に理論や経験則を超えるからです。そこにスクールカウンセリングの醍醐味があります。われわれは，その皆さんのプロセスに寄り添いたいと思います。

　スクールカウンセリングという方法が導入され年月が経ちましたが，学校で起こるさまざまな出来事は，ますます対応が難しくなってきている気がします。本書を通してわれわれは，スクールカウンセリングというシステムを最大に効果的にする方法について示しましたが，一方で，それでも感じる壁や限界にもまたぶつかっています。

　しかしそのような壁や限界は，スクールカウンセラーだけではなく，学校の先生方や保護者，そして社会全体が感じているもののようにも思います。それらの感じを払しょくするために，単純で過激な改革（のようなもの）が叫ばれることがよくあります。定期的に改革のようなものを叫びたくなるのも，教育分野のシステムといいたくもなるくらいです。私たちスクールカウンセラーや学校で子どものこころの発達や成長を援助する機能を担う方々は，それらの改革が子どものこころや成長にどのような影響を与えているかをしっかりと見つめ，そして実践に裏づけられた意見を学校スタッフと共有し，そしてそれらを社会においてともにしていきたいと思います。壁や限界をブレイクスルーする能力そしてリ

ソースを，子どもたちの中に見いだし，それを育てていくことが，スクールカウンセリングそのものであると考えます。

　実際に，このような厳しさがある一方で，学校（教員やスクールカウンセラーがチームとなって，そこには管理職の理解や方向づけも手伝って）が子どもたちの発達成長に対して，そこまですばらしいアプローチができるのだ，学校でなくてそれはどこでできただろうかという感嘆の思いをいだくような取り組みに出会うこともあります。"希望"の種が，そこここにすでにあることも事実です。これらを見落とさないこと，それを引き出し育てていくこと，それもスクールカウンセリングの使命だと思います。

　さて本書を執筆するにあたって，金子書房編集部の皆さまには，代々にわたって本当に辛抱強くお待ちいただきました。とくに担当の天満綾さんには粘り強く，しかしときには圧倒的に素早い動きを見せていただき，本当に感謝いたしております。

　本書『明解！スクールカウンセリング──読んですっきり理解編』はこれで第1巻として幕を下ろしますが，「プロローグ」で予告したとおり，第2幕が，続けてやってきます。本書〈理解編〉では語られなかったさまざまな具体的な方法，とっておきの経験，使って便利なツール，ざっくばらんな本音Q＆Aなど，『熟達！スクールカウンセリング──学んでしっかり活用編』としてお送りいたします。どうぞご期待ください。

　それではまたお会いできる日まで。

平成 25 年 6 月 1 日

元永拓郎・黒沢幸子・森 俊夫

[索　引]

●あ行

アウトカム　42,54,80,81,83
　☞成果
　　――評価　42
　　短期的――　82
　　長期的――　82
アカウンタビリティ　57,77-79,236
アサーション・トレーニング　154,159,173
アセス　42
アセスメント　8,42,64,95,97
　☞査定
　　――の軸　98,99
　　――の役目　97
　　心理――　5
　　ニーズ・――　40-42,79,80,84,103,234
アノレキシア（拒食症）　160
合わせる［て］　63,66,69,70
　☞ペーシング
アンガーマネジメント　154,173
いじめ　108,110,159,196
いのちの大切さ　160
インスー・キム・バーグ（Berg, I. K.）　69
ウォント　37-38
うつ　2
うつ病　160
エンカウンターグループ　153,171
エンパワメント　71-76,93
　　――評価　239-240
　　個人レベルの――　72
　　コミュニティレベルの――　72
　　組織レベルの――　72
お仲間に入れてもらう　62,66
　☞ジョイニング

●か行

解決志向　101
　　――ブリーフセラピー　60-61,69,101

カウンセリング　54,132,135
　　――の構造的特徴　137
　　個別――　11
顔見せ興行　167
学級風土尺度　41
学校コミュニティ　16,62,65
学校システム　62
学校心理学　90,125
学校風土　40
家庭訪問権　16
管理職直属型　205
キーパーソン
　　――・サーベイ　40
　　裏――　41,63
　　表――　40
危機　177-183
　　――介入　4,7,8,53,54,174-201
　　（狭義の）――介入　8,184,185,226
　　（広義の）――介入　184
　　――対応　183,184,185
　　☞緊急対応
　　――の定義　177
　　状況的――　178,179,192-201
逆行マッピング　82
ギャング・グループ　107,108,110
教育援助
　　一次的――　90,117
　　二次的――　90,91
　　三次的――　90,91,117
教育相談　2,5,54
　　――担当教員　5,10
協働　17-21,126
　　☞コラボレーション
緊急対応　176,183,184,185
　　☞危機対応
　　――で重要となる原則　186
クリティカルな情報　31
クリニカルサービス・モデル　11-12
効果［的］　56-57
　　――評価　79,82

251

高等学校　119,120,121,122,123
構成的グループエンカウンター　43,171
校務分掌　65
高リスクアプローチ　156
効率　57-58
　　──評価　79,83
コーディネーター　140
ゴール　25,28
個人臨床　13,15,28,29,30
　　──モデル　13,14
コスト　57,83,85
個別相談　4,6,90-123
五本柱　12,53,86,87
　　☞スクールカウンセリング活動の五本柱
コミュニティ　3,12,15,64
　　──・アプローチ　13,15,28,29,30
　　──感覚　14
　　──査定（アセスメント）　63
　　──性　16
　　──［・／の］ニーズ　39,40,41,63
　　──・メンタルヘルス（地域精神保健）
　　　4
　　──レベル　71
　　──レベルのエンパワメント　72
　　学校──　16,62,65
　　地域──　16
コラボレーション　17-21,126
　　☞協働
コンサルタント　126,127,128,136
コンサルティ　126,127,128,136
　　──のニーズ　130
コンサルテーション　124-151
　　──の構造的特徴　136
　　──の目的　128,143
　　相互──　140
　　保護者──　6,69,134-135

●さ行
サービス　32-45,81
　　──の提供方法　42,43
　　──［の］内容　42,43
査定　95,97
　　☞アセスメント

コミュニティ──（アセスメント）　63
システム──（アセスメント）　63
サロン的展開　210
参与　40,64
　　☞ジョイニング
　　──計画　63
資源　44,45
　　☞リソース
　　社会──　41,47,229
　　☞ソーシャル・リソース
事後介入　8,184,185,192
自己理解　159
自殺　160,181,183
資質　44,45
　　☞リソース
思春期　107,110
　　──前期　107
　　──中期　109
　　──後期　109
自傷他害　178,181
自助グループ　76
システム　9,62,64,68,202-242
　　──構築　4,9,42,202-242
　　──査定（アセスメント）　63
　　学校──　62
　　サブ［下位］──　16,65,66
　　スクールカウンセリング・──　9
　　スクールカウンセリング・──構築の
　　ための包括的ニーズ調査 生徒版　41
　　☞CAN-SCS 生徒版
　　無形──　68
　　有形・無形の──　62
実行可能性（フィージビリティ）　40
実行度　85
児童期　106,107
　　──後期（前思春期）　107
児童虐待　122,196
社会資源　41,47,229
　　☞ソーシャル・リソース
社会指標サーベイ　41
社会プログラム　83,85
守秘　28,30,32
　　──義務　29,181,182

チーム内——［主義］ 28-32,52,117,
　　182
ジョイニング 40,61-71
　　☞参入，お仲間に入れてもらう
小学校 119,120,121,122
事例レベル 22,23,27,30
信頼関係（ラポール） 70
心理アセスメント 5
心理教育プログラム 4,6,7,43,152-173
　　——の対象 155
心理社会的発達 109
　　——課題 106
心理的初期介入 188
心理療法 5,54
スーパービジョン 132,135
　　——の構造的特徴 137
スクールカウンセラー活用調査研究委託事業 10
スクールカウンセリング 2-3,10-11
　　——活動の五本柱 4-12
　　☞五本柱
　　——・システム 9
　　——・システム構築のための包括的ニーズ調査 生徒版 41
　　☞CAN-SCS 生徒版
ストレスマネジメント 154,172
スポンサー 77
成果 42,54,79,80
　　☞アウトカム
成功の責任追及 102,115
精神疾患 111,122,123
精神障害 2,111,112
摂食障害 2,50,123,160
専門家中心主義 73
相談室登校 213
ソーシャル・リソース 41,47,202,229
　　☞社会資源（「資源」の項）
ソーシャルスキル・トレーニング 43,154,172
　　☞SST
組織レベル 22,23,30,31,71
　　——のエンパワメント 72

●た行
タイムスタディ 85
種まき介入 168
短期［で］，効果的，効率的 54,55
　　☞ブリーフ
地域コミュニティ 16
チーム 21-32,52
　　——感覚 23
　　——で動く 22,27
　　——内コミュニケーション 27
　　——内守秘［主義］ 28-32,52,117,
　　182
　　——の境界 22
　　——・ミーティング 140
　　——メンバー 22,23,25,26,28,31
　　多職種—— 86
チャム・グループ 108
中学校 119,120,121,122
忠実度 85
使い切り予算 79
ディフュージング 197
ディブリーフィング 197
デマンド 37-38
デリバリー・システム 42
転機アプローチ 156
統合失調症 2
同調圧力 108,110,122
特別支援学級 51
特別支援教育 2
　　——コーディネーター 40

●な行
仲間関係 106,107,108,109,110
ニーズ 32-45,48,63
　　——・アセスメント 40-42,79,80,84,
　　103,234
　　——［の／として］把握 41,42,43,
　　80
　　顕在的—— 37,48,105,169
　　個人—— 39
　　コミュニティ［・／の］ニーズ 39,40,
　　41,63

潜在的──　37, 48, 105, 106, 169
乳児期　106
　　──・幼児期の発達課題　107

■は行

発達課題　109, 121, 161
　　心理社会的発達──　106
　　乳児期・幼児期の──　107
発達障害　2, 52, 116, 122, 189
発達段階　161
発達的危機　178, 179
　　──のレベル　179
八方美人作戦　65
ピア・グループ　109, 110
ピア・サポート［同輩支援］　43, 76, 154, 160, 171-172
非行　108, 110, 121, 122
秘密開示　181, 182
病院／相談所臨床　13, 14
評価　42, 57, 76-87
　　──活動　85
　　──研究　86
　　──の5つの階層　79, 85
　　アウトカム──　42
　　エンパワメント──　239, 240
　　効果──　79, 82
　　効率──　79, 83
　　システマティックな──　79
　　授業──　83
　　第三者──　83
　　プロセス──　42, 43, 79, 82, 84
　　モニタリング──　82
フィデリティ　85
　　──項目　86, 240
不登校　50, 81, 82, 154
普遍的アプローチ　156
ブリーフ　54-61, 101
　　☞短期［で］，効果的，効率的
　　──セラピー　60
　　解決志向──セラピー　60, 69, 101
プログラム　77
　　──実施者　77
　　──理論　80

　　──理論の評価　79, 80
　　開発的──　153
　　心理教育──　4, 6, 7, 43, 152-173
　　心理教育──の対象　155
　　包括的──　12
　　包括的──・モデル　11
　　問題解決的──　152
プロセス評価　42, 43, 79, 82, 84
分掌ぶら下がり型　206
分掌並列型　206
ペーシング　70
　　☞合わせる［て］
保健指導　5
保護者　25
　　──コンサルテーション　6, 69, 134-135
母子並行面接　23
ボランティア　26, 27

■ま行

マップ作成　63
見立て　42, 93-98
3つの vention　8, 226
ミラーリング（鏡像現象）　70
無知の姿勢　not knowing　74
メンタルヘルス・リテラシー教育　161
モニタリングデータ　234
モニタリング評価　82
問題　35-36, 49-51
　　──解決的　7
　　──解決的プログラム　152

■や行

宿る　62, 63, 64
ゆるゆると入る　64
養護教諭　5, 7, 18
幼児期　106
　　乳児期・──の発達課題　107
予防
　　──的介入　8, 184, 226
　　──的プログラム　152
　　一次──　155
　　二次──　155

三次―― 155,156

■ら行

乱用・依存　158
リーディング　70
リード　70-71
利害関係者［ステークホルダー］　77
リソース　44,45-53,100,102,115
　☞資源,資質
　　ソーシャル・――　41,47
　　外的――　46,52,53
　　内的――　46,47,52,53
　　――・ルーム　51
臨床診断　96
例外　101,102,103,115
連携　17-21,27

■英字

ACT（Assertive Community Treatment）　86
AD/HD　97,112,113,114,115
backward mapping　82
Berg, I. K.　69
brief　54
CAN-SCS生徒版　41,42
chum-group　108
community　13
consultation　4
counseling　4
crisis intervention　4,184
demand　37
DSM　110,111,112,113

empowerment　71
face to faceのつながり　17
feasibility　40
fidelity　85
gang-group　107
intervention　8
joining　40
key person survey　40
leading　70
needs　33
needs assessment　40
not knowing　74
outcome　42
pacing　70
peer support　76
peer-group　109
postvention　8,184,226
prevention　8,184,226
psycho-educational programs　4,152
psychological first aid　188
Q-U　42
resources　45
self-help group　76
serve　33
service　33
social index survey　41
Solution-Focused Brief Therapy: SFBT　61
SST　154
subsystem　16
system organization　4,202
want　37

■ 著者紹介

黒沢幸子（くろさわ・さちこ）
目白大学人間学部心理カウンセリング学科／同大学院心理学研究科臨床心理学専攻　特任教授
KIDS カウンセリング・システム　チーフコンサルタント

略　歴	上智大学大学院文学研究科教育学専攻心理学コース博士前期課程修了。文部省事業初年度スクールカウンセラー，「中学校学習指導要領解説：道徳編」作成協力者，公立私立学校スクールカウンセラー等を経て，現職。上智大学・駒澤大学大学院・岐阜大学大学院で，学校カウンセリング関連授業の講師を兼任。文学修士，臨床心理士，公認心理師。専門はスクールカウンセリング，学校臨床心理学，思春期青年期への心理臨床，保護者支援，解決志向ブリーフセラピー。日本心理臨床学会（理事），日本コミュニティ心理学会（常任理事），日本ブリーフサイコセラピー学会（副会長），日本学校メンタルヘルス学会（評議員），日本ピアサポート学会（理事），日本教育心理学会，日本学校心理学会，日本カウンセリング学会に所属。
主要な著訳書	『指導援助に役立つ スクールカウンセリング・ワークブック』（金子書房），『森・黒沢のワークショップで学ぶ 解決志向ブリーフセラピー』（共著，ほんの森出版），『学校で活かす いじめへの解決志向プログラム――個と集団の力を引き出す実践方法』（ヤング著，監訳，金子書房），『ワークシートでブリーフセラピー――学校ですぐ使える 解決志向＆外在化の発想と技法』（編著，ほんの森出版），『やさしい思春期臨床――子と親を活かすレッスン』（金剛出版），『解決志向のクラスづくり完全マニュアル――チーム学校，みんなで目指す最高のクラス』（共著，ほんの森出版），『不登校・ひきこもりに効くブリーフセラピー』（共編，日本評論社），『思春期のブリーフセラピー――こころとからだの心理臨床』（共編，日本評論社），『未来・解決志向ブリーフセラピーへの招待』（日本評論社），『教師と SC のためのカウンセリング・テクニック 第 4 巻：保護者とのよい関係を積極的につくるカウンセリング』（共編，ぎょうせい）。

森俊夫（もり・としお） 2015年3月逝去

東京大学大学院医学系研究科精神保健学分野　助教
KIDSカウンセリング・システム　スーパーバイザー

略歴	東京大学大学院医学系研究科保健学専攻（精神衛生学）博士課程修了後，現職。博士（保健学），臨床心理士。専門はコミュニティ・メンタルヘルス，ブリーフセラピー，発達障害への対応。日本ブリーフサイコセラピー学会（理事），日本心理臨床学会，日本精神衛生学会に所属。
主要な著訳書	『森・黒沢のワークショップで学ぶ 解決志向ブリーフセラピー』（共著，ほんの森出版），『先生のためのやさしいブリーフセラピー――読めば面接が楽しくなる』（ほんの森出版），『教師とスクールカウンセラーのためのやさしい精神医学①――LD・広汎性発達障害・ADHD編』（ほんの森出版），『教師とスクールカウンセラーのためのやさしい精神医学②――薬物依存・統合失調症・うつ病・不安障害編』（ほんの森出版），『ミルトン・エリクソン入門』（オハンロン著，共訳，金剛出版），『ミルトン・エリクソン 子どもと家族を語る』（ヘイリー編，翻訳，金剛出版），『ブリーフセラピーの極意』（ほんの森出版），『心理療法の本質を語る』『効果的な心理面接のために』『セラピストになるには』（森俊夫ブリーフセラピー文庫①〜③，共著，遠見書房）。

元永拓郎（もとなが・たくろう）

帝京大学大学院文学研究科臨床心理学専攻　教授／同大学心理臨床センター長
放送大学　客員教授

略歴	東京大学大学院医学系大学院保健学専攻（精神衛生学）博士課程修了後，駿台予備校心理カウンセラー，帝京大学医学部精神科学教室助手，帝京大学文学部心理学科専任講師を経て，現職。日本外国語専門学校心理カウンセラー，武蔵野千川福祉会評議員。博士（保健学），臨床心理士，公認心理師。専門はコミュニティ支援，精神保健学，学校メンタルヘルス学，大学受験生の心理的支援，認知症ケア。日本公認心理師協会（常務理事），日本公認心理師養成機関連盟（理事），日本精神衛生学会（常任理事），日本学校メンタルヘルス学会（理事），日本心理臨床学会（理事），包括システムによる日本ロールシャッハ学会，日本学生相談学会，日本精神神経学会などに所属。
主要な著訳書	『心の専門家が出会う法律』（共著，誠信書房），『受験生，こころのテキスト』（共編著，角川学芸出版），『新しいメンタルヘルスサービス――システムをどう作るか？』（新興医学出版），『心理臨床における法と倫理』（共著，放送大学教育振興会），『関係行政論』（編著，遠見書房），『サイコセラピーは統合を希求する』（遠見書房）。

明解！スクールカウンセリング
――読んですっきり**理解編**

2013年8月6日　初版第1刷発行　　［検印省略］
2022年10月20日　初版第4刷発行

著　者　　黒沢幸子・森　俊夫・元永拓郎
発行者　　金子紀子
発行所　　株式会社　金子書房

〒112-0012　東京都文京区大塚3-3-7
TEL　03-3941-0111(代)
FAX　03-3941-0163
振替　00180-9-103376
https://www.kanekoshobo.co.jp

印刷・藤原印刷株式会社　製本・一色製本株式会社

© Sachiko Kurosawa et al., 2013　Printed in Japan
ISBN978-4-7608-2645-2　C3037

金子書房の本

指導援助に役立つ
スクールカウンセリング・ワークブック

黒沢幸子 著

A5判　232頁

ブリーフセラピーの知恵を学校のコミュニティ全体に活かす25のStageからなる，実践による実践のための実践書。

学校で活かす
いじめへの解決志向プログラム
個と集団の力を引き出す実践方法

スー・ヤング 著
黒沢幸子 監訳

A5判　224頁

児童・生徒と教師の潜在能力を引き出し，友情・安全・幸せな学校へと導く！　ユネスコ，英国教育界で注目の"解決志向"のいじめ問題アプローチ。

---

https://www.kanekoshobo.co.jp